SPSS 아카데미 시리즈

설문조사자료 고급 분석서

SPSS 최적 범주형 자료분석

양경숙 지음

한나래아카데미

설문조사자료 고급 분석서

SPSS 최적 범주형 자료분석

지은이 / 양경숙
펴낸이 / 한기철

2004년 7월 26일 1판 1쇄 발행
2009년 6월 15일 1판 2쇄 발행

펴낸곳 / 한나래출판사
등록 / 1991. 2. 25 제22-80호
주소 / 서울시 서대문구 냉천동 182 냉천빌딩 4층
전화 / 02-738-5637 · 팩스 / 02-363-5637 · e-mail / hannarae07@unitel.co.kr
www.hannarae.net

국립중앙도서관 출판시도서목록(CIP)

SPSS 최적 범주형 자료분석 : 설문 조사 자료 고급 분석서 양경숙 지음.
-- 서울 : 한나래, 2009
p. ; cm. -- (SPSS 아카데미 시리즈)

ISBN 978-89-5566-089-0
ISBN 978-89-5566-051-7(세트)

통계 조사[統計調査]
통계 분석[統計分析]

310.16-KDC4
519.53-DDC21 CIP2009001615

머리말

설문 조사된 데이터 분석에서 흔히 접하게 되는 것이 범주형 자료이다. 범주형 자료는 다루기가 좀 어려운 측면이 있다. 왜냐하면 분포 가정을 두는데 한계가 있으며 대표적으로 사용되는 로그선형모형의 경우 다루는 변수가 많아지면 모형이 매우 복잡해져서 설명하기가 어렵게 된다. 또한 다루는 변수는 많은데 칸 빈도가 0인 경우가 많으면 곤란하다. 따라서 전체 표본크기는 커야한다. 그런데도 충분히 기술적으로 설명하는 측면은 여전히 부족하다고 할 수 있다.

이 책에서는 이와 같이 흔히 접할 수 있는 범주형 자료에 대한 기술적 분석 방법을 다루었다. 특히 통계적 추론은 배제하고 저차원 공간에서 어떻게 시각적으로 정보를 읽을 수 있는가에 초점을 맞추었다.

범주형 데이터 분석의 한 방법은 범주형 변수의 유의미한 변환을 찾아내 이를 자료에 내재된 구조적 특성을 명쾌하게 밝히는 데 활용하는 것이다. 이때 유의미한 변수변환과 범주에 대한 수량화값 계산에서 사용되는 알고리즘이 교대최소제곱법(alternating least squares)과 최적척도법(optimal scaling)이다. 이 책에서 선택한 내용들은 기본적으로 그와 같은 알고리즘을 이용하여 해를 계산하는 내용들로 선정하였다.

책에서 다루는 내용을 간략히 소개하면 1장에서는 범주형 데이터에 대한 회귀분석을 다루었고 2장에서는 범주형 데이터에 적용하는 비선형 주성분분석을, 3장에서는 비선형 정준상관분석을 다루었다. 특히 2장의 알고리즘은 CATPCA로 범주형 주성분분석이지만 대응분석이 그와 같이 불리는 경우도 있어 비선형 주성분분석으로 기술하였다. 4장과 5장에서는 2원 분할표와 3원 이상의 분할표에 적용할 수 있는 대응분석과 중대응분석을 설명하였다. 6장에서는 유사성거리를 이용하여 지각도를 작성하는 다차원척도법을 다루었다. 각 분석방법을 적용하기 위한 SPSS 대화상자의 세부적인 옵션 내용은 부록으로 첨부하였다.

각 장은 SPSS 설치시 자동적으로 저장되는 데이터를 이용하여 보다 쉽게 각 내용들을 접근할 수 있도록 사례 중심으로 설명되었다. 물론 사례 설명에는 SPSS Categories 매뉴얼을 많이 참조하였다. 그리고 각 장의 마지막 절에서는 알고리즘 위주로 이론적인 내용을 간략히 언급하는 형식을 취하였다. 따라서 범주형 데이터 분석에서 다루어지는 추가개체나 결측치 처리 등에 대해서는 설명을 가급적 생략하였다. 보다 상세한 알고리즘 이해가 필요할 경우에는 SPSS 알고리즘을 참조하는 것이 많은 도움을 줄 것이다.

끝으로 이 책을 준비하는 데는 국내에 범주형 데이터에 대한 수량화분석이나 대응분석 기법 등을 소개한 허명회 교수의 저서와 가르침이 많은 도움을 주었다. 아직 부족한 부분이 많다고 생각되지만 범주형 데이터를 어떻게 분석해야 좋을지 잘 몰라 고민하는 분들에게 조금이나마 도움이 되었으면 한다. 책 내용에 관하여 질문이 있을 경우 언제든지 이메일로 질문을 주면 답변을 하도록 하겠다.

2004년 7월

양 경숙

이메일: myksyang@dreamwiz.com

차 례

1장. 범주형 회귀분석

(Categorical Regression Analysis)

1.1 범주형 회귀분석이란?[1)]

만약 어떤 사람이 영어시험 점수와 근무기간을 가지고 월 급여를 추정하고자 한다고 가정해보자. 그래서 사내 직원들을 대상으로 다음과 같은 데이터를 준비하였다고 하자.

id	월급여 (단위:백만원)	토익점수	근무기간 (단위:개월)
00001	257	800	25
00002	300	850	30
00003	210	600	6
…	…	…	…
00100	360	900	36

이와 같은 경우 우리는 통상적으로 다음과 같은 선형회귀모형을 고려할 것이다.

$$\text{월급여} = \beta_0 + \beta_1 \text{토익점수} + \beta_2 \text{근무기간} + \varepsilon, \quad \varepsilon \sim N(0, \sigma^2)$$

그리고 각 선형회귀계수를 추정하기 위해서 최소제곱법에 의해

$$\min \| \text{월급여} - (\beta_0 + \beta_1 \text{토익점수} + \beta_2 \text{근무기간}) \|^2$$

을 만족하는 회귀계수를 구할 것이다.

그런데 만약 이들 변수들이 다음과 같이 범주형으로 조사하였다고 생각해보자.

월 급여 : 1(200이상-250미만), 2(250이상-300미만), 3(300이상-350미만)
4(350이상-400미만), 5(450이상-500미만), 6(500이상)

토익점수: 1(600미만), 2(600-700미만), 3(700-800미만)
4(800-900미만), 5(900이상)

---

1) 여기서 SPSS 알고리즘의 이름을 빌려와서 '범주형 회귀분석'이라고 부르기는 하지만 엄밀하게 말하면 데이터의 모든 측도를 고려한 '최적 회귀분석'이라 할 수 있다.

근무기간: 1(1년 미만), 2(1년 이상 - 2년 미만), 3(2년 이상-3년 미만)
4(3년 이상- 4년 미만), 5(5년 이상)

이와 같은 경우에도 통상적으로 적용하는 선형회귀모형을 적용할 수 있을까? 물론 적용하기 어렵다. 왜냐하면 오차항에 대한 정규성 가정이나 등분산 가정에 위배되기 때문이다. 그렇다면 이와 같이 종속변수나 설명변수가 범주형으로 관측된 경우 어떻게 회귀모형을 구축하고 적용할 수 있을까? 그 해답은 바로 이 장에서 소개하고자 하는 '범주형 회귀분석'을 적용하는 것이다.

앞에서 범주별로 나눈 기준에 의해 데이터를 다시 표시하면 다음과 같다.

id	월급여 (단위:백만원)	토익점수	근무기간 (단위:개월)
00001	2	3	3
00002	3	3	3
00003	1	2	1
…	…	…	…
00100	4	5	4

이와 같은 경우, 데이터의 측도를 고려하여 적절한 변환함수 Θ, Ψ_1, Ψ_2를 찾고 이를 이용하여

$$\min \| \Theta(\text{월급여}) - (\beta_1 \Psi_1(\text{토익점수}) + \beta_2 \Psi_2(\text{근무기간})) \|^2$$

을 만족시키는 회귀계수를 찾을 수 있다. 물론 최적 변환된 범주 값도 계산된다.

다시 말하면 범주형 회귀(CATREG; Categorical Regression)분석은 교대최소제곱법(alternating least squares)[2]을 이용하여 최적척도화(optimal

2) n차원의 실수공간의 부분집합인 X와 Y에 대하여 X⊗Y를 정의역으로 하는 함수 f(x,y)를 최소화시키는 해를 찾는 문제를 생각해보자. 이를 계산하는 방법은 함수 f를 x와 y에 대해서 각각 편미분 한 후 0으로 놓고 연립방정식을 풀면 된다. 그런데 반복알고리즘을 적용하면 임의의 초기값을 $x_{(0)}$로 놓은 후

scaling)를 수행하는 것으로 결과적으로 변환된 변수들에 대한 최적화된 선형 회귀식을 구할 수 있게 된다.[3] 물론 변수들은 명목형이나 순서형, 수치형 등 혼합된 척도화 수준이 주어질 수 있으며 변수들에 대한 분포 가정은 필요하지 않다.

고객들이 우리 회사에서 만든 핸드폰이나 에어콘, 김치 냉장고 등을 사용해보고 만족도가 높아질 경우 어떤 요인에 의해 얼마나 영향을 받는지 알고 싶을 경우가 있을 것이다. 또는 스포츠 센터에 찾아오는 고객들의 서비스 이용 만족도는 무엇에 영향을 받는지, 얼마만큼 영향을 받는지도 궁금할 수 있다. 병원을 찾는 환자의 만족도나 구청을 이용하는 구민들의 만족도 등도 관심의 대상이 될 수 있다. 범주형 회귀분석은 이와 같이 주변에서 흔히 볼 수 있는 데이터에 적용이 가능하다.

1.2절과 1.3절에서 설명하는 사례를 통해 범주형 회귀분석의 내용을 쉽게 이해해보자.

$y_{(0)}$ ← Y에서 $f(x_{(0)}, y)$를 최소화시키는 값

$x_{(1)}$ ← X에서 $f(x, y_{(0)})$를 최소화시키는 값

$y_{(1)}$ ← Y에서 $f(x_{(1)}, y)$를 최소화시키는 값

…

과 같이 반복하여 x와 y값이 더 이상 변화가 없을 때가지 교대로 반복하여 해를 찾게된다. 교대최소제곱법은 이와 같은 방법을 최소제곱 손실함수에 적용한 것이라 할 수 있다.

3) 최적척도화란 자료의 측정특성을 존중하되 관측과 자료분석모형과의 관계가 최대화되도록 관측범주에 수치를 부여하는 자료분석기법을 가르킨다. 그리고 교대최소제곱법을 이용한 최적척도화란 최소제곱법에 의한 모형추정(최적적합) 단계와 자료 최적척도화 단계를 교대로 반복하는 알고리즘을 말한다.(허명회,1994)

1.2 사례분석1 : 카펫 간이청소기 선호도의 중요 요인

1.2.1 데이터

사람들에게서 사랑을 받는 제품들은 어떤 특징이 있을까? 제품이 선호되는 원인은 여러 가지가 있을 것이다. 디자인이 매우 독특하다든지, 제품의 내구성이 좋다든지, 아니면 소비자의 브랜드 충성도에 따른 차이 등 제품별 선호요인도 다양할 것이다.

그렇다면 사람들은 카펫 간이청소기를 살 때 어떤 요인에 의해서 영향력을 많이 받을까? <그림 1.1>의 카펫 간이청소기 데이터는 일부 소비자들을 대상으로 카펫 간이청소기가 디자인, 브랜드, 가격대 등을 고려하였을 때 얼마나 선호되는지를 조사한 결과이다.

<그림 1.1> 카펫 청소기 데이터 (carpet.sav)

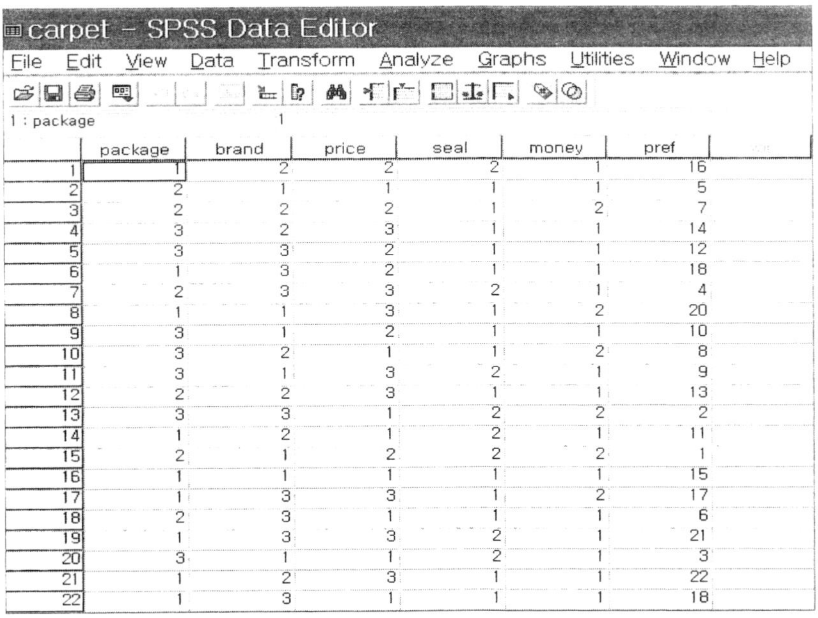

	package	brand	price	seal	money	pref
1	1	2	2	2	1	16
2	2	1	1	1	1	5
3	2	2	2	1	2	7
4	3	2	3	1	1	14
5	3	3	2	1	1	12
6	1	3	2	1	1	18
7	2	3	3	2	1	4
8	1	1	3	1	2	20
9	3	1	2	1	1	10
10	3	2	1	1	2	8
11	3	1	3	2	1	9
12	2	2	3	1	1	13
13	3	3	1	2	2	2
14	1	2	1	2	1	11
15	2	1	2	2	2	1
16	1	1	1	1	1	15
17	1	3	3	1	2	17
18	2	3	1	1	1	6
19	1	3	3	2	1	21
20	3	1	1	2	1	3
21	1	2	3	1	1	22
22	1	3	1	1	1	18

이때 고려한 설명변수와 각 변수들의 범주는 다음과 같다.

변수명	변수설명	범주 (값)
package	package design	A(1), B(2), C(3)
brand	brand name	K2R(1), Glory(2), Bissell(3)
price	price	$1.19(1), $1.39(2), $1.59(3)
seal	good housekeeping seal	No(1), yes(2)
money	money-back guarantee	No(1), yes(2)

종속변수는 선호도를 나타내는 변수 pref이다. 여기서 알고 싶은 사항은 다음과 같은 것들이다.

- 어떤 모형에 적합시켜야 변수 pref의 값을 잘 적합시킬 수 있을까?
- 카펫 간이청소기의 선호도에 가장 크게 영향을 미치는 변수(요인)은 무엇일까?
- 어떤 범주의 조합으로 구성되었을 때 카펫 간이청소기에 대한 선호도가 높은가?

1.2.2 선형회귀모형에의 적합

만약 데이터의 범주형 속성을 간과한 채 일반적으로 적용하는 선형회귀분석 절차를 밟으면 어떤 결과가 나올까? 이를 확인해 보기 위해

Analyze ▶ Regression
▷ Linear ...

의 모듈에 들어가 <그림 1.2>와 같이 종속변수와 설명변수를 선택해보자. 즉,

종속변수 : pref

설명변수 : package, brand, price, seal, money .

그리고 SPSS를 수행시키면 <표 1.1>의 결과가 출력된다.

<그림 1.2>
선형회귀
모형에의 적합

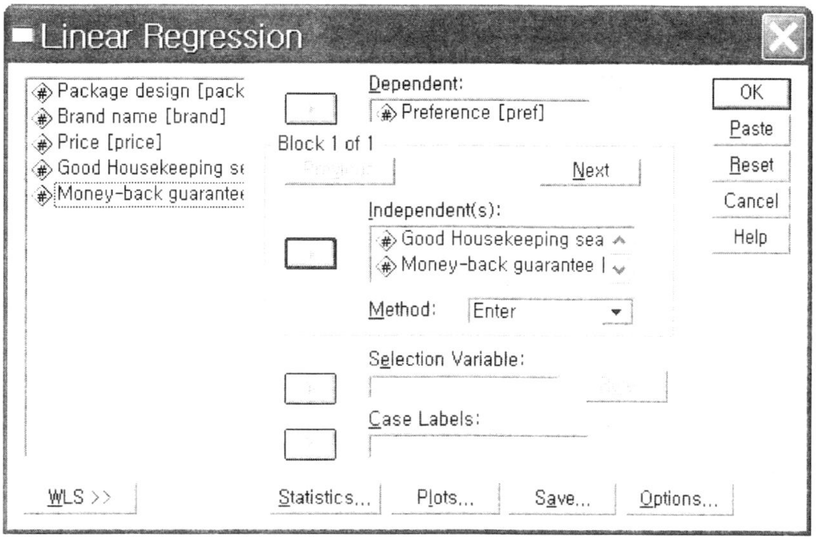

<표 1.1>의 결과를 살펴보면 수정된 결정계수(Adjusted R Square)값이 0.615이고 F통계량 값은 5% 유의수준에서 유의하다. 각 설명변수에 대한 회귀계수를 살펴보면 변수 brand와 money가 5% 유의수준에서 통계적으로 유의하지 않을 뿐 나머지 변수들은 나름대로 의미가 있다고 할 수 있다.

<표 1.1>
중회귀선형모형에 적합시킨 결과

Model Summary[b]

Model	R	R Square	Adjusted R Square	Std. Error of the Estimate
1	.841[a]	.707	.615	3.998

a. Predictors: (Constant), Money-back guarantee, Price, Good Housekeeping seal, Brand name, Package design

b. Dependent Variable: Preference

ANOVA[b]

Model		Sum of Squares	df	Mean Square	F	Sig.
1	Regression	615.697	5	123.139	7.704	.001[a]
	Residual	255.757	16	15.985		
	Total	871.455	21			

a. Predictors: (Constant), Money-back guarantee, Price, Good Housekeeping seal, Brand name, Package design

b. Dependent Variable: Preference

<표 1.1>
중회귀선형모형에 적합시킨 결과(계속)

Coefficients[a]

Model		Unstandardized Coefficients B	Unstandardized Coefficients Std. Error	Standardized Coefficients Beta	t	Sig.
1	(Constant)	22.529	5.177		4.352	.000
	Package design	-4.159	1.036	-.560	-4.015	.001
	Brand name	.429	1.054	.056	.407	.689
	Price	2.703	1.009	.366	2.681	.016
	Good Housekeeping seal	-4.314	1.780	-.330	-2.423	.028
	Money-back guarantee	-2.779	1.921	-.197	-1.447	.167

a. Dependent Variable: Preference

그러나 <그림 1.3>과 같이 잔차 플롯을 작성해보면 랜덤한 패턴보다는 U자 패턴이 나타남을 알 수 있다. 또한 카펫 간이청소기의 패키지 디자인에 대해서 잔차 플롯을 작성해보면 범주형으로 관측되었기 때문에 <그림 1.4>와 같은 패턴을 나타낸다. 따라서 회귀분석에서의 오차에 대한 가정을 충족시키기 위해 적절한 변환이 필요하다고 할 수 있다.

<그림 1.3>
잔차 플롯

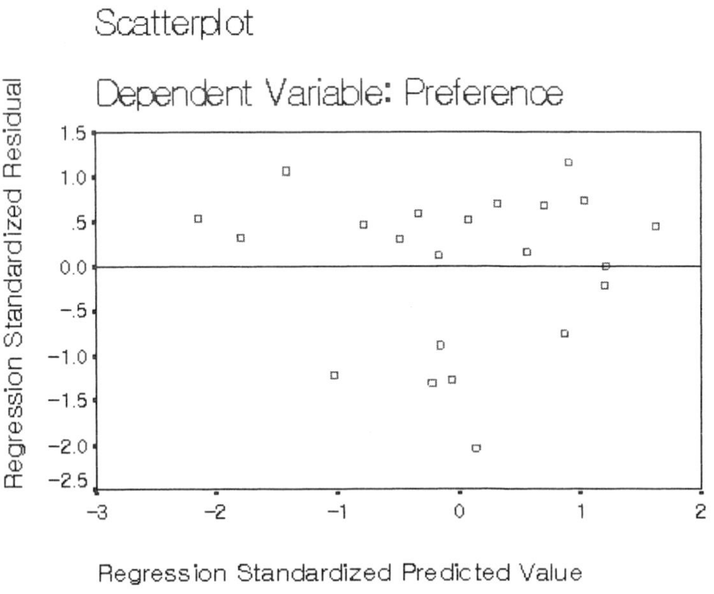

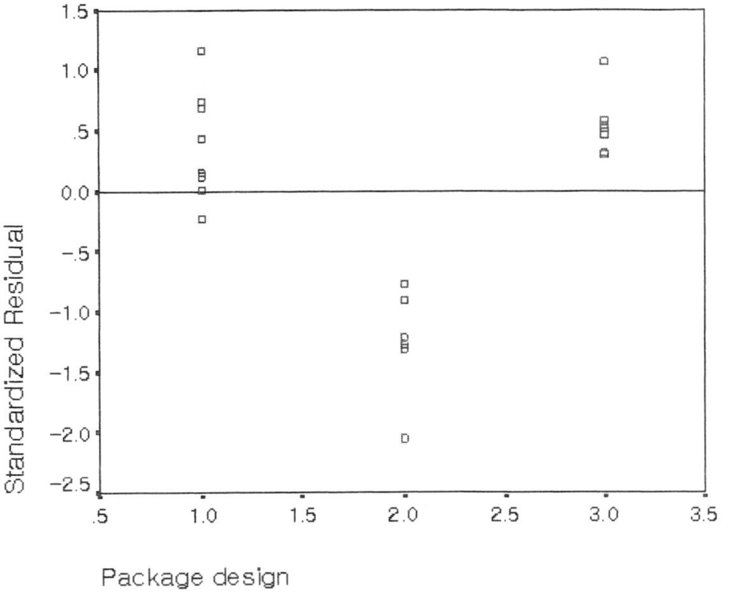

<그림 1.4>
잔차플롯
(패키지
디자인)

1.2.3 범주형 회귀분석 절차

이제 범주형 데이터의 측정 수준을 고려한 범주형 회귀(Categorical Regression)분석을 시도해보자. 이를 위해서는 먼저

Analyze ▶ Regression
▷ Optimal Scaling....

를 선택한다. 그리고 <그림 1.5>의 범주형 회귀분석 메뉴에서 종속변수와 설명변수를 지정한 후 척도(scale)를 지정한다. <그림 1.5>에서 보듯이 변수 pref는 연속형으로 간주될 수 있는 성격의 변수이므로 'Numeric'을 지정하였고 package과 brand는 명목 범주형이므로 'Nominal' 척도를 지정하였으며 나머지 독립변수들은 수치형(Numeric)으로 지정하도록 한다.

<그림 1.5>
범주형
회귀분석

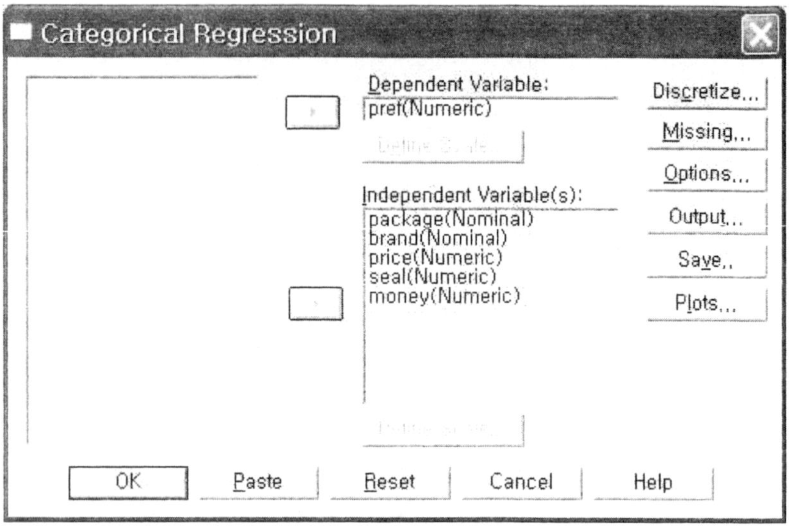

이들 변수들의 척도를 이와 같이 달리 정하는 것은 어떤 결과를 가져오게 되는 것일까? 잠시 이를 살펴보면 이 메뉴에서 제공하고 있는 Define Scale (척도 정의)은 다음과 같이 구분된다.[4]

- Spline Ordinal(monotonic)[스플라인 순서형(단조)] : 해당 변수의 범주가 순서성을 지니며 변환된 범주 값들은 원점을 통과하는 직선 위에 위치한다.

- Spline Nominal(non-monotonic)[스플라인 명목형(비단조)] : 해당 변수의 범주들이 순서성은 지니지 않으며 단지 그룹만을 나타낸다. 변환된 범주 값은 역시 원점을 통과하는 직선 위에 놓이게 된다.

- Ordinal[순서형] : 범주들을 순서화된 것으로 취급한다. 관측된 변수의 순서성은 척도화된 변수에 대해서도 유지된다. 스플라인 순서형보다는 변환결과가 더 잘 맞지만 '평활(smooth)'은 덜된다.

- Nominal[명목형] : 범주값들이 순서가 없는 것으로 다루어진다. 따라서 같은 범주에 있는 관측은 동일한 수량화 값으로 변환된다. 다

4) 데이터의 측정수준에 따른 최적척도화 과정은 허명회(1994)에 간략히 잘 설명되어 있다.

른 척도화와 마찬가지로 원점을 지나는 직선 위에 범주들이 놓이게 되며 '스플라인 명목형'보다 더 잘 적합되지만 덜 평활된다.

- Numerical[수치형] : 범주들은 등간격을 가지는 구간척도로 취급된다. 따라서 범주의 순서성이 보존되며 서로 다른 범주간의 차이값도 척도화된 변수에서 보존된다. 모든 변수들이 'Numerical(수치형)'로 선언되면 CATREG는 통상적인 다중회귀분석과 유사하다고 할 수 있다.

이제 <그림 1.5>로 다시 돌아가 Output 옵션을 클릭하여 <그림 1.6>에서 표시된 것처럼 척도변환 이전의 상관계수와 변환 후의 상관계수 등 몇 가지 통계량들을 선택하도록 하자. Save, Plots 옵션도 <그림 1.7>, <그림 1.8>과 같이 지정하도록 한다.

<그림 1.6> 범주형 회귀분석 Output 옵션

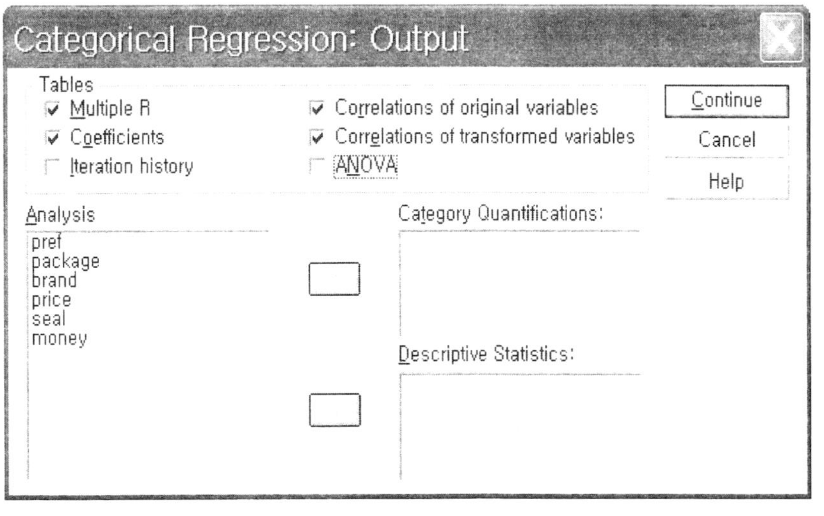

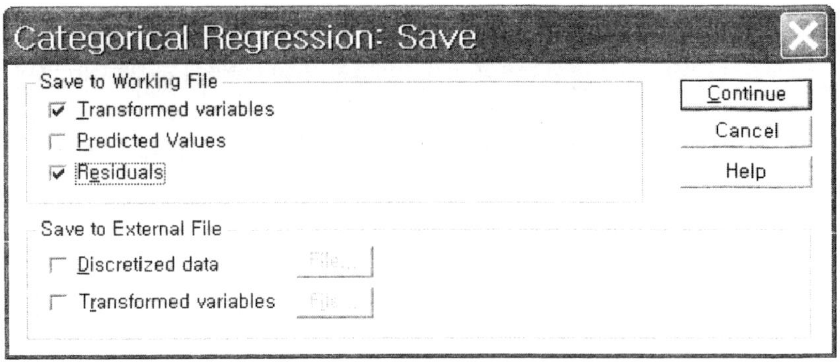

<그림 1.7>
범주형
회구분석
SAVE 옵션

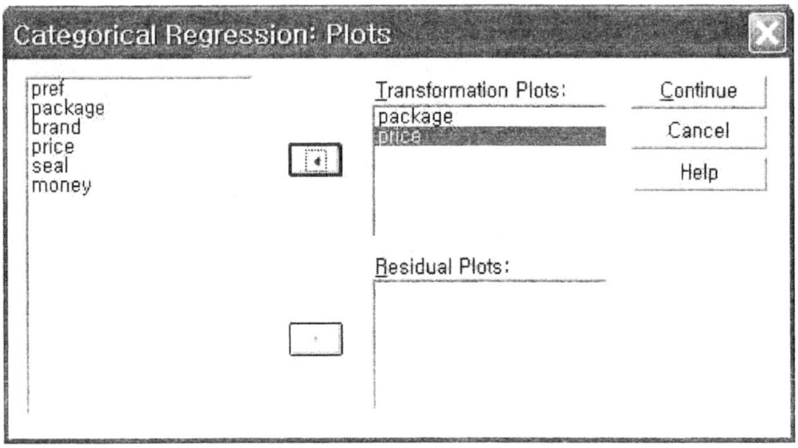

<그림 1.8>
범주형
회귀분석
Plot 옵션

1.2.4 범주형 회귀분석 결과의 이해

<표 1.2>는 원래 입력된 변수들간의 상관계수(상)와 척도 변환된 변수들간의 상관계수(하)를 나타낸다. 척도 변환전과 척도 변환후의 상관계수가 근소한 차이를 보이고 있다. 변수 brand와 package간의 상관계수는 척도변환 후 절반수준으로 상관계수가 줄었고 반면에 brand와 price, brand와 seal 간의 상관계수는 소폭 증가하였다.

<표 1.2>
원 변수의 상관행렬(상)과 척도 변환된 변수의 상관행렬(하)

Correlations Original Variables

	Package design	Brand name	Price	Good Housekeeping seal	Money-back guarantee
Package design	1.000	-.189	-.126	.081	.066
Brand name	-.189	1.000	.065	-.042	-.034
Price	-.126	.065	1.000	.000	.000
Good Housekeeping seal	.081	-.042	.000	1.000	-.039
Money-back guarantee	.066	-.034	.000	-.039	1.000

Correlations Transformed Variables

	Package design	Brand name	Price	Good Housekeeping seal	Money-back guarantee
Package design	1.000	-.097	-.089	.032	.102
Brand name	-.097	1.000	.134	-.118	-.001
Price	-.089	.134	1.000	.000	.000
Good Housekeeping seal	.032	-.118	.000	1.000	-.039
Money-back guarantee	.102	-.001	.000	-.039	1.000

<표 1.3>의 모형요약(model summary) 결과를 살펴보자. 결정계수(R Square)는 0.955이고 조정된 결정계수(Adjusted R Square)도 0.932로 <표 1.1>에서 살펴본 통상적인 선형회귀분석 결과 0.707(R Square), 0.615 (Adjusted R Square)보다 설명력이 많이 향상되었음을 알 수 있다.

추정된 회귀계수로부터 카펫 간이청소기에 대한 선호도는 변수 brand를 제외한 나머지 설명변수들이 5%의 유의수준에서 통계적으로 모두 유의함을 알 수 있다. 그리고 변수 price의 계수가 양수이므로 가격대가 높을수록 선호도 또한 높아질 것으로 예측된다.

<표 1.3>에서 각 회귀계수에 대한 자유도는 변수 package와 brand만 명목척도로 변환되었기 때문에 자유도는 범주수 3에서 1을 뺀 2로 계산되었고 나머지 설명변수들은 수치형으로 척도 변환되었기 때문에 1로 표시되어 있다.

<표 1.3>
결정계수와
추정된
회귀계수

Model Summary

Multiple R	R Square	Adjusted R Square
,977	,955	,932

Dependent Variable: Preference
Predictors: Package design Brand name Price
Good Housekeeping seal Money-back guarantee

Coefficients

	Standardized Coefficients		df	F	Sig.
	Beta	Std. Error			
Package design	-,747	,058	2	167,543	,000
Brand name	,094	,058	2	2,609	,109
Price	,362	,058	1	39,282	,000
Good Housekeeping seal	-,341	,057	1	35,294	,000
Money-back guarantee	-,160	,057	1	7,765	,015

Dependent Variable: Preference

모형 적합이 잘 이루어졌으므로 이제 선호도에 가장 크게 영향을 미치는 요인이 무엇인지 살펴보자.

<표 1.4>는 반응변수와 설명변수에 대한 부분상관(Part Correlation)과 편상관(Partial Correlation) 계수를 구한 결과이다. 여기서 편상관이란 고려하는 두 변수 이외의 제3의 변수가 두 변수에 모두 영향을 미치고 있을 경우 이를 통제한 두 변수간의 순수한 상관관계를 의미한다. 그리고 부분상관은 제3의 변수가 두 변수 중 어느 한 변수에만 영향을 미치고 있을 경우 이를 통제한 두 변수간의 상관관계를 나타낸다.

<표 1.4>의 상단 부분에 나와 있는 패키지 디자인에 대한 편상관계수 -0.961는 다른 변수들의 효과를 제거했을 때 패키지 디자인이 선호도 순위의 변이(variation)중 약 92% (= $(-0.961)^2 = 0.92$)를 설명한다는 것을 의미한다. 다른 변수들의 효과를 제거한다면 price와 seal에 의한 설명력도 꽤 크다고 할 수 있겠다.

패키지 디자인에 대한 부분상관계수 -0.738은 패키지 디자인으로부터 brand, seal, money, price의 효과를 제거시켰을 때 변수 package에 남아있는

부분이 선호도 순위의 변이 가운데 약 54%($= (-0.738)^2 = 0.54$)를 설명한다는 것을 의미한다.

그렇다면 이런 효과는 변환되기 전의 반응변수와 설명변수에 대해서는 어떠했을까? <표 1.4>의 하단에 나와 있는 결과는 원 변수들에 대한 부분상관과 편상관계수를 계산한 것이다. 선호도 순위의 전체 변이 중 패키지 디자인에 의해서 설명되는 분산량은 약 50.1%($= (-0.708)^2 = 0.501$)이다. 따라서 두 결과를 놓고 볼 때 최적 변환된 변수들에 의해 더 잘 설명되고 있음을 알 수 있다.

<표 1.4> 부분상관과 편상관계수 (상) 변환 후 (하) 변환 전

Correlations and Tolerance

	Correlations		
	Zero-Order	Partial	Part
Package design	-.816	-.961	-.738
Brand name	.255	.396	.092
Price	.440	.859	.357
Good Housekeeping seal	-.370	-.846	-.339
Money-back guarantee	-.223	-.597	-.159

Dependent Variable: Preference

Coefficients[a]

Model		Correlations		
		Zero-order	Partial	Part
1	Package design	-.657	-.708	-.544
	Brand name	.206	.101	.055
	Price	.440	.557	.363
	Good Housekeeping seal	-.370	-.518	-.328
	Money-back guarantee	-.223	-.340	-.196

a. Dependent Variable: Preference

여러 개의 설명변수 중 반응변수에 영향을 크게 미치는 변수를 찾는 한 가지 방법은 표준화 회귀계수를 살펴보는 것이다. 이 기준을 적용하면 <표 1.3>에서 회귀계수가 가장 큰 변수는 package임을 알 수 있다.

한편 프랫(Pratt)은 회귀분석에서 설명변수의 기여도를 해석하는데 도움이 되는 지표로 'relative importance(상대적 중요도)'를 고안하였다. 회귀계수와 달리 설명변수의 중요도는 개별 설명변수의 중요도의 합으로 표현된다. 프랫(Pratt)이 고안한 설명변수의 상대적 중요도는 다음과 같이 계산된다.

상대적 중요도 = 설명변수의 회귀계수 × 0차 상관계수.

<표 1.5>는 본 사례에서 사용된 각 변수들에 대한 'importance(중요도)'와 설명변수들간의 다중공선성에 대한 지표 'tolerance(허용치)'를 계산한 결과이다. 카펫 간이청소기 선호도에 있어 가장 중요한 역할을 하는 것은 0.639의 중요도를 가지고 있는 package임을 확인할 수 있다.

<표 1.5> importance와 tolerance

	importance	Tolerance	
		변환후	변환전
package design	.639	.974	.942
brand name	.025	.962	.961
price	.167	.976	.982
good housekeeping seal	.132	.984	.991
money-back guarnacee	.037	.988	.993

여기서 패키지 디자인에 대한 중요도 0.639의 계산절차는 다음과 같다. 먼저 <표 1.3>과 <표 1.4>의 회귀계수와 0차 상관계수를 이용하여

$$-0.747 \times -0.816 = 0.609$$

와 같이 계산한다. 나머지 설명 변수들에 대해서도 상대적 중요도를 마찬가지 방법으로 계산한다. 그리고 최종적으로 모든 설명변수들의 상대적 중요도의 합에 대한 비율로

$$\frac{\text{패키지 디자인에 대한 상대적 중요도}}{\text{설명변수들의 상대적 중요도 합}} = \frac{0.609}{0.955} \simeq 0.639$$

와 같이 계산된다. 여기서 설명변수들의 중요도 합은 <표 1.3>의 결정계수와 일치한다.

이 결과로부터 카펫 간이청소기 선호도에 가장 크게 영향을 미치는 변수는 package이고 그 다음으로 price, seal을 고려할 수 있다.

한편 상대적 중요도와 달리 'tolerance(허용치)'는 독립변수들이 서로 얼

마나 선형적으로 관련있는가를 나타내는 통계량으로 다중공선성을 살펴볼 수 있는 지표이다. '허용치'가 1에 가까우면 다중공선성이 없는 것으로, 0에 가까우면 다중공선성이 심한 것으로 판단할 수 있다. <표 1.5>의 경우 변환전이나 변환후의 '허용치'가 모두 1에 가까운 값이므로 설명변수들간의 다중공선성은 존재하지 않는다고 할 수 있다.

이제 최적 변환된 범주값들을 살펴보자. 아래의 수량화값 테이블은 Output 메뉴에서 'Category Quantifications(범주 수량화)'에 두 개 변수를 지정하여 얻은 결과이다.

Package design[a]

Category	Frequency	Quantification
A*	9	-1.163
B*	6	1.159
C*	7	.502

a. Optimal Scaling Level: Nominal.

Price[a]

Category	Frequency	Quantification
$1.19	8	-1.173
$1.39	6	.000
$1.59	8	1.173

a. Optimal Scaling Level: Numerical.

<그림 1.9>는 최적 변환된 price와 package에 대한 수량화 값을 플롯한 결과이다. price의 경우 <그림 1.9>(상)과 같이 직선 위에 모두 적합되었음을 알 수 있다. 추정된 회귀계수가 양수였으므로 가격대가 높을수록 사람들에게서 선호된다고 할 수 있다.

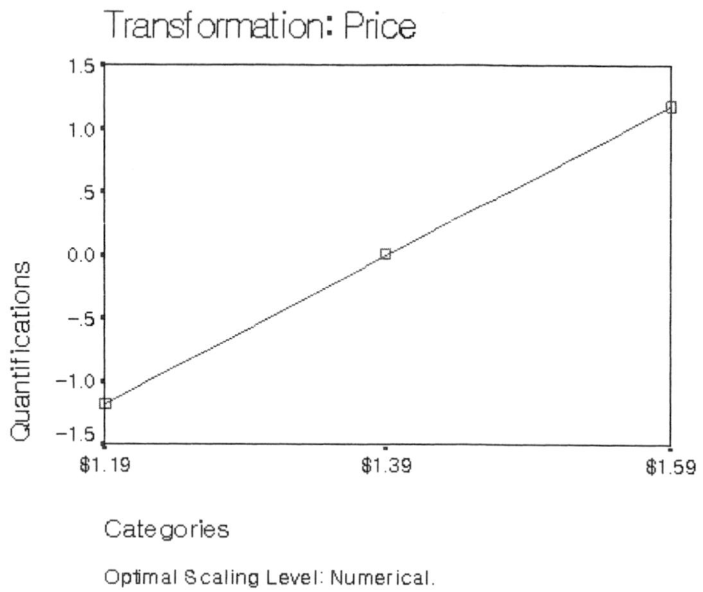

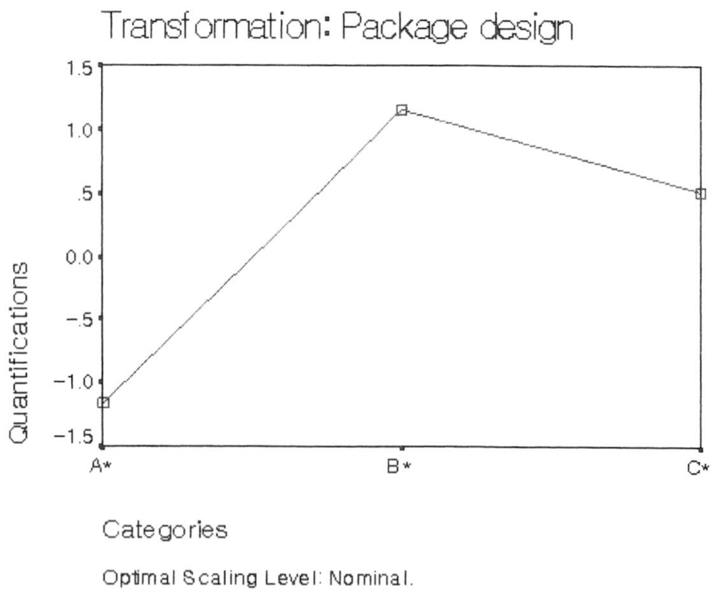

<그림 1.9> 척도변환 결과의 플롯 (상) price (하) package design

<그림 1.9>(하)의 package의 경우 'B*'가 가장 높게 수량화되었으며 그

다음으로 'C*', 'A*' 의 순으로 척도화되었다. 회귀계수가 음의 값으로 추정되었으므로 사람들은 패키지 디자인 'A*'를 가장 선호한다는 것을 알 수 있다

변수 package의 수량화값을 기준으로 잔차 플롯을 살펴보자. 통상적인 선형모형에 적합시켰던 잔차플롯 <그림 1.4>와 달리 최적 변환은 <그림 1.10>에서 보는 것처럼 U자 패턴을 많이 완화시켰음을 알 수 있다.

<그림 1.10>
잔차플롯

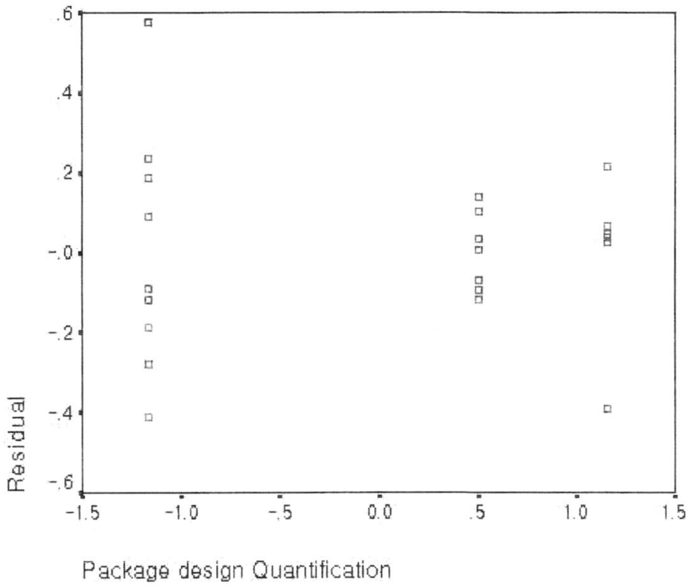

한편 설명변수는 그대로 두고 종속변수 pref를 'spline ordinal'로 척도화시킬 경우 결정계수는 0.958로 계산된다. 따라서 종속변수를 'numeric'으로 척도화시킨 결과보다 결정계수가 0.003 증가하게된다. 수량화값이나 중요도는 수치에 있어 근소한 차이를 보이나 전반적인 해석은 크게 달라지지 않는다. 따라서 이 데이터에 대한 최적 변환은 pref를 스플라인 순서형으로 brand와 package에 대해서는 명목형, 나머지 변수에 대해서는 수치형으로 다루는 것이라고 할 수 있다.

1.3 사례분석2 : 기상인자와 오존농도간의 관계

1.3.1 데이터

대류권내의 오존은 광화학 반응에 의해서 생성되는 2차 대기오염물질로서 대기 중의 질소산화물과 휘발성 유기화합물의 농도 증가와 함께 그 오염도가 더욱 심각해지고 있는 물질이다. 우리나라에서의 오존의 특성을 살펴보면 계절별 일평균 오존 농도는 봄에 가장 높으며 여름에는 봄과 가을에 비교하여 오히려 낮게 나타난다. 오존 농도의 일 변화 특성 중 일최고 오존 농도는 오후 3-4시경, 일최저 오존 농도는 해뜬 직후에 나타난다.

오존 농도와 기상인자와의 관련성을 살펴보면 일최고 오존 농도는 일최고 기온 증가에 따라 지수 함수적으로 증가하며 일사량 증가에 따라 오존 농도는 증가한다. 강수가 있는 경우 낮에는 오존농도가 더 낮게 나타나지만 밤에는 강수가 없는 경우보다 더 높게 나타난다. 또한 여름철 낮에는 풍속이 강할수록 오존 농도 상승이 저해되지만 겨울철 밤에는 오히려 오존 농도가 높게 나타난다. 따라서 80ppb[5] 이상의 고농도 오존은 기온이 높고 풍속이 약하면서 오전 평균 운량이 적은 경우에 나타나며 특히 우리나라 주변에 고기압이 존재하여 기압경도가 약할 때 나타나는 것으로 알려져 있다.

<그림 1.11>은 오존 수준을 측정한 데이터로 오존발생과 밀접한 관련성이 있는 변수들을 함께 측정한 결과이다. 이 데이터는 1976년에 330일 동안 미국의 업플랜드(Upland), 캘리포니아(California), 로스앤젤레스(Los Angeles) 동부 지역 등에서 관측된 것이다. 습도나 역전층의 기온, 풍속 등도 조사되었으나 분석에 사용할 변수들은 다음과 같다.

ozon : 매일 측량된 오존 수준 (38개의 범주로 분류됨)
ibh : 역전현상이 발생하는 기점이 되는 고도(단위: feet)
dpg : 기압 경도 (단위: mm Hg)
vis : 가시 거리 (단위:miles)

5) ppb : parts per billion

temp: 기온 (단위 : °F)

doy : 관측일

<그림 1.11>
오존데이터
(ozone.sav)

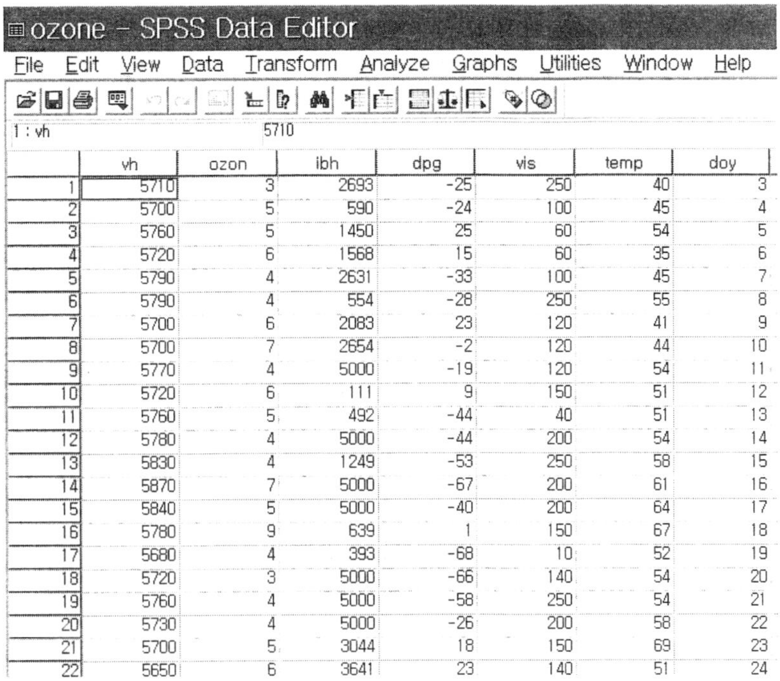
ozone - SPSS Data Editor

File Edit View Data Transform Analyze Graphs Utilities Window Help

1 : vh 5710

	vh	ozon	ibh	dpg	vis	temp	doy
1	5710	3	2693	-25	250	40	3
2	5700	5	590	-24	100	45	4
3	5760	5	1450	25	60	54	5
4	5720	6	1568	15	60	35	6
5	5790	4	2631	-33	100	45	7
6	5790	4	554	-28	250	55	8
7	5700	6	2083	23	120	41	9
8	5700	7	2654	-2	120	44	10
9	5770	4	5000	-19	120	54	11
10	5720	6	111	9	150	51	12
11	5760	5	492	-44	40	51	13
12	5780	4	5000	-44	200	54	14
13	5830	4	1249	-53	250	58	15
14	5870	7	5000	-67	200	61	16
15	5840	5	5000	-40	200	64	17
16	5780	9	639	1	150	67	18
17	5680	4	393	-68	10	52	19
18	5720	3	5000	-66	140	54	20
19	5760	4	5000	-58	250	54	21
20	5730	4	5000	-26	200	58	22
21	5700	5	3044	18	150	69	23
22	5650	6	3641	23	140	51	24

여기서 변수 ibh는 역전현상이 발생하는 기점이 되는 고도를 나타낸다. 일반적으로 대기는 상층으로 올라 갈수록 0.6~2.0 ℃/100 m씩 감소한다. 즉, 기온체감 현상이 나타나는데 대기의 안정, 불안정에 중요한 영향을 주게된다. 그러나 기온이 고도가 높아질수록 낮아지지 않고 오히려 높아지는 현상을 역전현상이라고 하고 역전현상이 나타나는 지층을 역전층(inversion layer ; 逆轉層)이라고 한다. 역전현상은 지표부근에서 야간에 복사냉각으로 나타나는 현상으로 도시지역에서는 상하층의 대기가 잘 혼합되지 않아 역전층 아래에 연기나 매연 등이 침체되어 스모그 현상이 발생하기 쉽다. 만약 높이 1 피트(feet)에서 이와 같은 역전현상이 변화되어 다시 고도가 높아질수록 공기가 차가워지게 된다면 그 높이를 "ibh(inversion base height)"

라고 한다.

기압경도란 기압차의 크기를 말하는 것으로 기압차가 클수록 바람도 강한 특성이 있다. 이 기압경도는 업플랜드 지역에서 측정한 기압과 다거트(Daggett)지역에서 측정한 기압간의 차이를 나타낸다. 기압경도 값이 양수일 경우 이는 업플랜드 지역의 기압이 더 높다는 것을 의미한다. 가시거리란 지평선의 하늘을 배경으로 시각 5도 이하의 검은 목표를 형태나 윤곽까지 육안으로 식별할 수 있는 거리를 말한다.

<그림 1.12>는 이들 데이터를 행렬 산점도로 나타낸 결과이다. 오존과 기온은 양의 상관관계를 나타내며 가시거리와는 음의 상관관계를 나타내고 있다. 그리고 관측일(doy)과 기온(temp)간의 플롯으로부터 일정기간 동안은 기온이 상승하다 그 이후에는 기온이 내려가는 양상을 나타냄을 짐작할 수 있다.

<그림 1.12> 오존 데이터의 행렬 산점도

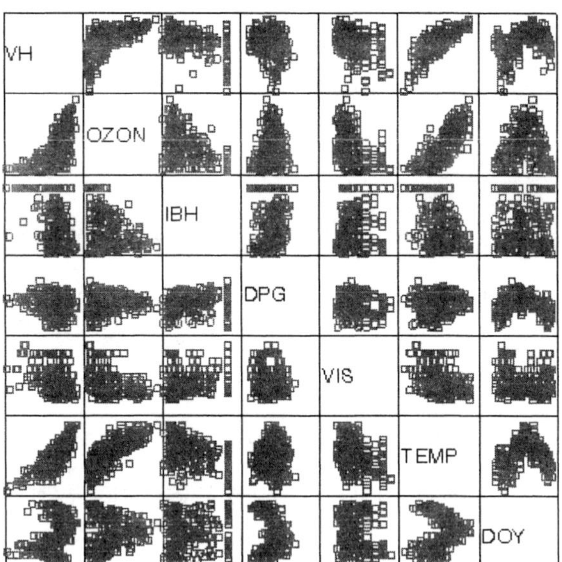

그런데 <그림 1.11>과 같이 4-5개의 범주들로 구성된 매우 단순한 형태의 데이터가 아닐 경우 범주형 회귀분석을 위해서는 이들 데이터를 범주화

시키는 것이 필요하다. 왜냐하면 알고리즘에서 양의 정수만을 다루므로 소수점 이하의 숫자는 절삭되거나 음수는 결측으로 처리되기 때문이다. 또한 너무 많은 범주를 가지고 있는 경우에도 실제적으로 해석에 도움이 될 수 있도록 범주를 축약시킬 필요가 있다.

다음 테이블은 각 변수들의 범위를 구한 결과이다.

Statistics

		OZON	IBH	DPG	VIS	TEMP	DOY
N	Valid	330	330	330	330	330	330
	Missing	0	0	0	0	0	0
Range		37	4889	176	350	68	362
Minimum		1	111	-69	0	25	3
Maximum		38	5000	107	350	93	365

변수 doy는 최소값 3에서 최대값 365를 가지고 있다. 데이터의 특성을 무시하면 1년이 365일이므로 365개의 범주를 가지고 있는 셈이 된다. 이와 유사하게 변수 vis도 범위가 0에서 350마일까지다. 따라서 두 변수를 좀 더 적은 범주를 가지는 변수로 변환시키기 위해 10으로 나눈 후 가장 가까운 정수로 만들기 위해 1을 더한 후 사사오입하도록 하자. 이렇게 함으로써 새로 만든 변수들은 각각 38개와 36개의 범주를 갖게된다. 범주가 대폭 축소되므로 해석이 보다 쉬워질 것이다.

변수 ibh의 범위도 111에서 5000까지이다. 따라서 100으로 나눈 후 정수로 만들도록 한다. 변수 dpg는 앞에서 설명한 3개의 변수와 좀 다르게 변환시켜야 하는데 이 변수가 취하는 값의 범위가 -69에서 107까지이기 때문이다. 음수를 처리하여 1에서 177까지의 범위를 가지는 것으로 만든 후 10으로 나눈 후 1을 더하고 역시 사사오입시켜 정수로 만들도록 한다. 마지막으로 화씨(°F)로 관측된 기온의 범위가 25에서 93이다. 단위를 섭씨(℃)로 바꿔 -4에서 35도까지의 범위를 갖도록 한다. 그런 다음 음수처리를 위해 5를 더하도록 한다.

이와 같은 일련의 작업은 명령문(syntax) 창을 이용하여 실행시키면 효율적이다. 여기서 RND는 'round'를 나타내는 SPSS 명령문 함수이다. 다음과 같이 명령문을 작성한 후 실행시키도록 한다.

```
compute ddoy = RND(doy/10+1).
compute dvis =  RND(vis/10+1).
compute dibh = RND(ibh/10+1).
compute ddpg = RND((dpg+70)/10+1).
compute tempc = RND((temp-32)/1.8)+5.
EXECUTE.
```

1.3.2 범주형 회귀분석 절차

이제 그리 크지 않은 범주들을 갖도록 변환시킨 변수들을 가지고 범주형 회귀분석을 시도해보자. <그림 1.13>과 같이 종속변수, 독립변수를 각각 선택하고 변환시킬 척도를 설정하자. 또한 변환된 변수에 대한 플롯작성을 위해 Plots 옵션에서 <그림 1.14>와 같이 변환된 변수에 대한 플롯을 선택하도록 한다.

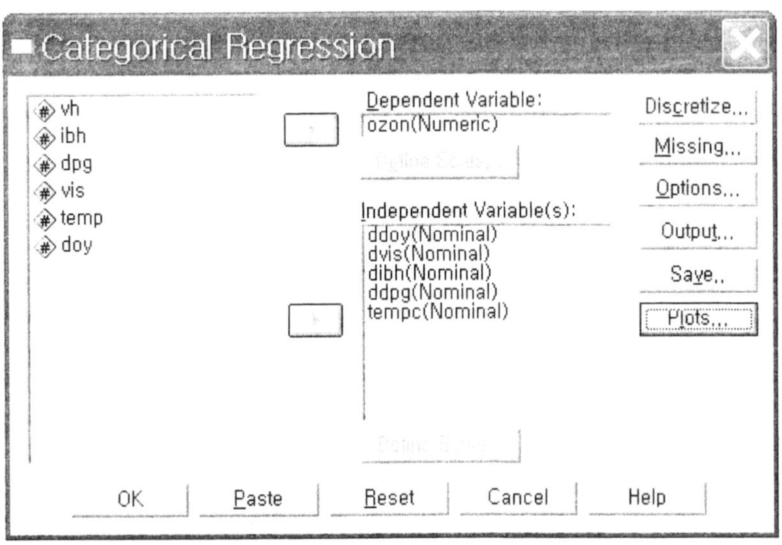

<그림 1.13>
범주형
회귀분석
(변수 설정)

<그림 1.14>
범주형
회귀분석
(플롯 옵션)

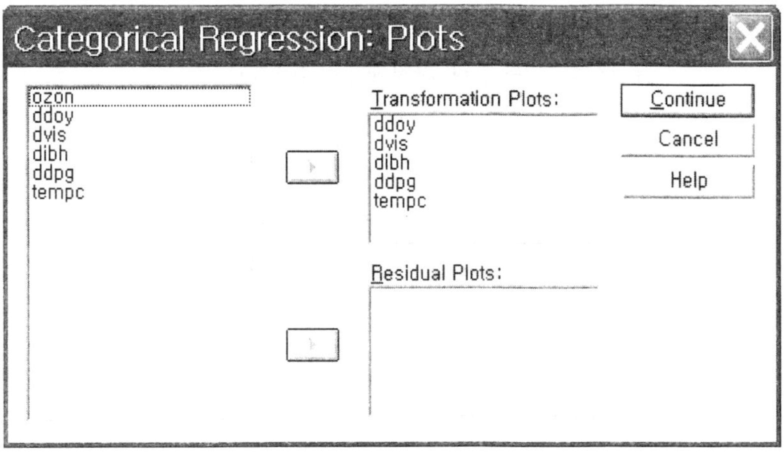

1.3.3 결과의 이해

범주형 회귀분석결과를 살펴보기에 앞서 연속형 데이터로 간주하고 보통의 선형회귀모형에 적합시킬 경우 결정계수는 0.678, 조정된 결정계수는 0.673이 계산된다. 또한 이에 대한 잔차 플롯은 아래와 같이 U자 패턴을 보인다.

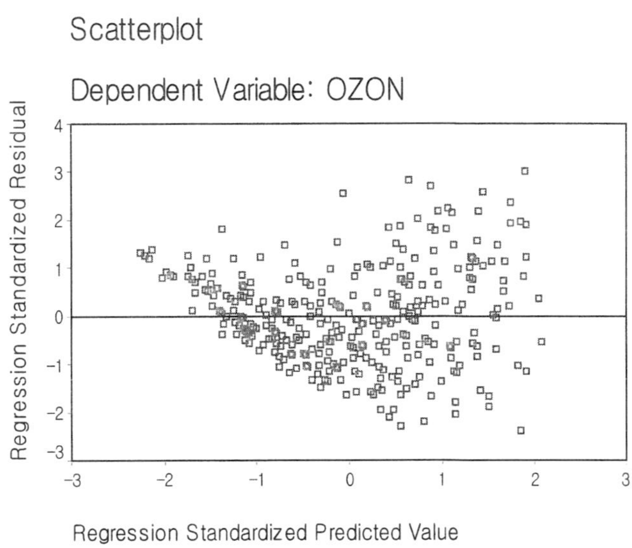

그러나 범주형 회귀분석을 시도할 경우 <표 1.6>과 같이 결정계수는 0.883이고 조정된 결정계수는 0.787로 증가됨을 알 수 있다. 또한 5개의 변환된 설명변수들은 5% 유의수준에서 모두 통계적으로 유의하다.[6)]

즉, 관측일이 적고 가시거리가 짧고 역전현상이 발생하는 기점이 되는 고도가 낮을수록 오존수준은 높으며 기압경사도가 높을수록 그리고 기온이 높을수록 오존수준이 높아진다고 할 수 있다.

'importance'로 변수의 중요도를 판단해보면 기온에 대한 중요도가 0.604로 오존농도를 설명하는데 매우 중요한 변수임을 나타낸다.

<표 1.6>
모형 요약결과와 회귀계수 및 상관계수

Model Summary

Multiple R	R Square	Adjusted R Square
.940	.883	.787

Dependent Variable: OZON
Predictors: DDOY DVIS DIBH DDPG TEMPC

Coefficients

	Standardized Coefficients		df	F	Sig.
	Beta	Std. Error			
DDOY	-.346	.028	37	158.190	.000
DVIS	-.199	.026	17	57.898	.000
DIBH	-.266	.027	41	98.737	.000
DDPG	.254	.027	17	87.688	.000
TEMPC	.652	.027	36	564.456	.000

Dependent Variable: OZON

6) 원래 관측된 종속변수와 설명변수에 대해서 순서형이나 스플라인 순서형으로 최적변환시켰을 경우 현재의 모형에서 보여주는 것만큼의 결정계수가 계산되지 않는다. 또한 양의 정수로 변환시킨 변수를 이용하여 순서형이나 스플라인 순서형으로 최적변환을 취하여도 마찬가지 결과를 얻게 된다. 그러나 종속변수는 스플라인 순서형으로, tempc를 제외한 나머지 설명변수는 스플라인 명목형으로 그리고 tempc는 스플라인 순서형으로 적합시킬 경우 결정계수는 비록 0.831이지만 수정된 결정계수는 0.82로 높게 계산된다. 따라서 수정된 결정계수를 놓고 평가할 경우 평활시켜 적합시키는 것이 더 좋다고 할 수 있겠다.

<표 1.6> (계속) 모형 요약결과와 회귀계수 및 상관계수

Correlations and Tolerance

	Correlations			Importance	Tolerance	
	Zero-Order	Partial	Part		After Transformation	Before Transformation
DDOY	-,338	-,683	-,320	,132	,854	,801
DVIS	-,329	-,492	-,194	,074	,951	,753
DIBH	-,492	-,594	-,253	,148	,906	,597
DDPG	,145	,571	,238	,042	,879	,860
TEMPC	,817	,870	,605	,604	,859	,577

Dependent Variable: OZON

이제 변환된 변수들에 대한 플롯을 살펴보도록 하자.

<그림 1.15> 변환 플롯 (DDPG)

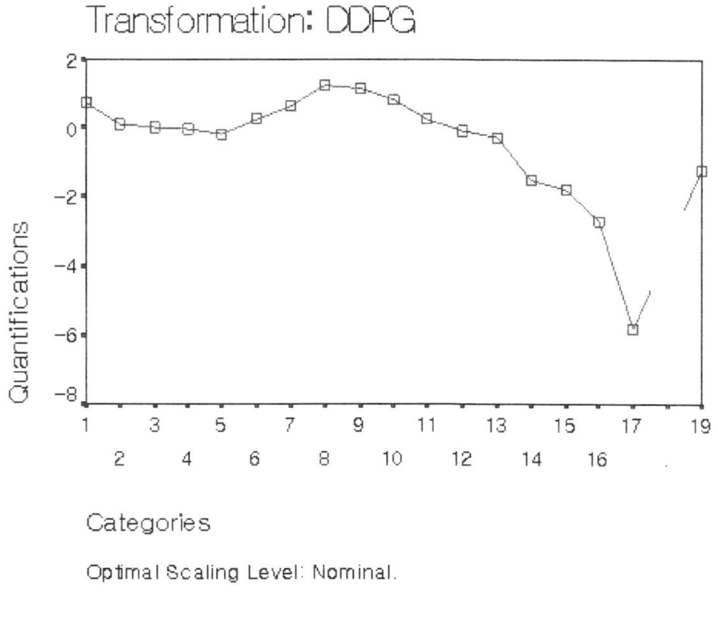

<그림 1.15>
(계속)
변환플롯
DVIS(상),
DIBH(하)

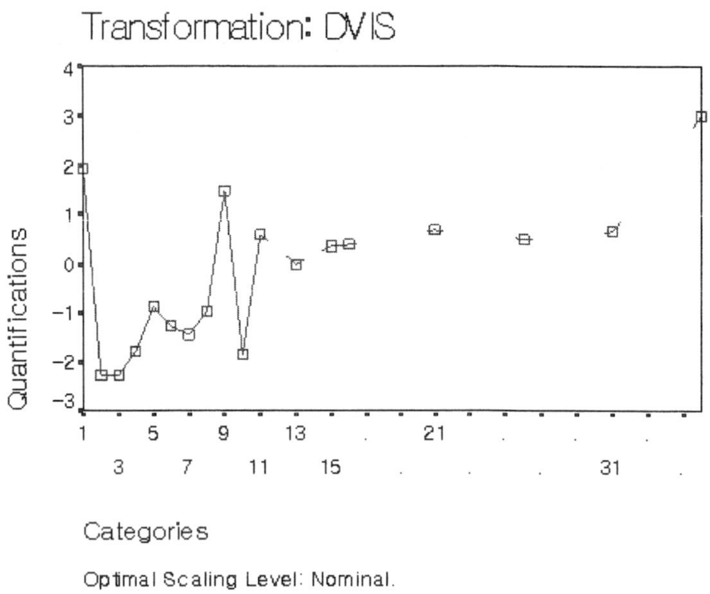

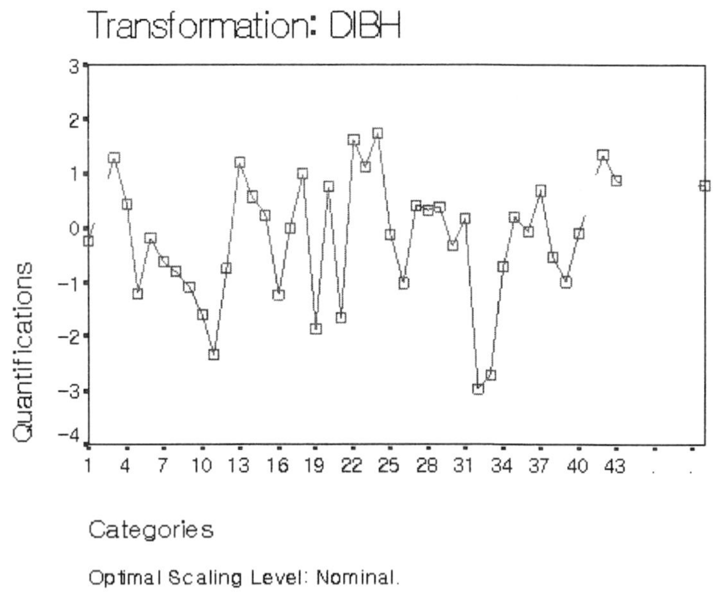

<그림 1.15>에서 변수 ddpg에 대한 변환플롯을 살펴보면 범주1에서 7까

지는 0에 가까운 작은 값으로 수량화되었다. 따라서 오존수준의 예측에서 이들 범주에 의한 기여도는 작을 것으로 예상된다. 범주 8에서 10까지는 수량화 값이 1근방의 값으로 계산되었고 양수이므로 결과적으로 오존수준을 예측하는데 다소 증가시키는 역할을 했을 것으로 예상된다. 그리고 가장 최저치를 보이는 17번째 범주에서 오존수준 예측에 마이너스 효과가 가장 클 것으로 예상된다. 비록 범주 17이후 수량화값은 계속 증가하나 ddpg에 대해서 순서형 척도를 적용하는 것이 적합값을 유의하게 감소시킨다고 보기 어렵다.

dvis와 dibh 변환플롯은 특별한 패턴을 보이지 않고 있다. 따라서 개별 범주에 초점을 두고 해석할 필요가 있다. 이들 변수를 변환할 때 순서성이나 선형성 제약을 두는 것은 적합값을 통계적으로 유의하게 감소시킨다고 할 수 있다.

<그림 1.16>
변환 플롯
(DDOY)

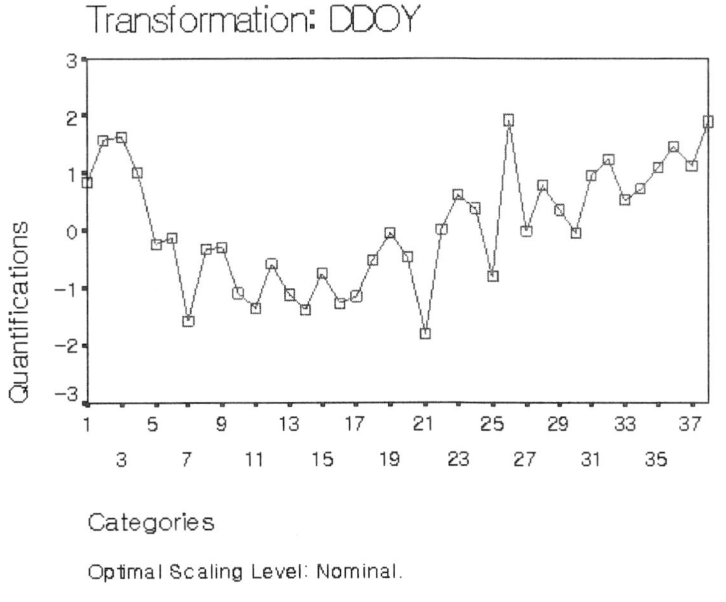

<그림 1.16>
(계속)
변환플롯
(TEMPC)

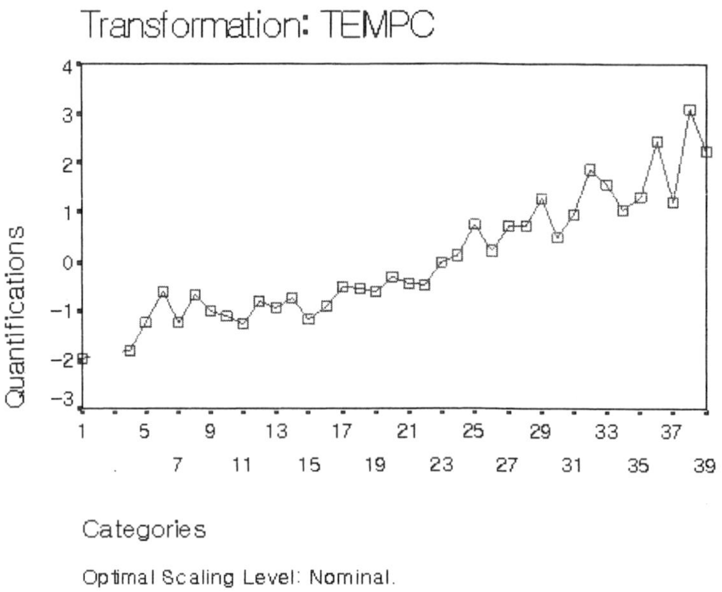

<그림 1.16>에서 ddoy의 변환플롯은 관측일이 증가할 수록 일정한 패턴을 보이고 있는데 마치 U자 모양을 띠고 있다고 할 수 있겠다. ddoy의 회귀계수를 고려하면 초기 범주(1에서 5범주)는 오존수준에 대해 감소시키는 효과를 가지고 있다고 할 수 있다. 그리고 범주 6부터 범주 21에서 척도화시킨 효과가 증가하다 범주 21 이후부터는 오준수준을 예측하는데 척도화된 값이 감소시킨다고 할 수 있다.

tempc에 대한 변환플롯은 꾸준히 증가하는 하나의 패턴을 보이고 있다. 결과적으로 척도화 변환된 변수값이 증가할수록 예측된 오존수준은 증가하는 경향을 보일 것이다. tempc 패턴은 순서형 척도로 변환하여도 좋을 것으로 보여진다.

<그림 1.16>의 결과를 토대로 <그림 1.17>과 같이 tempc만 순서형 척도로 변환시켜 적합시켜 보자.

<그림 1.17> 범주형 회귀분석 (상)tempc의 순서성 척도 선택 (하) SAVE 옵션

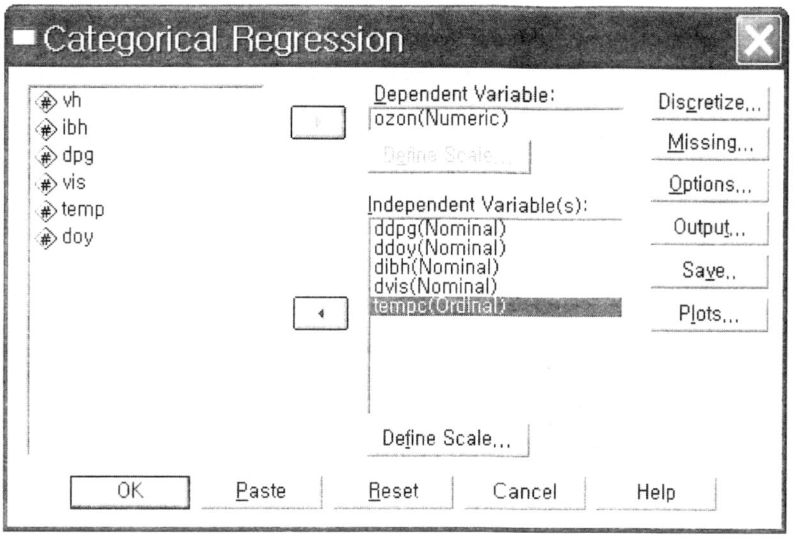

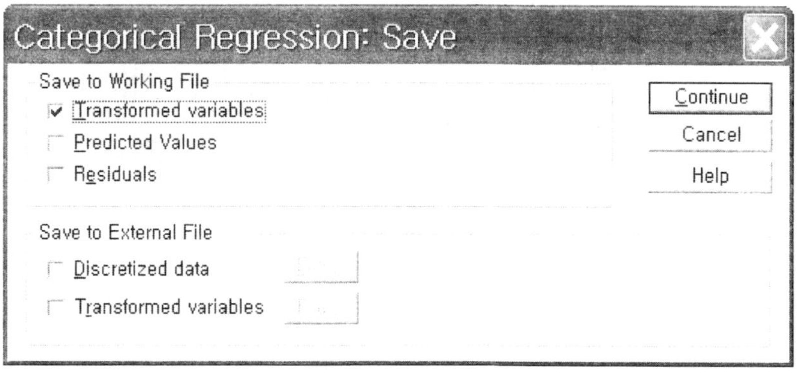

<표 1.7>의 결과를 살펴보면 결정계수가 0.873으로 명목 척도로 변환된 경우보다 다소 감소되었고 나머지 변수들에 대한 회귀계수의 유의성이나 데이터 해석에는 변함이 없다는 것을 알 수 있다.

<표 1.7>
모형요약
결과와
회귀계수

Model Summary

Multiple R	R Square	Adjusted R Square
.934	.873	.792

Dependent Variable: OZON
Predictors: DDPG DDOY DIBH DVIS TEMPC

ANOVA

	Sum of Squares	df	Mean Square	F	Sig.
Regression	288.004	128	2.250	10.769	.000
Residual	41.996	201	.209		
Total	330.000	329			

Dependent Variable: OZON
Predictors: DDPG DDOY DIBH DVIS TEMPC

Coefficients

	Standardized Coefficients		df	F	Sig.
	Beta	Std. Error			
DDPG	.245	.027	17	82.410	.000
DDOY	-.342	.027	37	158.815	.000
DIBH	-.272	.027	41	103.658	.000
DVIS	-.198	.026	17	59.036	.000
TEMPC	.661	.027	16	588.206	.000

Dependent Variable: OZON

이제 최종적으로 변환된 변수들을 가지고 통상적인 선형회귀분석을 시도해보자.

반응변수: trans_ozon

독립변수: trans_tempc, trans_dvis, trans_dibh

Save를 이용해 저장시킨 변수들을 선형회귀모형에 적합시킨 결과 <표 1.8>과 같이 0.757의 결정계수를 보였다. 그러나 범주형 회귀분석에서 tempc, dvis, dibh를 이용하여 적합시키면 결정계수는 0.791로 계산된다.

이 결과로부터 척도화된 변수들 일부를 가지고 범주형 회귀분석에 적합시킨 결과가 더 낫다는 것을 알 수 있으며 이는 통상적인 회귀분석에서 얻는 최적 척도화된 변수들은 결국 5개 변수들이 모두 그 모형에 포함되었을 때만 최적화된다고 할 수 있겠다. <그림 1.18>은 잔차플롯이다.

<표 1.8>
모형요약 결과

Model Summary[b]

Model	R	R Square	Adjusted R Square	Std. Error of the Estimate
1	.870[a]	.757	.755	.49596

a. Predictors: (Constant), DIBH Quantification, DVIS Quantification, TEMPC Quantification

b. Dependent Variable: OZON Quantification

<그림 1.18>
잔차 플롯

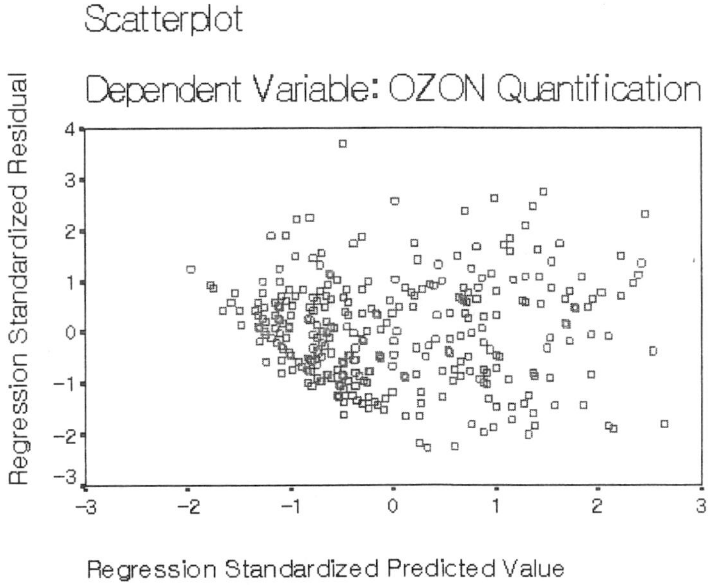

변환된 변수들은 원래의 종속변수와 설명변수들간에 비선형적인 관계를 가진다. 그러나 여러 개의 설명변수들이 포함될 경우에는 다른 변수들의 효과가 교락되어 있게 된다. 따라서 ozon과 ddoy에 대한 산점도를 살펴보도록 하자.

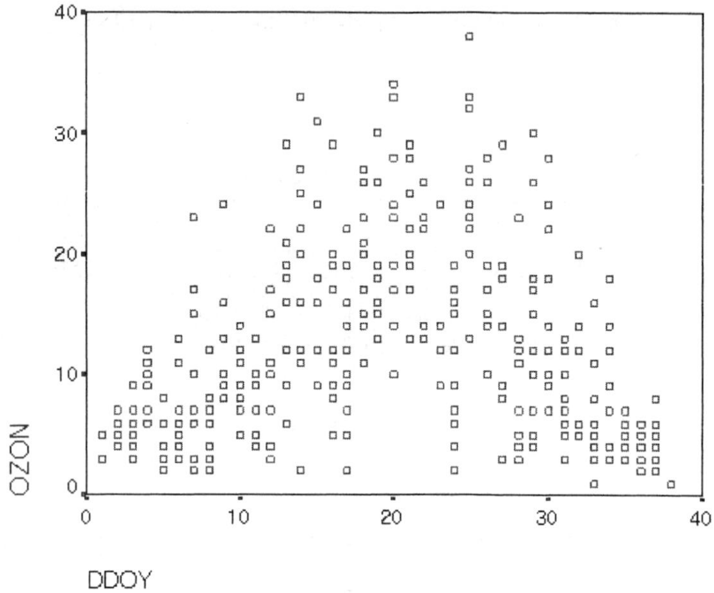

<그림 1.19>
ozon과 ddoy의 산점도

이를 통상적인 선형회귀모형에 적합시킬 경우에는 결정계수가 거의 0에 가까운 값으로 계산되지만 범주형 회귀분석을 시도할 경우에는 아래의 결과와 같이 0.562정도의 결정계수를 보인다. 그리고 <그림 1.20>의 변환된 플롯을 통해 ddoy의 양 극단에 있는 값들은 음의 값으로 수량화되지만 중심에 있는 값들은 양의 값으로 수량화되었음을 알 수 있다.

Model Summary

Multiple R	R Square	Adjusted R Square
.750	.562	.509

Dependent Variable: OZON
Predictors: DDOY

이제 최적 척도화된 두 변수를 가지고 산점도를 작성해보자. <그림 1.21>에서는 <그림 1.19>에서 살펴보았던 뒤집어진 U자 패턴은 없어지고 직선적인 경향을 보이고 있다. 즉 변환된 ddoy가 증가할수록 예측된 오존 값도 증가될 것임을 알 수 있다.

<그림 1.20>
변환 플롯

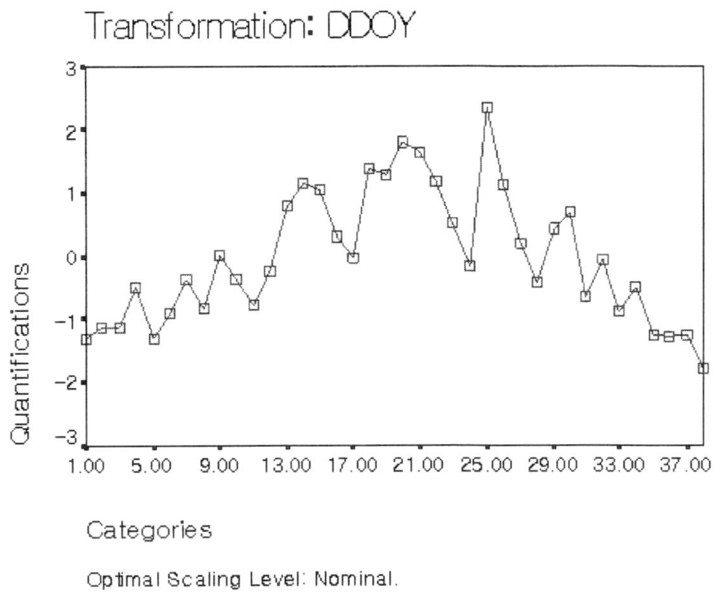

<그림 1.21>
변환된
변수들간의
산점도

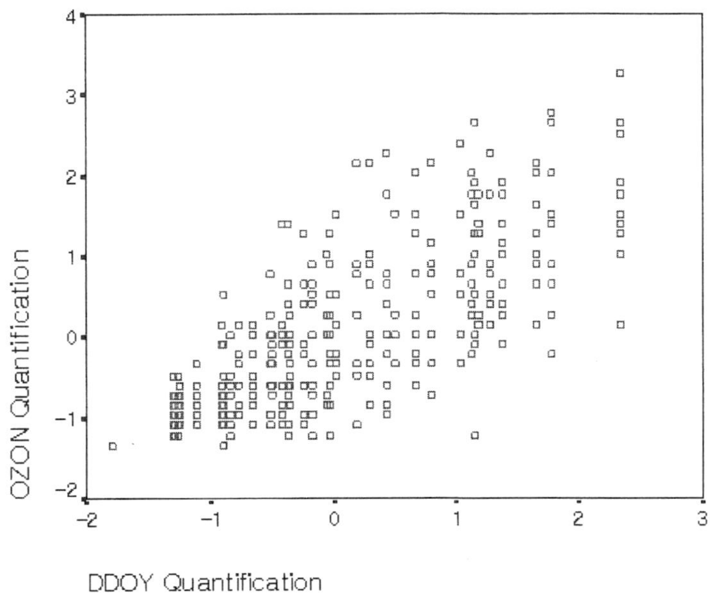

1.4 이론적 고찰

종속변수와 설명변수가 모두 수치형(numerical type)인 경우 다음과 같은 단순회귀모형을 고려해보자.

$$y_i = \beta_0 + \beta_1 x_i + \varepsilon_i, \qquad \varepsilon_i \sim N(0, \sigma^2) \tag{1.1}$$

우리가 보통 이해하고 있는 선형회귀모형은 위와 같은 회귀모형에 대해 절편과 기울기를 추정하여 종속변수의 값을 예측한다.

그런데 만약 종속변수나 설명변수가 모두 순서형이나 명목형일 경우에는 어떻게 적합시킬 수 있을까? 우선, 순서형 데이터나 명목형 데이터를 그냥 놔둔 채로 위와 같은 방법을 적용시킬 수는 없을 것이다. 오차에 대한 가정이 충족되지 않을 것이 분명하기 때문이다.

그 하나의 해결책은 이 장에서 다룬 사례를 통해 이해하였듯이 교대최소제곱법(alternating least squares)을 이용하여 최적척도화(optimal scaling)를 수행하는 것이다. 범주형 회귀분석(categorical regression analysis)은 그와 같이 반복 알고리즘을 이용하여 결과적으로는 변환된 변수들의 최적화된 선형회귀식을 구할 수 있게 한다.

좀더 포괄적인 설명을 하면 다음과 같다. 예를 들어 (1.1)의 단순회귀모형의 경우, 종속변수 Y에 대한 변환을 $\Theta(Y)$라고 하자. 그리고 설명변수 X에 대한 변환을 $\psi(X)$라고 하자. 단순회귀모형 (1.1)에 대한 적절한 변환과 이에 따른 기울기는 오차의 제곱합을 최소화하듯이

$$\min SSQ(\Theta(Y) - \beta\psi(X))$$

로부터 구하게 된다. 여기서 $SSQ(\cdot)$는 원소의 제곱합을 나타내며 변환변수에 대해서는 표준화 제약을 둔다. 물론 여기서 각 변수들에 대한 변환은 변수들의 측도를 고려한 적절한 변환방법을 적용하게 된다.

이제 p개의 설명변수로 확장시켜보자. 즉, 설명변수 $X_1, X_2, \cdots, X_p$를 고려하고 이들의 변환을 각각

$$\psi_1(X_1),\ \psi_2(X_2),\ \cdots,\ \psi_p(X_p)$$

로 표기하면 표준화 제약아래 범주형 회귀분석의 목적은

$$\min\ SSQ\left(\ \Theta(Y)-\sum_{i=1}^{p} b_i\psi_i(X_i)\right)$$

을 수행하는 것이다. 즉 변환자료

$$\Theta(Y),\ \psi_1(X_1),\ \cdots,\ \Theta_p(X_p)$$

에 최소제곱회귀를 하는 것이고 오차제곱합이 가장 작게 되는 변환을 반복계산을 거쳐 찾는 것이다. 그리고 이로부터 구하게 되는 회귀계수들은 이미 변환변수들이 표준화되어 있으므로 변환자료의 선형회귀에서의 베타계수이기도 하다.

그렇다면 어떻게 범주형 데이터를 잘 적합시킬 수 있을까? 여기서 잠깐 '평활함수'와 '매듭'에 대해서 살펴보기로 하자. 이에 대한 이해는 SPSS 메뉴에 나와있는 옵션을 이해하는데 도움이 될 것이다.

우리가 통상적으로 알고 있는 선형회귀모형에서 기대값은 다음과 같이 나타낼 수 있다.

$$f(x)=E(y|x)$$

이를 이용하면 회귀모형은

$$y_i=f(x_i)+\varepsilon_i,\quad E(\varepsilon_i)=0$$

로 표현된다. 이때 함수 f 를 추정이 필요한 평활(smooth)함수라고 하고 이를 비모수회귀(nonparametric regression)라고 일컫는다.

단순회귀모형 (1.1)에서 회귀계수를 추정하기 위해서는 다음의 계획행렬을 이용한다.

$$X=\begin{pmatrix} 1 & x_1 \\ 1 & x_2 \\ \vdots & \vdots \\ 1 & x_n \end{pmatrix}$$

만약 회귀모형이 다음과 같이 2차 모형을 고려할 경우,

$$y_i = \beta_0 + \beta_1 x_i + \beta_2 x_i^2 + \varepsilon_i \tag{1.2}$$

필요한 계획행렬은 다음과 같이 3개의 기저(basis)로 구성된다.

$$X = \begin{pmatrix} 1 & x_1 & x_1^2 \\ 1 & x_2 & x_2^2 \\ \vdots & \vdots & \vdots \\ 1 & x_n & x_n^2 \end{pmatrix}$$

만약 데이터가 <그림 1.22>와 같이 3가지 선분을 중심으로 흩어져 있다고 생각해 보자. 이때 최적의 적합 모형은 3가지 기울기를 가지고 있는 선분들을 결합시키는 것이 될 것이다.

<그림 1.22> 3가지 기울기로 형성된 데이터의 적합

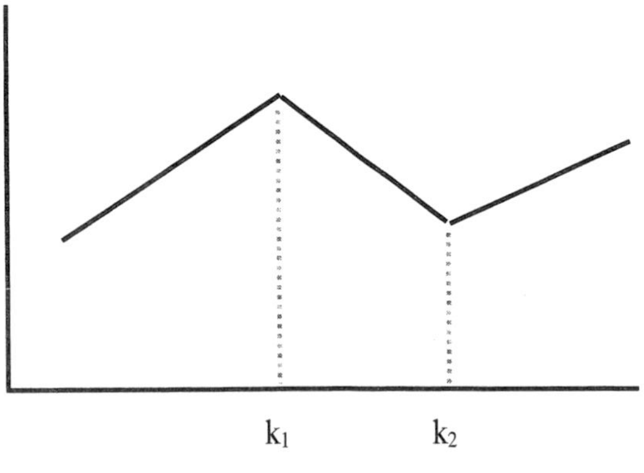

기울기가 바뀌게 되는 지점을 <그림 1.22>에서와 같이 k_1, k_2로 표현하면

$$y_i = \beta_0 + \beta_1 x_i + \beta_{11}(x_i - k_1)_+ + \beta_{12}(x_i - k_2)_+ + \varepsilon_i \tag{1.3}$$

와 같이 표현된다. $(x_i - k_j)_+$는 만약 $x_i < k_j$이면 0이다. 이때 필요한 계획행렬은

$$X = \begin{pmatrix} 1 & x_1 & (x_1 - k_1)_+ & (x_1 - k_2)_+ \\ 1 & x_2 & (x_2 - k_1)_+ & (x_2 - k_2)_+ \\ \vdots & \vdots & \vdots & \vdots \\ 1 & x_n & (x_n - k_1)_+ & (x_n - k_2)_+ \end{pmatrix}$$

이다. 여기서 k_i를 보통 매듭(knot)이라 부르고 $(x-k_i)_+$를 선형평활(기저) 함수라 부른다. 그리고 여러 개의 선형스플라인(기저)함수들이 선형적으로 결합된 것을 'piecewise linear function(구분적 선형 함수)'이라 불리며 이것을 스플라인(spline)이라고 한다. 따라서 통상적으로 스플라인 함수(spline function)는

$$f(x) = \beta_0 + \beta_1 x + \sum_{j=1}^{K} \beta_k (x-k_j)_+$$

와 같이 표현된다. 2차 스플라인의 기저들은

$$1, x, x^2, (x-k_1)_+^2, \cdots, (x-k_K)_+^2$$

이며 p차 스플라인의 기저들은

$$1, x, x^2, \cdots, x^p, (x-k_1)_+^p, \cdots, (x-k_K)_+^p$$

이다.

이와 같은 접근에 있어서 문제는 매듭의 수를 몇 개로 정하느냐이다. 매듭의 수가 많을수록 모형의 개수도 많아지기 때문이다. 만약 매듭의 수가 K개이면 가능한 모형의 개수는 2^K개나 된다. 스플라인에서 매듭 선택의 문제를 피할 수 있는 기본적인 방법은 스플라인을 평활시키는 것이다.

예를 들어, 구간 [a, b]에서 2차 편미분이 연속인 f의 모든 함수들을 고려하여 식 (1.4)의 잔차제곱합을 최소화시키는 것은 $x_1, \cdots, x_n$을 매듭으로 한 3차 스플라인(cubic splines)이다.

$$RSS(f, \lambda) = \sum_{i=1}^{n} (y_i - f(x_i))^2 + \lambda \int_a^b f''(x)^2 dx \tag{1.4}$$

여기서 λ는 평활모수(smoothness parameter)이다. 이 모수에 곱해져 있는 적분항을 'penalty'라고 하는데. 결국 편의(bias)와 분산(variance)을 번갈아 다루게 되는 것이다.

범주형 회귀분석에서는 한 개의 종속변수와 여러 개의 설명변수들을 선언하게 되는데 분석에서 선언할 수 있는 최적척도화 수준은 다음과 같다.[7]

7) 허명회(1994)에서 측정수준별 최적척도화 과정에 대해 쉽게 설명하고 있다.

- SPORD : 변수들에 대해 특별한 옵션을 선택하지 않으면 적용되는 것으로 범주들의 순서성을 고려하게 된다. 관측된 변수의 범주의 순서성은 최적 척도화된 변수에서도 유지된다. 따라서 범주들은 원점을 통과하는 직선 위에 놓이게 된다. 결과적으로 변환은 디폴트로 적용되는 차수(degree)를 지닌 'monotonic piecewise polynomial(단조 구분적 다항식)'의 평활이다. 이때 사용자가 특별히 지정하지 않으면 모형의 차수는 2가 되고 매듭의 개수도 2가 된다. 당연히 내부매듭의 개수가 많아지고 차수가 높아질수록 매우 복잡한 함수로 적합되는 것이다.
- SPNOM : 범주들이 순서성을 지니지 않은 것으로 취급된다. 따라서 같은 범주에 있는 개체들은 같은 수량화값을 가지게 된다.
- ORDI : 범주들은 순서성을 지닌 것으로 다루어지며 관측된 변수가 가지는 범주의 순서성은 변환된 자료에서도 유지된다. 변환 결과 SPORD보다는 잘 적합되지만 덜 평활된다.
- NOMI : 범주들은 역시 순서성을 지니지 않은 것으로 취급된다. 변환된 결과는 SPNOM보다는 더 잘 적합되지만 역시 마찬가지로 덜 평활된다.

이제 좀 더 구체적으로 범주형 회귀분석이 어떻게 적합되는지 이해하기 위해 간단한 예를 생각해보자. 7명의 사람들이 3개의 범주를 가지는 반응변수와 4개의 범주를 가지는 설명변수에 응답한 결과가 다음과 같다고 하자. 이들 데이터 행렬을 H로 표기하자.

Y	X
1	1
1	4
2	3
2	2
3	2
3	3
2	1

위와 같이 우리가 통상적으로 보게 되는 데이터는 아래와 같이 각 범주별로 해당되면 1, 그렇지 않으면 0으로 나타낼 수 있다.

Y			X			
1	2	3	1	2	3	4
1	0	0	1	0	0	0
1	0	0	0	0	0	1
0	1	0	0	0	1	0
0	1	0	0	1	0	0
0	0	1	0	1	0	0
0	0	1	0	0	1	0
0	1	0	1	0	0	0

이를 일반화하여 설명변수와 반응변수를 통틀어 m개라 하고 j번째 변수에 대해 $(j=1,2,\cdots,m)$ k_j는 j번째 변수의 범주개수로 표기하자. 위 예에서는 $k_1=3, k_2=4$ 이다. 그리고 G_j는 응답자가 n일 경우 j번째 변수를 나타내는 $n\times k_j$ 크기의 지표행렬이라고 하자. 위 예제에서 G_1과 G_2는 각각 다음과 같이 해당 범주에 응답했으면 1, 그렇지 않으면 0으로 코딩된 지표행렬로 표현된다.

$$G_1=\begin{pmatrix}1&0&0\\1&0&0\\0&1&0\\0&1&0\\0&0&1\\0&0&1\\0&1&0\end{pmatrix},\quad G_2=\begin{pmatrix}1&0&0&0\\0&0&0&1\\0&0&1&0\\0&1&0&0\\0&1&0&0\\0&0&1&0\\1&0&0&0\end{pmatrix}$$

그리고 D_j는 G_j의 가중치에 대한 열합계를 대각원소로 취하고 있는 크기 $k_j\times k_j$ 의 대각행렬로 이 예제에서는 다음과 같이 계산된다.

$$D_1=\begin{pmatrix}2&0&0\\0&3&0\\0&0&2\end{pmatrix},\quad D_2=\begin{pmatrix}2&0&0&0\\0&2&0&0\\0&0&2&0\\0&0&0&1\end{pmatrix}$$

물론 가중치가 0/1로 구성되어 있지 않으면 실제로 적용시킬 가중치를 고려하여 $D_j = G_j^t W G_j$로 계산된다. 여기서 가중치 행렬 W는 i번째 개체가 특별한 값으로 가중되지 않았을 경우 1로 표기하고 추가개체일 경우에는 0으로 표기된다($i=1,2,\cdots,n$). 보통 추가 개체가 없으면서 조사된 모든 데이터에 대해서 적용할 경우 각 개체에 대한 가중치는 1로 표기된다. 따라서 가중치 행렬은

$$W=\begin{pmatrix} w_1 & 0 & 0 & \cdots & 0 \\ 0 & w_2 & 0 & \cdots & 0 \\ 0 & 0 & w_3 & \cdots & 0 \\ \vdots & \vdots & \vdots & \ddots & 0 \\ 0 & 0 & 0 & \cdots & w_n \end{pmatrix}$$

와 같다. 여기서 n은 분석용 개체와 추가개체 수를 모두 합한 것을 나타낸다. 추가개체가 없을 경우에는 분석에 사용된 케이스 수가 이에 해당된다.

이제 반응변수와 설명변수에 대한 범주 수량화값 벡터를 다음과 같이 표기하기로 하자.

y_r : 크기 $k_r \times 1$의 반응변수에 대한 범주 수량화 벡터

y_j , $j \in J_p$: 크기 $k_j \times 1$의 설명변수 j에 대한 범주 수량화 벡터

b : 크기가 $p \times 1$인 회귀 계수 벡터

CATREG(Categorical Regression with optimal scaling using alternating least squares)의 목적은 식 (1.5)의 목적함수를 최소화시키는 최적 해(optimal solution) y_r, b, y_j를 구하는 것이다.

$$\sigma(y_r; b; y_j) = \{G_r y_r - \sum_{j \in J_p} b_j G_j y_j\}^t W \{G_r y_r - \sum_{j \in J_p} b_j G_j y_j\} \qquad (1.5)$$

이때 가해지는 제약식은 $y_r^t D_r y_r = n$, $1_n^t W G_r y_r = 0$ 이다. 그리고 교대최소제곱법을 적용하는 최적화 알고리즘은 다음의 과정을 수행한다.

▶ CATREG 알고리즘

- **단계1** : 초기화과정.

초기화 과정 I > 임의화

j번째 변수에 대한 k_j개의 범주 지표를 초기 범주 수량화 값 벡터 $\tilde{y}_j$ 로 설정한다. 이때 $1_n{}^t WG_j \tilde{y}_j = 0$와 $\tilde{y}_j{}^t D_j \tilde{y}_j = n$ 와 같이 정규화시킨다. 초기 회귀 계수들은 반응변수들의 상관계수가 된다.

초기화 과정 II > 수치화

초기화 과정 I 에서는 모든 변수들을 수치형 변수로 취급한다. 두 번째 단계에서는 초기화과정 I 에서 계산된 범주수량화 값과 회귀계수들을 가지고 반복한다.

- **단계2** : 척도수준을 고려한 반응변수의 범주 수량화 벡터 갱신.

고정된 현 단계의 범주 수량화 벡터를 y_j, $j \in J_p$ 라고 하면 제약없이 갱신된 벡터는

$$\tilde{y}_r = D_r^{-1} G_r^t W v \qquad (\text{단, } v = \sum_{j \in J_p} b_j G y_j)$$

로 표현되는데 각 제약조건마다 다음을 고려한다.

- 명목척도(nominal) : $y_r^* = \tilde{y}_r$
- 스플라인 명목형과 스플라인 순서형(spline nominal and spline ordinal) : $y_r^* = d_r + S_r a_r$

  여기서

  d_r : 스플라인 절편

  S_r : 크기 $k_j \times (s_j + t_j)$의 스플라인 기저

  a_r : 크기 $s_j + t_j$의 스플라인 계수 벡터

  s_j : 다항식의 차수(degree of polynomial)

  t_j : 내부매듭(interior knots)의 개수[8)]

  이다.

8) 매듭의 수는 모든 구간(interval) 개수와 개체(object) 수와 같도록 정해질 수 있다. 만약 내부매듭의 개수가 0이고 1차항의 스플라인을 고려한다면 이는 '수치형' 척도변환을 적용하는 것과 같다. 반면에 극단적으로 모든 개체가 어떤 변수에 대해서 모두 다른 수량화값을 갖는다면 이는 n-1개의 내부매듭을 규정하는 '순서형' 척도화와 같다.

- 순서척도(ordinal) : $y_r^* \leftarrow WNOM(\tilde{y}_r)$

  WNOM은 가중된 단조회귀과정(weighted monotone regression process)을 나타낸다.

- 수치형(numerical) : $y_r^* \leftarrow WLIN(\tilde{y}_r)$

  WLIN은 가중선형회귀과정(weighted linear regression process)을 나타낸다.

그리고 y_r^*를 정규화시킨다. 즉,

$$y_r^+ = n^{1/2} y_r^* (y_r^t D_r y_r^*)^{-1/2}$$

- **단계3** : 범주 수량화 벡터와 회귀계수 벡터의 갱신.

$$v_j = v - b_j G_j y_j$$

$$\tilde{y}_j = D_j^{-1} G_j^t W (G_r y_r - v_j)$$

$$y_r^+ = n^{1/2} y_r^t (y_r^t D_r y_r^*)^{-1/2}$$

$$b_j^+ = n^{-1}\ \tilde{y}_j^{\,t} D_j\, y_j^+$$

- **단계4** : 수렴여부 확인.

$$R^2 = n^{-1/2} (G_r y_r)^t W v\ (v^t W v)^{1/2}$$

이 과정에서 설정한 수렴조건이 만족되지 않으면 단계2에서 단계4를 반복한다.

교대최소제곱법과 최적척도화를 거쳐 계산된 최종 결과로부터 회귀분석에 대한 분산분석표는 다음과 같이 작성된다.

<분산분석표>

	제곱합	자유도	평균제곱
회귀	nR^2	$1_p^t f$	$nR^2/1_p^t f$
잔차	$n(1-R^2)$	$n-1-1_p^t f$	$n(1-R^2)/(n-1-1_p^t f)$
전체	n	$n-1$	

여기서 f는 p개의 설명변수들에 대한 자유도를 나타내는 벡터이고 1_p는 모든 원소가 1인 벡터를 나타내며 F 검증 통계량은

$$F = \frac{\text{회귀 평균제곱}}{\text{잔차 평균제곱}}$$

로부터 계산된다. 그리고 변환 전과 변환 이후의 상관계수는 각각 다음과 같이 계산된다.

변환 전 : $R = n^{-1} H_c^t W H_c$

변환 후 : $R = n^{-1} Q^t W Q$

여기서 행렬 H_c는 결측값을 보정했거나 범주를 이산화(discretization) 시킨 이후의 범주 지표를 나타내는 크기 $n \times m$ 행렬이고 Q의 열벡터는 $q_j = G_j y_j, j \in J_p$로 구성된다.

추정된 표준화 회귀계수를 b_j라고 하면 0차 상관계수는 변환된 반응변수 $G_r y_r$과 변환된 설명변수 $G_j y_j$간의 상관계수로

$$r_{rj} = n^{-1} (G_r y_r)^t W G_j y_j$$

이다. 편상관계수는 j번째 변수의 허용치(tolerance)를 t_j라면

$$\text{PartialCorr}_j = \frac{b_j}{\sqrt{(1/t_j)(1 - R^2) + b_j^2}}$$

로부터 계산된다. 그리고 부분상관은 허용치와 기울기를 이용하여

$$\text{PartCorr}_j = b_j \sqrt{t_j}$$

와 같이 계산되고 설명변수들의 중요도(importance)는

$$\text{Imp}_j = \frac{b_j r_{rj}}{R^2}$$

결정계수를 분모항으로 하여 독립변수들간의 상대적인 중요성을 나타낸다.

2장. 비선형 주성분분석

(Nonlinear Principal Component Analysis)

2.1 비선형 주성분분석이란?

2.2 사례분석1 : 사회집단의 특성

2.3 사례분석2 : 섭식장애 환자의 특징

2.4 이론적 고찰

2.1 비선형 주성분분석이란?

주성분 분석의 목적은 원래 변수가 가지고 있는 정보를 최대한 보유한 최소의 독립된 성분으로 차원을 축소하는 것이다. 이와 같은 분석 방법은 많은 변수들을 가지고 개체와 변수들간의 관계를 해석하는데 있어 매우 효과적이다. 왜냐하면 차원축소로 인하여 몇 개의 소수 주성분만으로도 해석이 용이하기 때문이다.

가령 카드를 많이 이용하는 고객들의 특성을 분석하는데 월 사용빈도, 월 사용금액, 최대 사용금액 등을 고려한다고 하자. 이들 분석대상이 되는 변수들을 $X_1, X_2, \cdots, X_p$ 로 표기하자. 어떤 경우에는 100개도 넘는 변수들을 가지고 특성을 파악해야 하는 경우도 발생한다. 그런데 이와 같은 경우 일일이 개별 변수들을 해석하는 것은 쉬운 일이 아니다. 이때 만약 독립적으로 차원 축소된 2개의 주성분 P_1, P_2 를 구성할 수 있다면 2개의 차원을 통해 카드를 사용하는 고객의 특성을 이야기할 수 있다. 물론 여기서 각 주성분은

$$P_1 = a_{11}X_1 + a_{12}X_2 + \cdots + a_{1p}X_p$$

$$P_2 = a_{21}X_1 + a_{22}X_2 + \cdots + a_{2p}X_p$$

이다. 주성분을 구성하는 계수와 변수들간의 함수관계를 통해서도 알 수 있듯이 보통 알려진 주성분 분석은 수치형 변수들간의 선형관계를 가정한다.

그렇다면 $X_1, X_2, \cdots, X_p$의 데이터가 1장과 마찬가지로 범주형으로 구성되어 있는 경우 정보를 최대한 보유한 독립적인 최소의 주성분은 어떻게 찾을 수 있을까?

가령 설문조사를 통해서 국민들이 원하는 정치인들에 대한 이미지 조사를 하였다고 가정해보자. 청렴 결백한 정치인을 선호하는지 아니면 부도덕하더라도 능력 있는 정치인을 선호하는지 등등을 조사했다고 해보자. 이런 경우 각 질문은 자연스럽게 몇 개의 항목 중에 하나를 선택하도록 구성될 것이다. 즉, 범주형 데이터에 대한 주성분분석이 필요하게 된다. 이장에서

설명하고자 하는 방법이 바로 이와 같이 범주형으로 구성된 데이터에 대한 주성분 분석이다. 앞에서 설명한 주성분을 p개를 고려할 경우 다음을 최소화시키는 계수벡터 $a_j(j=1,\cdots,p)$를 찾을 수 있다. 여기서 X는 $X_1, X_2, \cdots, X_p$ 변수들을 총체적으로 나타내는 데이터 행렬이다.

$$\min \frac{1}{p}[(P_1 - Xa_1)^2 + (P_2 - Xa_2)^2 + \cdots + (P_p - Xa_p)^2]$$

그런데 범주형이므로 적절한 변환이 필요하고 범주형 변수를 h_j라고 하면 가중치를 이용하여 결합된 식은 $a_j\Psi_j(h_j)$로 표현되고 이에 대한 적절한 후보를 x로 놓으면 비선형 주성분분석은

$$\min \frac{1}{p} \sum_j SSQ(x - a_j\Psi_j(h_j))$$

을 충족시키는 해를 찾는 것이다. 여기서 SSQ는 원소들의 제곱합을 의미한다. 물론 이 경우에도 주성분간에 서로 독립적이라는 것과 정규화 제약식이 가해진다.

2장에서 설명하고자 하는 비선형 주성분 분석은 변수들이 서로 다른 척도로 관측되어도 분석이 가능하며 결과적으로는 변수들간의 비선형 관계(nonlinear relationships)를 고려하여 주성분분석을 하게 된다.

이제 두 가지 사례를 통해 비선형 주성분분석이 어떻게 활용될 수 있는지 살펴본 후 이론적인 내용을 살펴보도록 하자.

2.2 사례분석1 : 사회집단의 특성

2.2.1 데이터

사회학에서는 두 명 이상의 사람이 서로 상호작용을 하면서 정체성을 형성할 때 '사회집단(social group)'을 형성한다고 말한다. 사회집단은 경험, 소속감, 충성심, 이익 등을 공유하는 사람들로 구성된다. 크게는 1차 집단과 2차 집단으로 나뉘며 1차 집단의 대표적 예는 '가족'을 들 수 있고 2차 집단의 대표적 예는 이익을 도모하는 '이익집단'을 들 수 있다. 어쨌든 폭넓은 의미에서 인간은 자의적이든 타의적이든 1개 이상의 사회집단에 속하게 되는 것이다. 그렇다면 '군중', '대중', '청중' 등과 같은 사회집단은 어떤 특성에 의해 구별될 수 있을까?

이를 알아보기 위해 사회집단을 설명하기 위해 작성된 테이블을 분석하고자 한다. <그림 2.1>의 데이터는 그룹에 소속된 사람들이 느끼는 상호작용 강도, 빈도, 소속감, 신체적 근접성, 관계의 형식화 정도를 조사한 것이다.

<그림 2.1>
데이터
(guttman.sav)

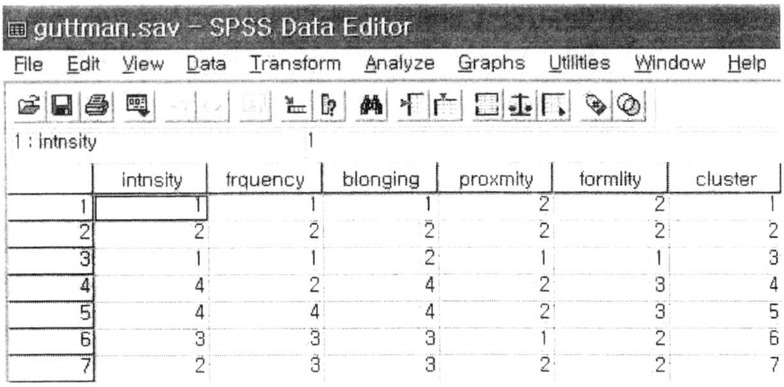

	intnsity	frquency	blonging	proxmity	formlity	cluster
1	1	1	1	2	2	1
2	2	2	2	2	2	2
3	1	1	2	1	1	3
4	4	2	4	2	3	4
5	4	4	4	2	3	5
6	3	3	3	1	2	6
7	2	3	3	2	2	7

이때 고려된 것은 다음과 같은 7개의 사회집단이다. (Gifi,1990)

- 군중(crowds): 우연히 모인 집단으로 예를 들면 불 구경하는 사람들.

- 청중(audiences): (예) 극장이나 강의실에 모인 사람들.
- 일반대중(public): (예) TV 시청자, 신문 구독자 (군중보다 규모가 큼)
- 폭도(mobs): 적극적이고 활동적인 군중으로 앞서 설명한 군중(crowds)과 유사하나 더 강렬한 상호관계를 지닌 사람들.
- 1차 집단(primary groups): 내면적으로 친밀한 사람들.
- 2차 집단(secondary groups): 자유롭게 자발적이고 수시로 모이는 사람들.
- 커뮤니티(modern community) : 현대의 커뮤니티.

이들 7개 그룹과 이들 그룹을 분류하는데 사용된 변수들은 다음 테이블과 같다. 여기서 상호작용 강도, 상호작용 빈도, 소속감, 신체적 근접성, 관계의 형식화를 몇 개의 공통된 주요 성분으로 압축하면 7개 그룹을 보다 쉽게 이해할 수 있을 것이다.

변수명	내용	범주
intnsity	상호작용 강도	slight, low, moderate, high
frquency	상호작용 빈도	slight, nonrecurring, infrequent, frequent
blonging	소속감	none, slight, variable, high
proxmity	신체적 근접성	distant, close
formlity	관계의 형식화	no relationship, formal, informal
cluster	군집	crowds, audiences, public, mobs, primary groups, secondary groups, modern community

이제 비선형 주성분분석을 통해 다음을 살펴보도록 하자.

- 몇 개의 공통된 주성분으로 사회집단 설명이 가능한가?
- 각각의 공통된 주성분은 무엇을 의미하는가?
- 주성분에 의해 각 사회집단은 어떤 특성을 나타내는가?

2.2.2 비선형 주성분분석 절차

조사된 데이터가 범주형 데이터이므로 이 장에서 설명하고자 하는 비선형 주성분 분석을 해보도록 한다. 비선형 주성분 분석을 위해서는 다음과 같이 차원축소를 위한 최적척도화(Optimal Scaling) 모듈을 선택하도록 한다.

Analyze ▶ Data Reduction
▷ Optimal Scaling...

여기서 주메뉴에서 Data Reduction의 Optimal Scaling에서 제공되는 분석기법은 'HOMALS', 'CatPCA', 'OVERALS'가 있는데 <그림 2.2>와 같이 Optimal Scaling Level과 Number of Sets of Variables를 선택해야 비선형 주성분 분석(CatPCA)[1)]이 활성화된다.

<그림 2.2> 범주형 주성분 분석(CatPCA) 선택

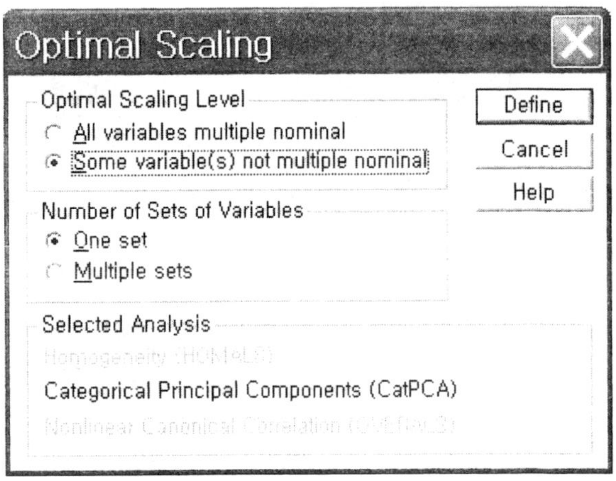

분석에 사용될 변수 intnsity, frquency, blonging, proximity, formlity가 순서형으로 관측되었으므로 모든 변수들을 순서형 척도에 적합시켜 보자. 따라서 그림 <2.3>과 같이 Define Scale and Weight에서 'Ordinal'을 선택하도록 한다. 이는 순서성을 지니도록 척도화시키는 옵션이다. <그림 2.3>의

1) 이 장에서는 CatPCA를 '범주형 주성분분석'이라고 하지 않고 '비선형 주성분분석'이라고 하겠다. 그 이유는 4장과 5장에서 다루는 대응분석과 중대응분석을 '범주형 주성분분석'이라고도 하기 때문이다.

하단부분에 보이는 Dimension in solution : 2 는 차원축소를 2차원까지 고려하여 결과를 나타내도록 하는 것이다. 그리고 Output에서는 <그림 2.4>와 같이 개체점수(object score), 주성분 부하량(component loadings) 그리고 변환된 변수들간의 상관계수 등을 선택하도록 한다.

<그림 2.3>
변수의 척도 지정

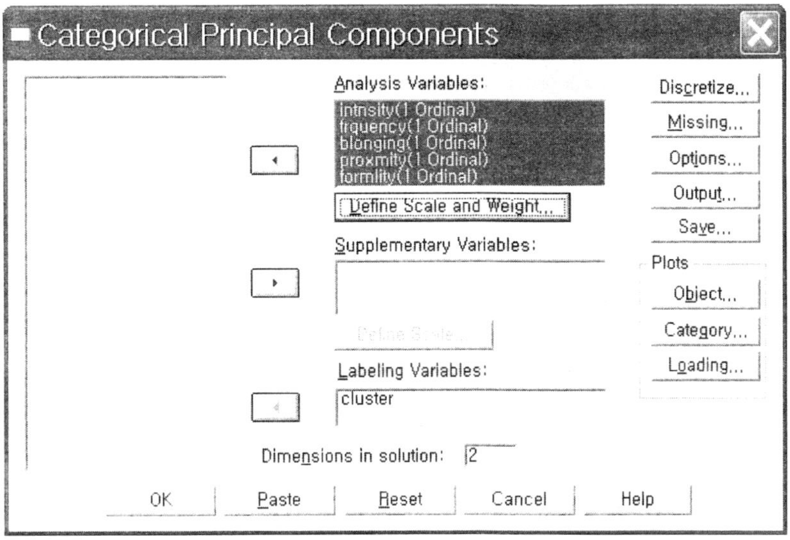

<그림 2.4>
최적척도화 Output 옵션

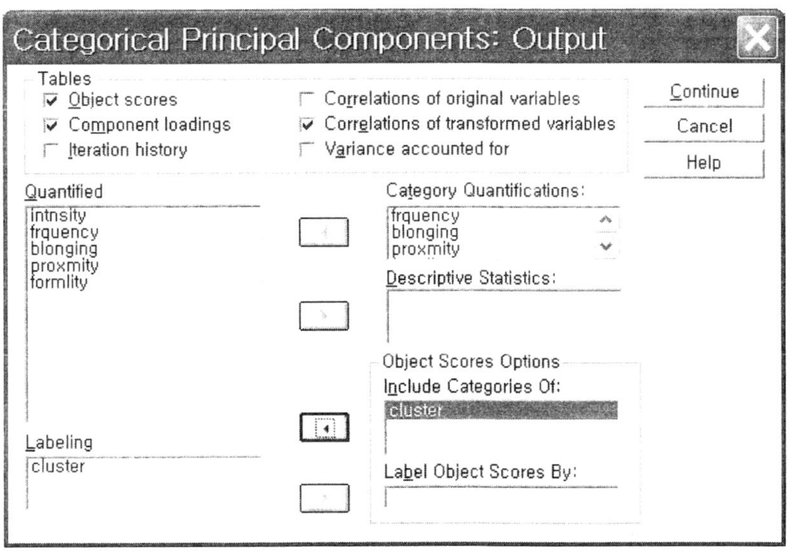

<그림 2.5>
개체 플롯

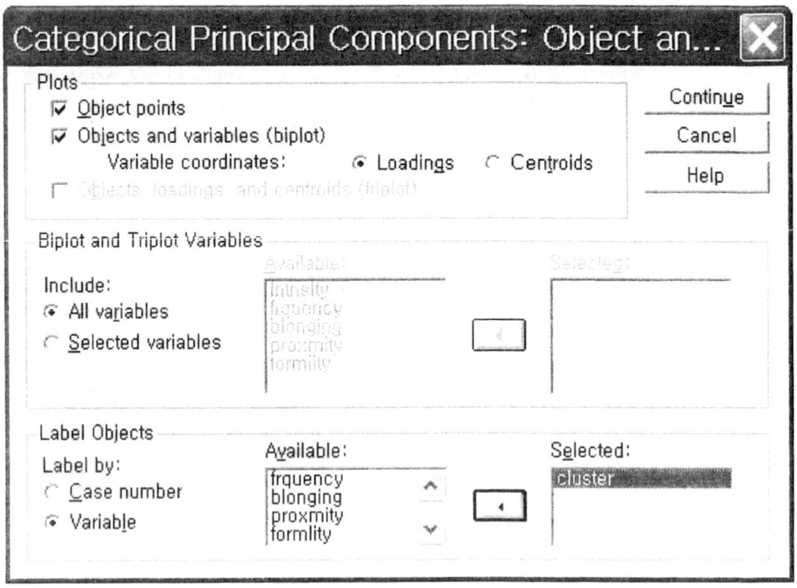

<그림 2.6>
결합 범주(joint category) 플롯

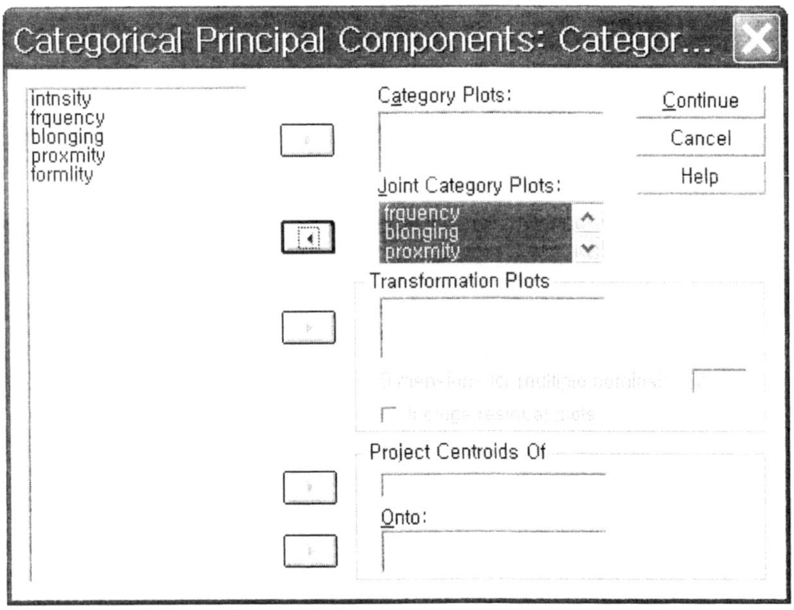

Object and Variable Plots(개체와 변수 플롯)에서는 <그림 2.5>와 같이 개체에 대한 수량화 플롯(Object points), 개체와 변수에 대한 행렬도(Object and variables biplot)를 선택한다. 투입된 변수들의 범주들에 대한 결합 범주

플롯(joint category plot)도 <그림 2.6>과 같이 선택하도록 하자.

2.2.3 분석결과의 이해

출력된 결과 중 먼저 모형에 대한 요약 결과를 살펴보자.

<표 2.1> model summary

Iteration History

Iteration Number	Variance Accounted For		Loss		
	Total	Increase	Total	Centroid Coordinates	Restriction of Centroid to Vector Coordinates
31[a]	4.726009	.000008	5.273991	4.273795	1.000196

a. The iteration process stopped because the convergence test value was reached.

Model Summary

Dimension	Cronbach's Alpha	Variance Accounted For	
		Total (Eigenvalue)	% of Variance
1	.881	3.389	67.774
2	.315	1.337	26.746
Total	.986[a]	4.726	94.520

a. Total Cronbach's Alpha is based on the total Eigenvalue.

<표 2.1>의 결과에서 'Iteration History'에 나와 있는 결과들은 반복 알고리즘을 만족시키기 위해서 31회의 반복과정이 있었다는 것을 나타낸다. 결과적으로 최종적으로 계산된 설명된 분산(variance accounted for)은 4.726임을 보여주고 있다.

'Model Summary'의 결과는 제 1차원에 대한 고유값이 3.389이고 이는 전체 분산량의 약 67.774%를 설명함을 나타낸다. 그리고 2차원 축에 대한 고유값은 1.337이며 마찬가지로 전체 분산량의 26.746%임을 설명하고 있다. 결과적으로 이와 같이 2차원 축소로 인해 설명할 수 있는 분산량은 94.52%이다. 여기서 각 차원별 분산 설명력은 다음과 같이 계산된다.

- 다중명목(multiple nominal) 변수일 경우 :

$$VAF_{1s}\ (\%) = \frac{1}{n} \sum_{j \in J} v_j\ tr(Y_{js}^t D_j Y_{js}) \times 100 / m_1 \tag{2.1}$$

- 비다중 명목(non-multiple nominal) 변수일 경우 :

$$VAF_{2s}\ (\%) = \sum_{j \in J} v_j\ a_{js}^2 \times 100 / m_2 \tag{2.2}$$

여기서 n는 가중된 개체수(즉, 추가개체가 아닌 개체수)를 나타내며 v_j는 변수에 대한 가중치로 특별한 언급이 없는 한 가중치는 1이 된다. 그리고 Y_{js}는 중심화된 수량화값 벡터를 나타내며 D_j는 j번째 변수의 범주별 반응빈도를 대각원소로 가지는 대각행렬을 나타낸다. m_1은 다중명목 척도 변수로 취급된 변수개수를, m_2는 비다중 명목 척도 변수로 취급된 변수개수를 나타내며 a_{js}는 비다중척도 변수의 주성분 부하량을 나타낸다.

본 사례에서는 5개 변수들을 모두 순서형 즉, 비다중 명목척도 변수로 사용하였기 때문에 식 (2.2)에 의해 분산설명력이 계산된다. 이를 확인해보기 위해서는 뒤에서 설명할 <표 2.4>의 주성분 계수벡터를 활용해야 한다. 즉 차원1과 차원2에 대한 분산 설명력은 다음과 같이 계산된다.

$$\begin{aligned} VAF_{21}\ (\%) &= (0.987^2 + 0.968^2 + 0.731^2 + 0.486^2 + 0.841^2)/5 \times 100 \\ &= 3.389/5 \times 100 \\ &\simeq 67.7(\%) \\ VAF_{22}\ (\%) &= ((-0.136)^2 + (-0.169)^2 + (-0.646)^2 + (0.825)^2 \\ &\quad + (0.438)^2)/5 \times 100 \\ &= 1.337/5 \times 100 \\ &\simeq 26.7(\%) \end{aligned}$$

여기서 분자항에 들어간 주성분 계수들의 제곱합이 <표 2.1>의 차원별 고유값과 같음을 알 수 있다. 각 차원별 고유값은 다중명목 변수와 비다중 명목변수에 대한 분산 설명력으로부터 다음과 같이 계산된다.

$$\lambda_s^{1/2} = VAF_{1s} + VAF_{2s}$$

물론 여기서 $\lambda_s^{1/2}$는 교대최소제곱에 의한 알고리즘 반복을 종료한 후 최종으로 계산된 벡터 $\Lambda^{1/2}$에서 s번째 고유값을 나타낸다.

전체 분산 설명력은 다중 명목 변수일 경우 전체 차원에 대한 평균이 되며 비다중 명목변수에 대해서는 전체 차원에 대한 합계를 나타낸다. 즉, 전체 고유값(Total Eigenvalue)은

$$tr(\Lambda^{1/2}) = p^{-1}\sum_s VAF_{1s} + \sum_s VAF_{2s} \tag{2.3}$$

으로 계산된다. 여기서 p는 축소시킨 차원수를 나타낸다. 따라서 본 사례의 경우 비다중 명목변수만 취급하였으므로 각 차원별로 계산된 고유값의 합이 전체 고유값이 된다. 즉,

$$3.389 + 1.337 = 4.726.$$

한편 내적 일치도를 나타내는 차원별 크론바흐의 알파(Cronbach's alpha)와 전체 크론바흐의 알파는 각각 식 (2.4), (2.5)로부터 계산된다.

$$\alpha_s = m(\lambda^{1/2} - 1)/(\lambda^{1/2}(m-1)) \tag{2.4}$$

$$\alpha = m\left(\sum_s \lambda_s^{1/2} - 1\right)/\sum_s \lambda_s^{1/2}(m-1) \tag{2.5}$$

여기서 물론 m은 분석에 사용된 변수 개수를 나타낸다. 이를 <표 2.1>로부터 확인해보면 다음과 같다.

$$\alpha_1 = \frac{5(3.389-1)}{3.389\cdot(5-1)} = 0.881, \quad \alpha_2 = \frac{5(1.337-1)}{1.337\cdot(5-1)} = 0.315$$

$$\alpha = \frac{5(4.726-1)}{4.726(5-1)} = 0.986$$

결과적으로 제1 주성분의 내적 일치도는 0.881로 높은 편이지만 제2 주성분의 내적 일치도는 0.315로 낮다고 할 수 있고 2개 차원 모두를 고려할 경우 내적 일치도는 0.986이라고 말할 수 있다.

이제 5개의 개별 변수들에 대한 범주 수량화값(category quantifications), 벡터 좌표(vector coordinates), 중심 좌표(centroid coordinates)를 살펴보도록 하자.

범주 수량화값은 설정한 척도수준에 맞추어 계산된 최적척도화된 값을 나타낸다. 중심 좌표는 동일 범주에 속한 개체들의 개체점수(object score)를 평균한 값이다. 그리고 벡터 좌표는 개체공간에서 변수를 표현할 때 일직선상에 놓이도록 할 경우 이를 고려하여 계산된 범주의 좌표값이다. 이는 다루는 변수가 순서형 척도나 수치형 척도일 경우 살펴보면 된다.

<표 2.2>의 첫 번째 테이블에 나타난 변수 intensity에 대한 수량화값들을 살펴보자. slight는 -1.530, low는 0.362, moderate은 0.379, high는 0.978로 계산되었다. 따라서 상호강도가 낮거나 보통이라고 응답한 범주(low, moderate)는 큰 차이가 없다는 것을 알 수 있다.

<표 2.2> 각 변수별 수량화값, 벡터좌표, 중심화된 좌표

INTENSITY[a]

Category	Frequency	Quantification	Centroid Coordinates		Vector Coordinates	
			Dimension		Dimension	
			1	2	1	2
SLIGHT	2	-1.530	-1.496	.308	-1.510	.208
LOW	2	.362	.392	.202	.358	-.049
MODERATE	1	.379	.188	-1.408	.374	-.051
HIGH	2	.978	1.010	.194	.965	-.133

Variable Principal Normalization.
a. Optimal Scaling Level: Ordinal.

FREQUENCY[a]

Category	Frequency	Quantification	Centroid Coordinates		Vector Coordinates	
			Dimension		Dimension	
			1	2	1	2
Slight	2	-1.553	-1.496	.308	-1.504	.262
Non-Recurring	2	.511	.607	.336	.494	-.086
Infrequent	2	.511	.344	-.724	.494	-.086
Frequent	1	1.064	1.089	.159	1.030	-.180

Variable Principal Normalization.
a. Optimal Scaling Level: Ordinal.

BELONGING[a]

Category	Frequency	Quantification	Centroid Coordinates		Vector Coordinates	
			Dimension		Dimension	
			1	2	1	2
none	1	-2.206	-1.266	1.816	-1.612	1.425
slight	2	-.297	-.721	-.379	-.217	.192
variable	2	.700	.344	-.724	.511	-.452
high	2	.700	1.010	.194	.511	-.452

Variable Principal Normalization.
a. Optimal Scaling Level: Ordinal.

<표 2.2>
(계속)
각 변수별
수량화값,
벡터좌표,
중심화된 좌표

PROXIMITY[a]

Category	Frequency	Quantification	Centroid Coordinates Dimension 1	Centroid Coordinates Dimension 2	Vector Coordinates Dimension 1	Vector Coordinates Dimension 2
DISTANT	2	-1.581	-.769	-1.304	-.769	-1.304
CLOSE	5	.632	.308	.522	.308	.522

Variable Principal Normalization.
a. Optimal Scaling Level: Ordinal.

FORMALITY[a]

Category	Frequency	Quantification	Centroid Coordinates Dimension 1	Centroid Coordinates Dimension 2	Vector Coordinates Dimension 1	Vector Coordinates Dimension 2
No Relationship	1	-2.199	-1.726	-1.201	-1.849	-.964
Formal	4	.030	-.074	.203	.025	.013
Informal	2	1.039	1.010	.194	.874	.456

Variable Principal Normalization.
a. Optimal Scaling Level: Ordinal.

<표 2.2>의 결과에서 변수 frequency의 경우 상호작용 빈도가 비재발하거나 거의 일어나지 않는 non-recurring과 infrequent가 동일한 점수 0.511로 척도화되었다. 변수 belonging에서는 소속감이 매우 높거나 가변적인 경우를 나타내는 variable과 high가 0.7로 척도화되었다. 따라서 이에 해당되는 범주들은 분리되는 뚜렷한 특징이 없다고 할 수 있다.

<그림 2.7>은 <표 2.2>의 벡터좌표를 가지고 결합 플롯을 작성한 결과이다.

변수 intensity와 frquency가 매우 가까이 수량화되었음을 알 수 있고 또한 척도화의 방향도 유사하다. 이는 상호작용 강도가 낮은 것은 상호작용 빈도도 낮으며 상호작용 빈도가 높으면 상호작용 강도도 높다는 것을 뜻한다.

변수 formality와 proximity도 다소 가까이 위치하고 있는데 이는 신체적 근접성이 작으면 관계형식이 비형식적으로 이루어지지만 신체적 근접성 거리가 멀어지면 아무런 관계도 없음을 뜻한다고 할 수 있다.

<표 2.3>은 7개 사회적 그룹에 대한 개체점수를 나타낸다. 이로부터 특이값이나 사회적 그룹의 군집, 특이한 패턴 등을 파악할 수 있다.

<그림 2.7>
범주에 대한
결합 플롯

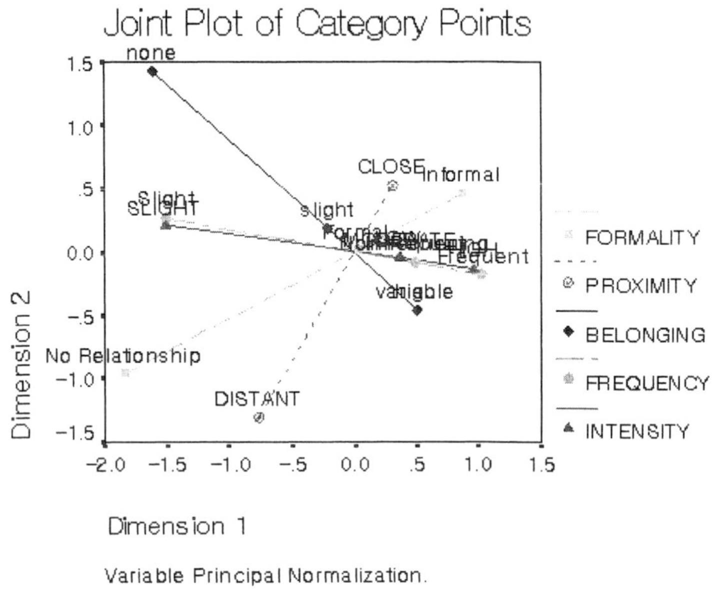

<표 2.3>
개체 점수
(object score)

Object Scores

Case Number	Dimension 1	Dimension 2	CLUSTER
1	-1.266	1.816	CR
2	.284	.444	AU
3	-1.726	-1.201	PU
4	.931	.229	MB
5	1.089	.159	PG
6	.188	-1.408	SG
7	.500	-.039	MC

Variable Principal Normalization.

<표 2.3>의 개체점수를 좌표평면에 옮겨놓고 시각적으로 파악해보자. <그림 2.8>이 이를 좌표평면에 옮겨 놓은 결과이다. 먼저 제1축을 기준으로 왼쪽에 위치하고 있는 군중(crowds), 일반대중(public)이 오른쪽에 위치하고 있는 1차 집단(primary group), 폭도(mobs) 등과 대별되고 있음을 알 수 있다. 그리고 2축을 기준으로는 군중(crowds)이 일반대중(public), 2차 집단(secondary group)과 대별되며 그 사이에 나머지 집단들이 존재함을 알 수 있다. 뒤에 설명할 <표 2.4>의 주성분 부하량과 함께 살펴보면 상호작용 강

도, 상호작용 빈도, 소속감, 신체적 근접성 등이 전반적으로 작은 사회집단이 군중과 일반대중이라고 볼 수 있다. 이와는 반대로 1차 집단, 폭도, 커뮤니티 그룹은 상호작용 강도나 빈도, 소속감, 신체적 근접성 등이 상대적으로 높은 특성을 지니는 그룹이라고 할 수 있다. 그리고 설명력이 낮은 제2축에 의미를 좀 부여한다면 군중은 일반대중이나 2차 그룹에 비해 관계의 비형식화나 신체적 근접성이 상대적으로 높지만 상호작용 강도나 빈도, 소속감은 상대적으로 낮은 특성을 지닌다고 할 수 있다.

이와 같은 해석은 <그림 2.7>과 <그림 2.8>의 결과를 동시에 놓고 볼 때도 가능하다. 결과적으로 2사분면에 있는 군중(crowds)은 다른 그룹에 비해 상대적으로 소속감이 없고 상호작용 강도는 약한 특성을 보인다고 할 수 있다. 이와 달리 청중(audience), 커뮤니티, 1차 집단, 폭도(mobs) 집단은 신체적 근접성이 매우 크며 관계의 형식화가 비형식적(informal)이며 상호작용 강도와 빈도는 매우 큰 특성을 보인다고 할 수 있다. 여기서 형식화(formality)는 근접성과 가까운 곳에 위치하고 있다.

<그림 2.8>
주성분 계수 플롯

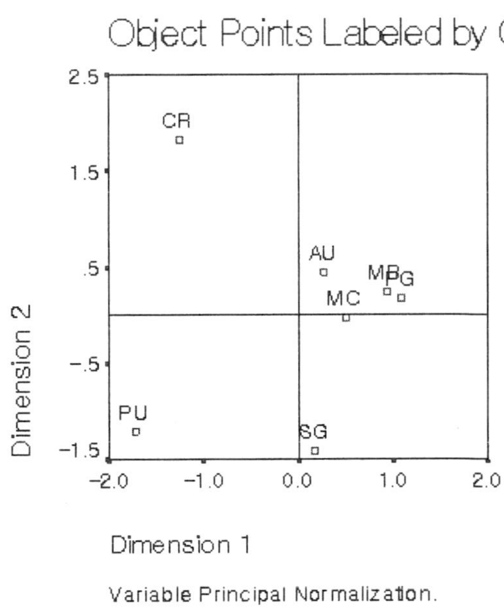

한편 각 변수들에 대한 주성분 부하량을 구해보면 <표 2.4>와 같다. <그림 2.9>는 이들 계수를 가지고 좌표평면상에 나타낸 플롯이다.

<표 2.4>
주성분 부하량

Component Loadings

	Dimension	
	1	2
INTENSITY	.987	-.136
FREQUENCY	.968	-.169
BELONGING	.731	-.646
PROXIMITY	.486	.825
FORMALITY	.841	.438

Variable Principal Normalization.

<그림 2.9>
주성분과
개체에 대한
Biplot

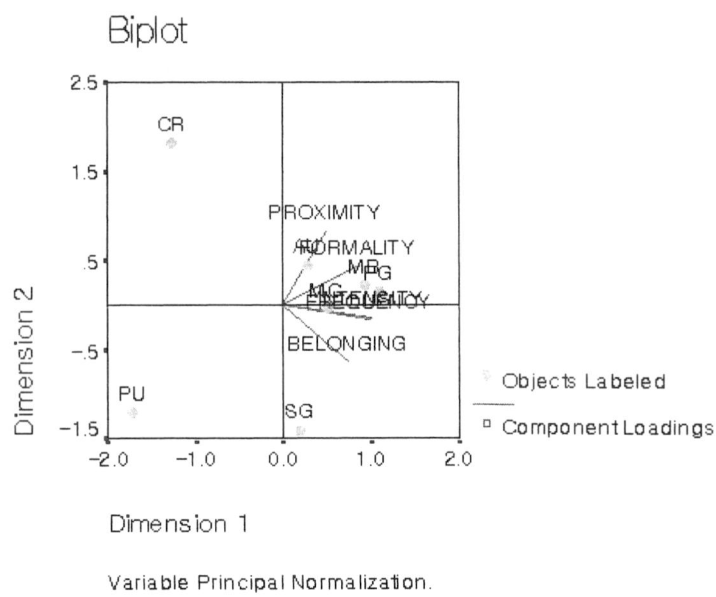

<표 2.4>의 주성분 부하량으로부터 제1축은 상호작용 강도나 유사성 정도에 대한 전반적인 성향을 나타내는 축이라고 할 수 있고 제2축은 상호작용 강도, 상호작용 빈도, 소속감과 형식화 정도, 신체적 근접성 정도가 대별되는 축이라고 할 수 있다.

각 집단에 대한 개체 플롯과 변수들을 함께 나타낸 <그림 2.9>를 살펴보

자. 군중(crowds)은 2차 그룹(secondary group)에 비해서 신체적 근접성이 크고 관계의 형식화 정도가 작으며 소속감은 별로 없다고 할 수 있다. 이와 반대로 일반대중은 군중(crowds)에 비해 소속감은 크지만 신체적 근접성은 먼 특성이 있다고 할 수 있다.

이제 추가적으로 제 3축에 대해서도 살펴보도록 하자. 그러기 위해서는 비선형 주성분 분석 대화상자 하단에서

Dimensions in solution : 3

와 같이 지정해야 한다. 그리고 3축의 설명력이 미약할 것으로 예상되므로 플롯과 개체 점수들은 아래와 같이 선택을 해지하도록 한다.

Output...

▶ Object scores (선택해지)

Plots

▶ Object.... ▷ Category Quantifications : (선택해지)

Plots

▶ Category.... ▷ Joint Category Plots : (선택해지)

제 3축까지 차원축소를 확장시키면 <표 2.5>와 같이 각 축이 차지하고 있는 분산량이 재조정된다. 하지만 1축의 설명력이 2, 3축의 설명력에 비해서 다소 높음을 알 수 있다. 그리고 3축까지 고려할 경우에는 설명되는 전체 분산량이 99.9%가 되고 2축과 3축의 고유값이 1보다 작게 계산되어 크론바흐의 알파값이 음수로 계산되었음을 알 수 있다. 따라서 2축까지 고려하는 것이 바람직할 것으로 판단된다.

<표 2.5>
모형 요약

Model Summary

Dimension	Cronbach's Alpha	Variance Accounted For	
		Total (Eigenvalue)	% of Variance
1	.885	3.424	68.480
2	-.232	.844	16.871
3	-.459	.732	14.649
Total	1.000[a]	5.000	99.999

a. Total Cronbach's Alpha is based on the total Eigenvalue.

<그림 2.10>은 3축까지 고려한 개체점수들을 가지고 작성한 행렬 산점도이다.

<그림 2.10>
제3축까지
고려한 산점도
행렬

Object Points Labeled by CLUSTER

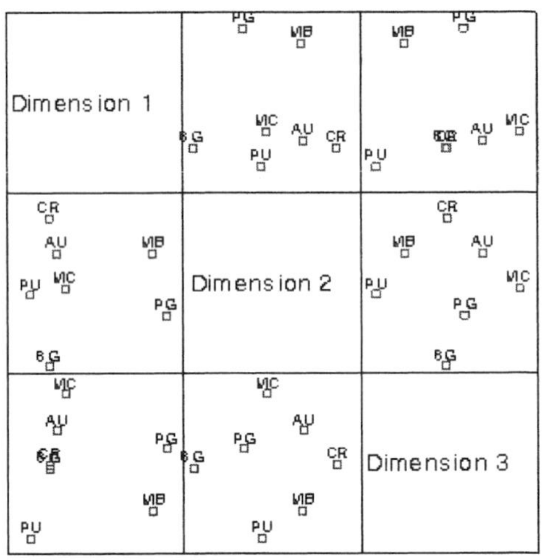

Variable Principal Normalization.

먼저 1축과 2축에 대한 산점도를 살펴보면 'PG'와 'MB'가 한 그룹을 형성하고 있고 나머지 그룹이 또 다른 그룹을 형성하고 있음을 알 수 있다. 첫 번째 행에 나와 있는 산점도에서는 제1축을 기준으로 그룹들의 순서는 변하지 않음도 알 수 있다. 두 번째 행에 있는 산점도에서는 제2축을 중심으로 그룹들이 퍼져 있음을 알 수 있다. 그리고 제 3축에 의해서는 2차원의 좌표평면상에서 함께 위치한 폭도(mobs)와 1차 그룹(primary group)이 나뉘어짐을 알 수 있다.

3축까지 고려한 주성분 부하량은 <표 2.6>과 같다. 그러나 <표 2.5>의 모형요약 결과를 기초로 이 데이터의 경우 2축까지 차원을 축소하는 것이 합리적일 것으로 판단된다.

<표 2.6> 3축까지 고려한 주성분 계수

Component Loadings

	Dimension		
	1	2	3
INTENSITY	,980	-,005	-,201
FREQUENCY	,521	-,643	,561
BELONGING	,980	-,002	-,197
PROXIMITY	,519	,656	,549
FORMALITY	,981	,004	-,193

Variable Principal Normalization.

2.3 사례분석2 : 섭식장애 환자의 특징

2.3.1 데이터

5,60년대는 먹을 것이 없어서 어렵게 생활했지만 요즘 사람들은 늘어나는 체중 때문에 고민이 많다. 이처럼 체중이 늘어나는 이유로는 식생활의 변화, 스트레스, 운동부족 등을 들 수 있을 것이다.

본 장에서 다루려는 섭식장애는 정상적인 식사행동의 장애가 가장 큰 것이 주요 특징인데 의학적으로는 신경성 식욕부진증, 신경성 폭식증 등으로 나누어지고 일반인들에게는 흔히 거식증, 과식증으로 알려져 있다.

신경성 식욕부진증은 자신의 신체상(body image)에 심한 왜곡을 보여 최소한의 정상체중을 거부하고 지나치게 마르고자 하고 지나친 운동, 단식, 물 사용 등으로 체중이 줄어드는 것이 특징이다. 이때 체중의 감소는 일반적인 정상체중에 85% 미만을 의미하는데 외국에서의 연구자료를 보면 남자보다 여자에게서 10에서 20배정도 많은 것으로 알져져있고 사춘기 소녀의 0.5∼1%에서 신경성 식욕부진증이 발생하는 것으로 추정되고 있다.

신경성 폭식증은 정상인들보다 지나치게 많이 먹고, 그에 따르는 체중증가를 막기 위해 구토, 관장약 사용, 이뇨제 등의 약물을 사용하는 등 부적절한 행동을 보이는 것이 특징이다. 신경성 폭식증에서 보이는 체중의 감소는 현저하지 않으며 유병율은 신경성 식욕부진증보다 높아 젊은 여성의 경우 1에서 3%로 추정되고 있다.

그렇다면 신경성 식욕부진증이나 신경성 폭식증을 나타내는 환자들에게서 공통적으로 발견할 수 있는 특징이나 이들 병명에 따른 차이점은 어떻게 구별될 수 있을까?

<그림 2.11>은 1983년부터 1987년 Utrecht 대학병원에 정신과 치료를 받기 위해 찾아온 외래환자 90명 가운데 4번에 걸쳐 반복 관측된 데이터만 모아놓은 것이다. 이들 성인 55명은 섭식장애 환자들로 아래 테이블은 이들을 섭식장애 유형별로 분류한 결과이다(Van der Ham, Meulman, Van

Strien, Van Engeland, 1997).

<그림 2.11>
섭식장애
데이터
(anorectic.sav)

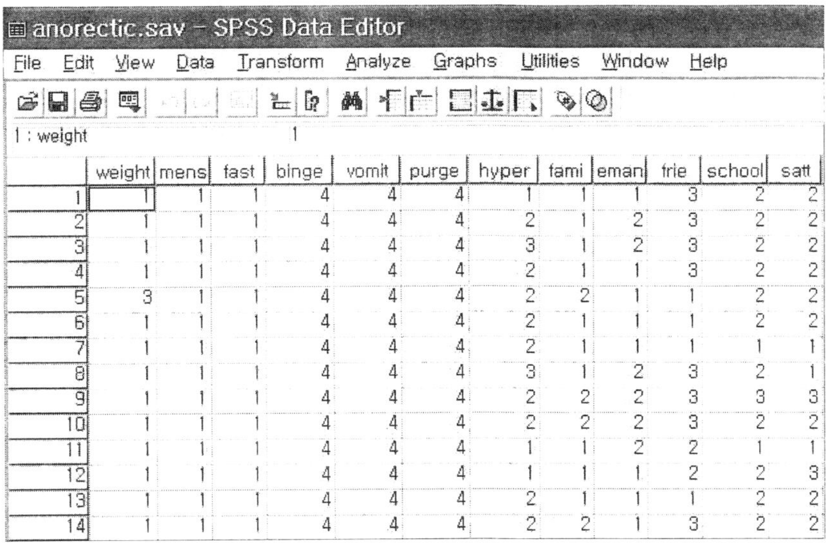

	weight	mens	fast	binge	vomit	purge	hyper	fami	eman	frie	school	satt
1	1	1	1	4	4	4	1	1	1	3	2	2
2	1	1	1	4	4	4	2	1	2	3	2	2
3	1	1	1	4	4	4	3	1	2	3	2	2
4	1	1	1	4	4	4	2	1	1	3	2	2
5	3	1	1	4	4	4	2	2	1	1	2	2
6	1	1	1	4	4	4	2	1	1	1	2	2
7	1	1	1	4	4	4	2	1	1	1	1	1
8	1	1	1	4	4	4	3	1	2	3	2	1
9	1	1	1	4	4	4	2	2	2	3	3	3
10	1	1	1	4	4	4	2	2	2	3	2	2
11	1	1	1	4	4	4	1	1	2	2	1	1
12	1	1	1	4	4	4	1	1	1	2	2	3
13	1	1	1	4	4	4	2	1	1	1	2	2
14	1	1	1	4	4	4	2	2	1	3	2	2

징후	환자수
신경성 식욕부진증	25
신경성 폭식증을 동반한 식욕부진증	9
식욕감퇴후 폭식증	14
비특이성 섭식장애	7
합계	55

여기서 각 환자들은 4년동안 4번 조사되었다. 따라서 총 관측 케이스는 220이다. 환자들은 매번 관측할 때마다 <표 2.7>과 같은 16개의 징후에 대해 측정되었다. 체중의 경우 10 파운드와 90 파운드 범위를 벗어난 경우가 비정상으로 간주되었다. 음식섭취량의 경우 하루 섭취량이 1200 kcal 미만일 경우 비정상적인 경우로 가장 낮은 점수가 부여되었다. 이런 가운데 71번째 환자와 76번째 환자가 2번째 조사에서 빠졌고 47번째 환자는 3번째 관측에서 빠져 217개의 케이스만이 제대로 조사되었다고 할 수 있다.

<표 2.7>
조사된 항목

변수명	변수설명	점수가 낮은 쪽 (1)	점수가 높은 쪽 (3,4)
weight	체중	비정상	정상
mens	생리	불규칙적임	규칙적임
fast	음식섭취량	비정상	정상
binge	폭식여부	1회 이상 /주	없음
vomit	구토여부	1회 이상 /주	없음
purge	배변	1회 이상 /주	없음
hyper	활동의 과잉성	휴식이 없음	없음
fami	가족관계	나쁨	양호
eman	가족들로부터의 해방	매우 의존적	적절
frie	친구	친한 친구 없음	2명 이상의 친구
school	학교/직장 기록	그만 둠	기록이 좋음
satt	성에 대한 태도	부적절	적절
sbeh	성행위	부적절	성생활 즐김
mood	정신 상태	매우 우울	정상
preo	음식과 체중에 대한 사전조작	완벽	없음
body	신체 지각도	부정적	정상

2.3.2 비선형 주성분 분석 절차

서로 다른 섭식장애 양상과 16가지 조사항목을 대표하는 축소된 주성분 간의 관계를 살펴보기 위해 비선형 주성분 분석을 시도해 보자. 더욱이 섭식장애와 관련된 조사항목들이 순서척도로 점수화되어 있으므로 전통적인 주성분 분석보다 비선형 주성분 분석이 타당할 것으로 생각된다. 2.1절의 사례에서와 마찬가지로 비선형 주성분 분석을 위해서는 다음과 같이 최적 척도화 모듈을 선택하도록 한다.

Analyze ▶ Data Reduction
▷ Optimal Scaling....

그리고 비선형 주성분 분석을 위해 <그림 2.12>와 같이 선택하자.

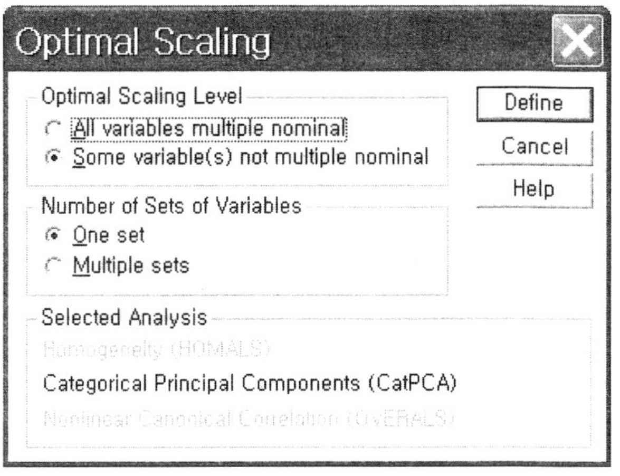

<그림 2.12>
범주형 주성분
대화상자

이제 비선형 주성분 분석 대화상자에서 분석에 사용될 변수들과 추가 개체 그리고 변수설명 변수를 다음과 같이 지정하도록 한다. 여기서 다중 명목형으로 선택된 추가 변수(supplementary variable) 'tidi'는 4번의 조사시점과 4가지 섭식장애와의 상호작용을 나타내는 변수이다. 이 변수만 다중명목으로 설정하도록 한다.

▶ Analysis Variables : weight, mens, fast, binge, vomit, purge, hyper, fami, emams, frie, school, satt, sbeh, mood, preo, body (◉ Ordinal)

▶ Supplementary Variables : tidi (◉ Multiple nominal)

▶ Labeling Variables : diag, time

그러면 <그림 2.13>과 같이 설정된다. 이제 우측의 Options(옵션) 탭을 눌러 <그림 2.14>와 같이

Label Plots By

◉ Variable names or values

을 지정하도록 하자.

<그림 2.13>
범주형
주성분분석
변수 지정

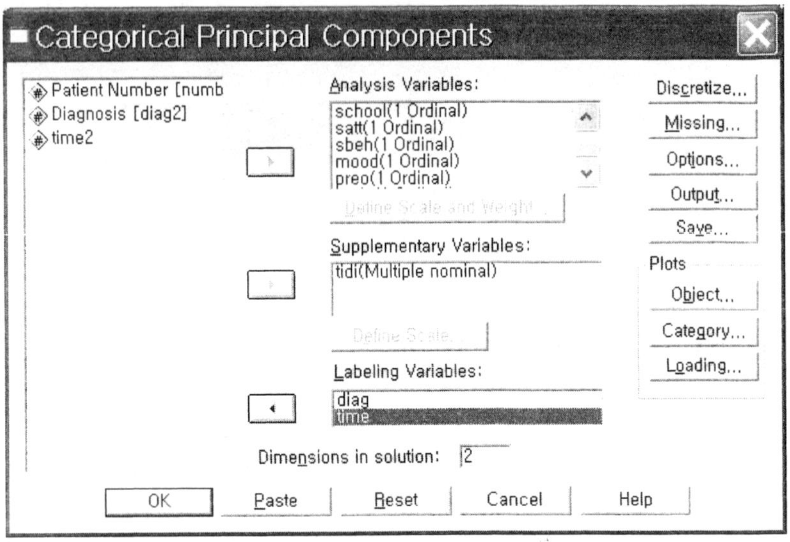

<그림 2.14>
옵션(Options)
대화상자

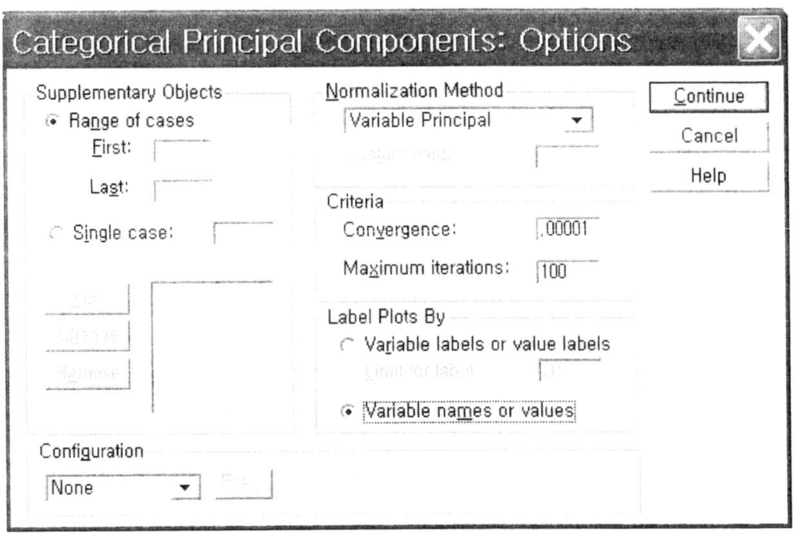

추가적으로 Output 대화상자에서 <그림 2.15>와 같이 지정하자. 이때 필요하면

Object Scores Options

▶ Include Categories Of : diag, time, number

와 같이 변수 number를 추가시킬 수도 있다.

<그림 2.15>
Output 옵션

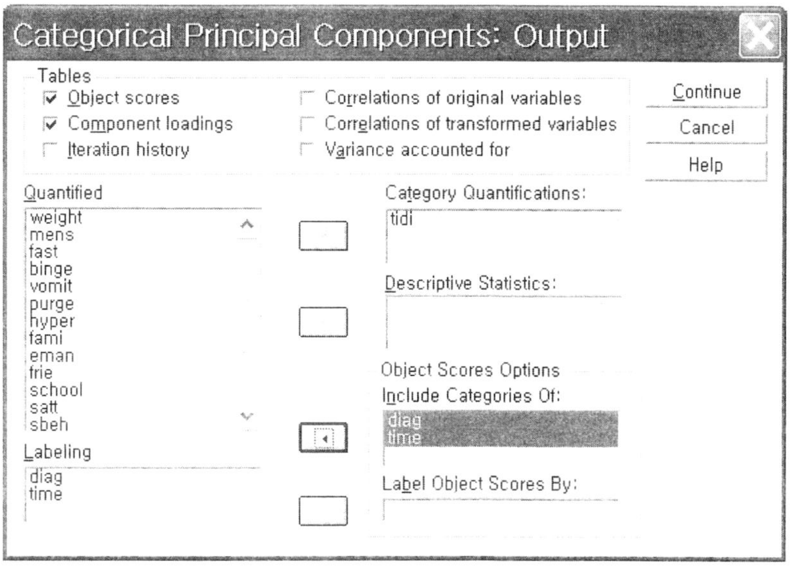

개체 플롯 작성을 위해서는 <그림 2.16>과 같이 선택하도록 한다. 또한 범주 플롯 작성을 위해서 <그림 2.17>에서 다음과 같이 지정하도록 하자.

Plots

Category....

▶ Category Plots : tidi

▶ Transformation Plots : weight, mens, fast, binge, vomit, purge, hyper, fami, eman, frie, school, satt, sbeh, mood, preo, body

▶ Project Centroid Of : tidi

▶ Onto : binge, satt, preo

<그림 2.16> 개체 플롯 옵션

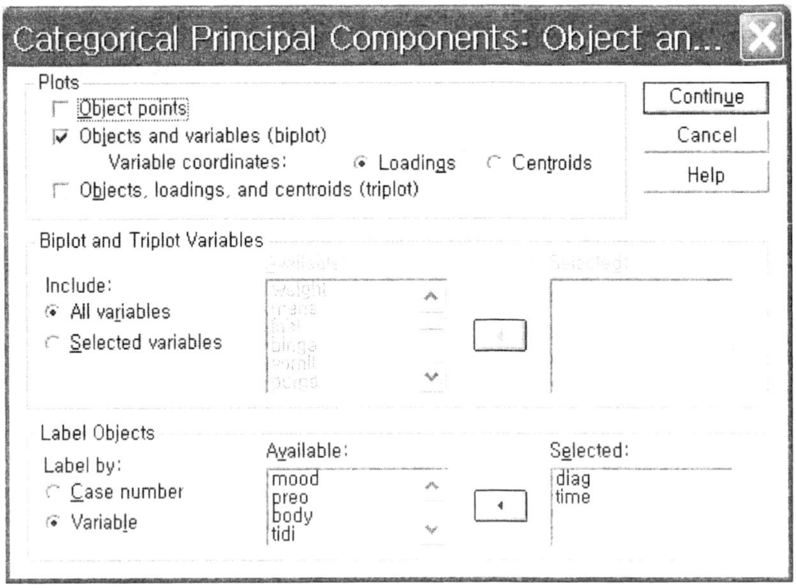

<그림 2.17> 범주 플롯 옵션

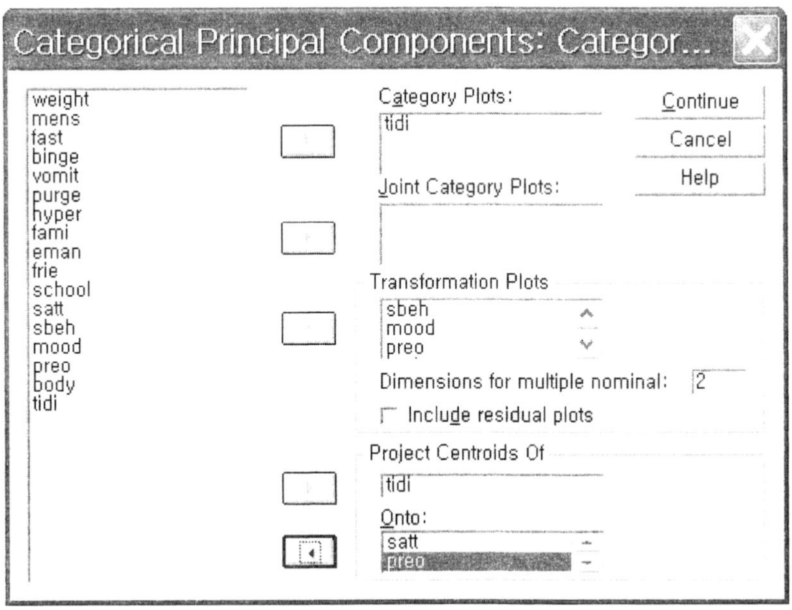

주성분 부하량 플롯과 저장해야할 항목도 <그림 2.18>과 <그림 2.19>처럼 선택하도록 한다.

<그림 2.18>
주성분 플롯
옵션

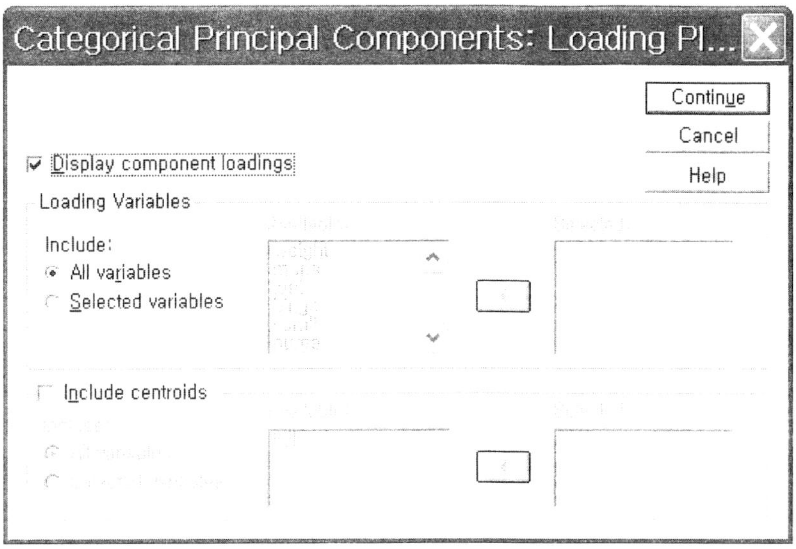

<그림 2.19>
Save 옵션

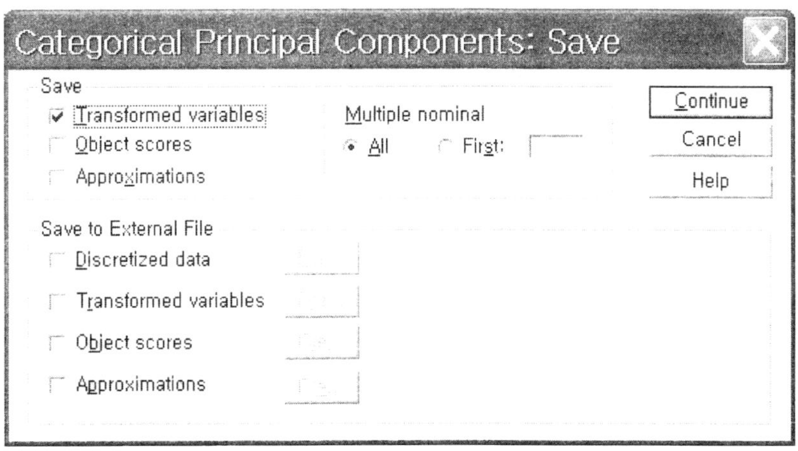

2.3.3 결과의 이해

이제 출력결과 중 다음의 변환플롯(transformation plot)을 살펴보자. 플롯에서 가로축은 원래의 범주를 나타내고 세로축은 최적 변환된 수량화 값을 나타낸다. 변수 mens와 friends는 거의 선형변환이 이루어졌음을 알 수 있다. 따라서 이런 변수들에 대해서는 수치형처럼 해석이 가능하겠다.

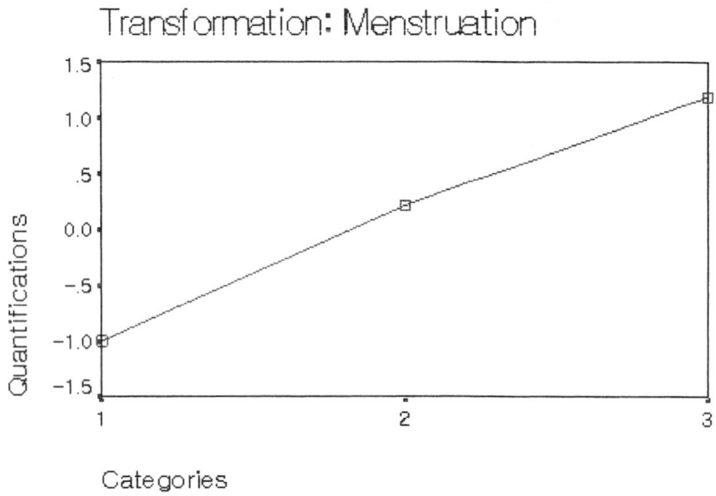

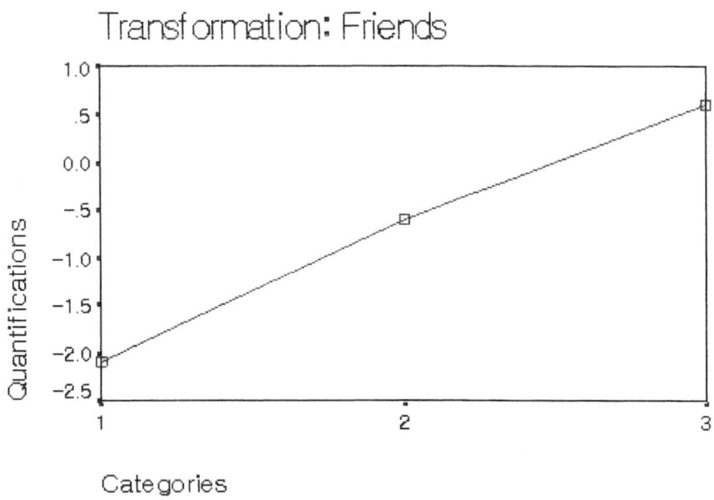

그러나 다음의 purge, school와 같은 일부 변수들은 선형변환이 되지 못하

였다. 따라서 범주형 척도수준에 따른 해석이 요구된다. school의 경우 변환된 플롯에서는 범주 1과 2의 차이보다 범주 2와 3의 차이가 더 중요하다고 하겠다.

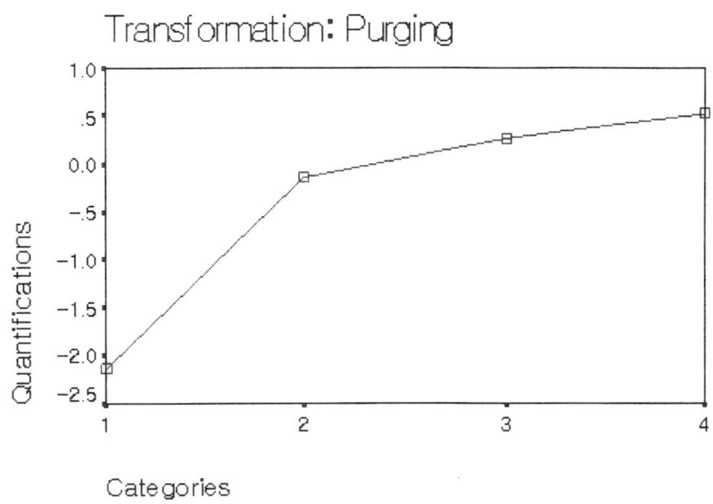

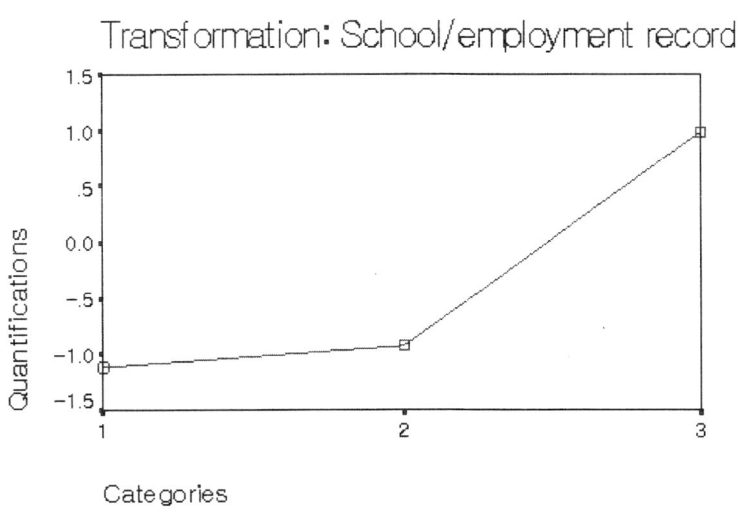

다음으로 변수 binge에 대한 플롯을 살펴보면 범주 3과 4는 변환된 값에

서 거의 차이가 나지 않았고 나머지 1, 2, 3 범주에 대해서만 확연한 차이를 보이고 있다.

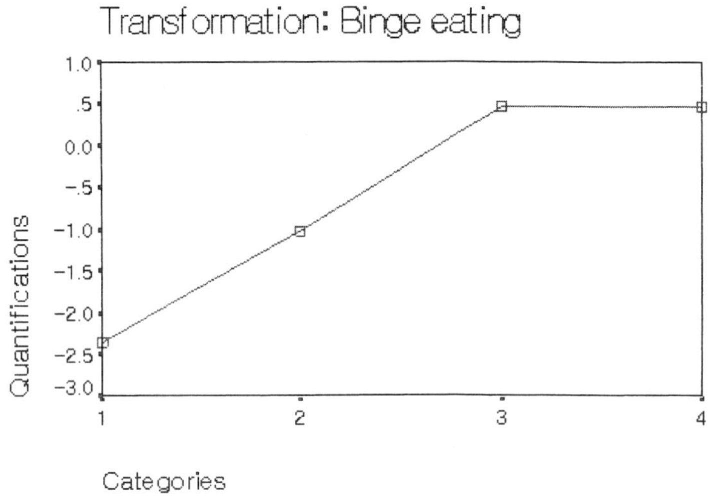

이제 모형 요약 결과를 살펴보자. <표 2.8>로부터 2축까지 차원축소한 결과 설명된 총 분산량은 46.924%임을 알 수 있다. 차원별 분산 설명력은 제1축에 대해서는 34.69%이고 제2축에 대해서는 12.234%를 나타낸다. 1축에 대한 내적 일치도는 0.874로 높은 편이고 2축에 대한 내적 일치도는 0.522 정도이다.

<표 2.8> 모형 요약 결과

Model Summary

Dimension	Cronbach's Alpha	Variance Accounted For	
		Total (Eigenvalue)	% of Variance
1	.874	5.550	34.690
2	.522	1.957	12.234
Total	.925[a]	7.508	46.924

a. Total Cronbach's Alpha is based on the total Eigenvalue.

<표 2.9>는 주성분 부하량이다. 제 1 주성분 축은 주성분 부하량 계수가

모두 양수이므로 조사된 16개 항목의 공통된 특성을 나타내는 축으로 해석할 수 있고 제 2 주성분은 마이너스 부호를 가지는 항목과 플러스 부호를 가지는 항목들이 서로 대별되는 축으로 해석할 수 있겠다.

<표 2.9>
주성분 계수 벡터

Component Loadings

	Dimension	
	1	2
Body Weight	,640	-,291
Menstruation	,647	-,259
Restriction of food intake (fasting)	,682	-,107
Binge eating	,318	,731
Vomiting	,433	,561
Purging	,463	,726
Hyperactivity	,564	,079
Family relations	,537	-,401
Emancipation from family	,657	-,216
Friends	,485	-,051
School/employment record	,650	-,255
Sexual attitude	,620	-,243
Sexual behavior	,722	-,011
Mental state (mood)	,455	,201
Preoccupation with food and weight	,732	,146
Body perception	,641	,126
Time/diagnosis interaction[a]		

Variable Principal Normalization.
a. Supplementary variable.

<그림 2.20>은 이들 계수들을 이용해서 좌표플롯에 나타낸 결과이다. 제 2축을 중심으로 체중을 포함하여 심리적으로 영향을 미칠 수 있는 요인들(체중, 생리, 음식섭취량, 가족관계, 가족으로부터의 해방, 친구, 학교/직장 기록, 성에 대한 태도, 성행위)과 신체 생리적으로 영향을 미칠 수 있는 요인들(과다 섭취 여부, 구토 여부, 배변, 활동의 과잉성, 정신상태, 음식과 체중에 대한 사전 조작, 신체 지각도)이 분류되고 있음을 살펴볼 수 있다.

<그림 2.20>
주성분 플롯

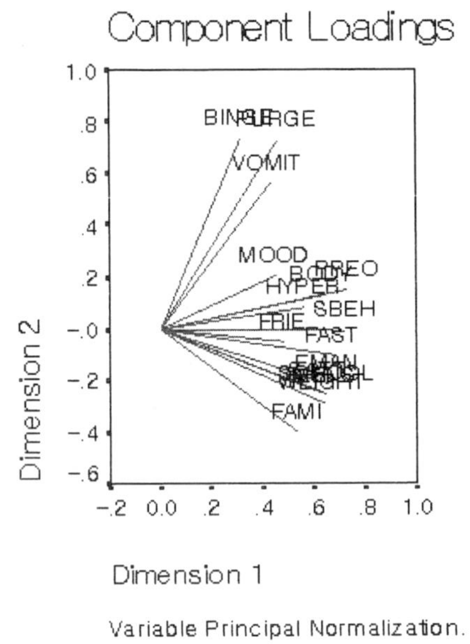

<그림 2.21>
섭식장애
코드로 표시된
개체 플롯

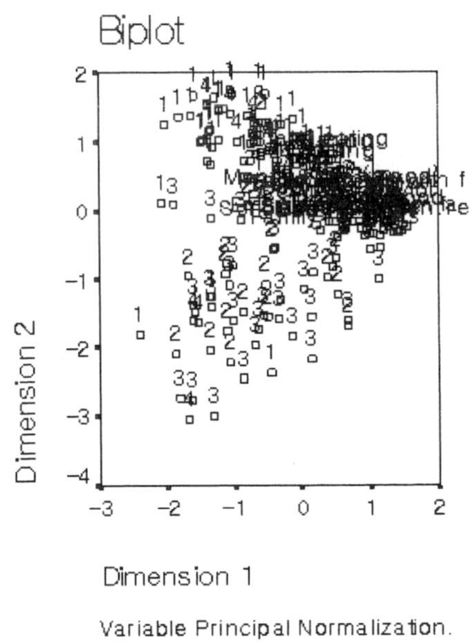

<그림 2.21>은 각 개체들을 그들의 4가지 섭식장애 그룹으로 표시한 결

과이다.(diagnosis로 라벨 표시). <그림 2.21>로부터 신경성 식욕부진증(1), 비특이성 섭식장애(4)와 폭식증을 동반하는 섭식장애(2,3)로 분리되고 있음을 알 수 있다. <그림 2.20>을 함께 살펴보면 신경성 식욕부진증이나 비특이성 섭식장애는 주로 심리적 요인과 관련있어 보인다. 반면 폭식증을 동반하는 섭식장애(2,3)는 신체, 생리적 요인과 밀접한 것으로 보여진다.

또한 환자들의 관측시점으로 개체플롯을 작성한 <그림 2.22>로부터 모든 환자들의 초기 섭식장애는 신경성 식욕부진증으로 보여지며 시간이 흐름에 따라 그 밖의 섭식장애로 진전된다고 할 수 있겠다.

<그림 2.22>
관측시점(time) 코드로 표시된 개체 플롯

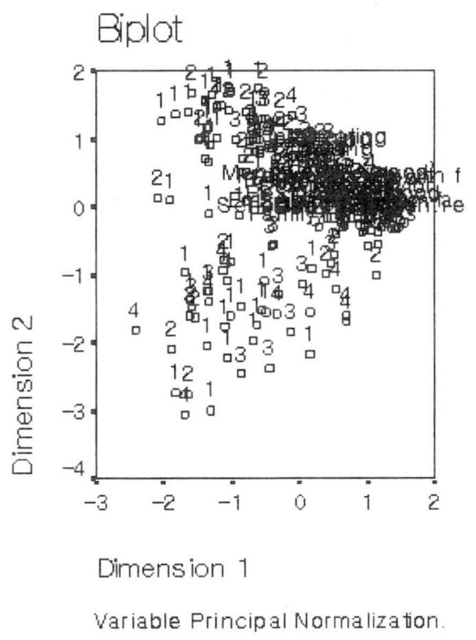

그런데 <그림 2.22>의 좌측하단에 '4'로 표시된 환자는 여느 환자들과 달리 4번째 관찰시점이 제1축을 기준으로 왼쪽에 있다. 신경성 식욕부진증의 이 환자에 대한 좌표값을 살펴보면 <표 2.10>과 같다. 이 환자의 경우 4번의 관찰시점에서 모두 신경성 식욕부진증을 보인 매우 예외적인 케이스임을 확인할 수 있다. 즉 자신의 신체에 대한 혐오스런 이미지 때문에 식욕부진증을 보이며 대다수의 다른 환자들과 달리 관찰시점에 따른 섭식장애의 진전이 없었음을 확인할 수 있다.

<표 2.10>
43번 환자에 대한 최적점수

케이스 번호	최적 점수 1차원	최적 점수 2차원	징후	관찰 시점
121	-2.031	1.250	신경성 식욕부진증	1
122	-2.067	0.131	신경성 식욕부진증	2
123	-1.575	-1.467	신경성 식욕부진증	3
124	-2.405	-1.807	신경성 식욕부진증	4

이제 4개의 병적 징후와 4번의 관측이 서로 어떻게 연관되어 있는지를 2차원 좌표평면상에서 살펴보기 위해 diag×time에 의해 16개의 범주를 가지는 tidi라는 추가변수(supplementary variable)를 이용하자.

1은 첫 번째 관찰시점에서 신경성 식욕부진증이 관측된 것을 나타내며 5는 2번재 관측시점에서 신경성 식욕부진증이 관측된 것을 표시하며 16은 4번째 관측시점에서 비특이성 섭식장애가 관측된 것을 나타낸다.

변수 tidi는 다중명목척도를 적용하였고 그 결과는 <그림 2.23>과 같다. 2축을 기준으로 신경성 폭식증, 식욕부진을 동반한 폭식증과 신경성 식욕부진증, 비특이성 섭식장애가 분류됨을 알 수 있다. 그러나 패턴을 이해하기에는 다소 복잡해 보인다. 이를 보다 쉽게 이해하기 위해서는 산점도 작성이 필요하다.

<그림 2.23>
섭식장애와
관찰시점간의
상호작용

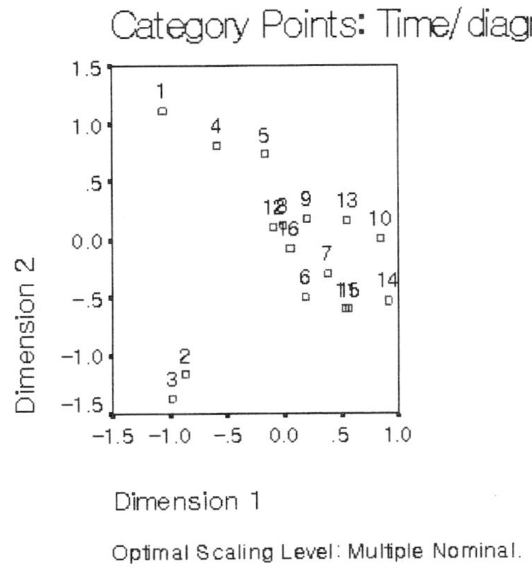

산점도 작성을 위해 저장시킨 변환값을 이용하여 다음과 같이 단순 산점도를 산점도 대화상자에서 작성하도록 하자.

▶ Y축 : tr17_2_1

▶ X축 : tr17_1_1

▶ Set Markers By : diag

각 포인트를 연결시키기 위해서는 차트 편집 메뉴(chart editor menus)에서

Format ▶ Interpolation

Interpolation Style ▶ Straight

를 지정하도록 하자.

<그림 2.24>의 산점도로부터 4가지 섭식장애의 패턴을 살펴볼 수 있다. 제1축은 관측시점과 관련 있고 제2축은 4가지 섭식장애와 관련 있음을 쉽게 확인할 수 있다. 전반적으로 시간이 흐름에 따라 4가지 섭식장애는 비슷해지는 양상을 보여준다. 더욱이 모든 섭식장애 그룹에서 시점 1과 시점 2 사이에 가장 더디게 진행되는 양상을 나타낸다. 그리고 식욕부진증은 시점

2에서 시점 3까지의 진행이 나머지 다른 질병과 달리 좀 더 더디게 진행됨을 관측할 수 있다.

<그림 2.24>
4가지 섭식장애 패턴에 대한 산점도

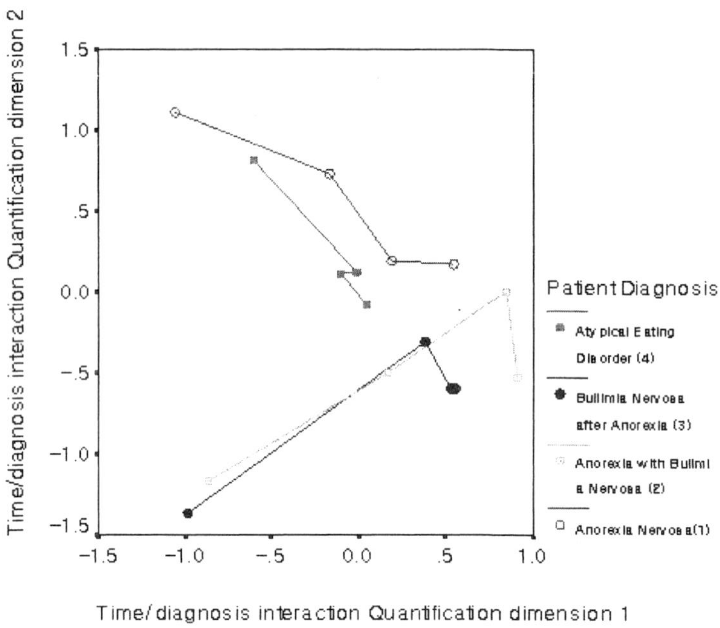

<그림 2.25>는 <표 2.11>에서 보이는 binge, satt, preo에 대한 tidi의 투영된 값을 그래프로 나타낸 것이다. 변수 tidi값이 1,2,3,4로 표현된 것은 첫 번째 관측시점에서 발견된 4가지 섭식장애 질병을 나타낸 것이다. 그러므로 <그림 2.25>로부터 첫 번째 관측시점에서 폭식여부(binge)는 폭식증을 동반한 섭식장애 환자(2와 3)와 나머지 섭식장애 환자(1과 4)를 구분하고 있음을 알 수 있다. 그리고 성적 태도(satt)에 대해서는 식욕부진증이나 비특이성 섭식장애 환자(1, 4)와 나머지 섭식장애 환자(2와 3)가 다소 구분되나 음식과 체중에 대한 사전 조작태도(preo)에 대해서는 4가지 섭식장애 패턴이 뚜렷하게는 구별되지는 않고 있다고 할 수 있다.

<그림 2.25>
binge, satt, preo에 대한 tidi의 투영된 중심값의 플롯

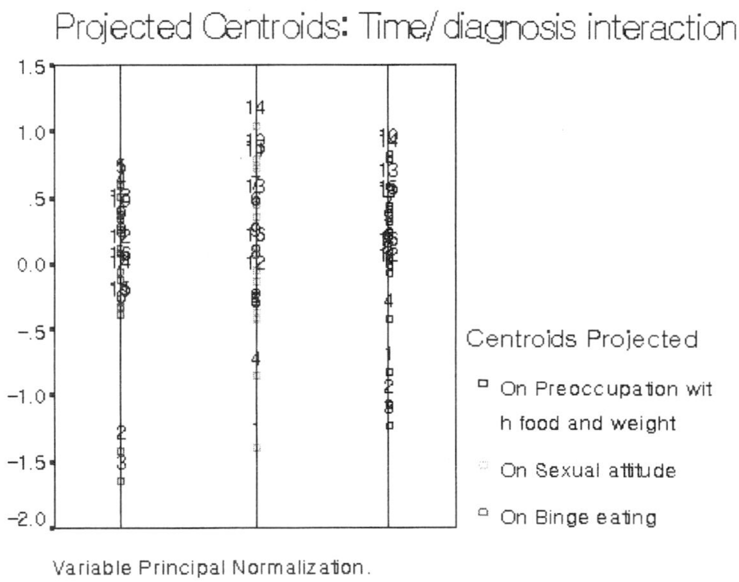

<표 2.11>
binge, satt, preo에 대한 tidi의 투영된 중심값

Projected Centroids

Time/diagnosis interaction[a]	Centroids Projected on		
	Centroids Projected on	Sexual attitude	Preoccupation with food and weight
1	,593	-1,391	-,823
2	-1,419	-,383	-1,082
3	-1,650	-,415	-1,233
4	,504	-,854	-,430
5	,607	-,421	-,018
6	-,386	,347	,077
7	-,126	,471	,319
8	,109	-,048	,019
9	,247	,109	,224
10	,340	,783	,827
11	-,337	,716	,406
12	,066	-,129	-,071
13	,376	,452	,574
14	-,124	1,038	,786
15	-,326	,742	,434
16	-,058	,076	,031

Variable Principal Normalization.
a. Supplementary variable.

<그림 2.25>는 질병과 관련된 증상과 병의 진단간의 관계를 잘 나타내준다. 그러나 4번의 관찰 시점까지 고려하면 좀 더 복잡하게 표현된다. 그래서 4번의 관측시점을 종합하여 전반적인 패턴을 살펴보기 위해서는 투영된 중심값을 새로운 변수로 저장한 후 플롯을 재작성 할 필요가 있다.

<그림 2.26>은 폭식여부에 대해서 살펴본 결과이다. 폭식을 하지 않는 식욕부진증 환자 군(1,4)과 폭식증을 동반하는 환자군(2,3)간에 질병 초기부터 매우 뚜렷한 차이를 보이고 있다. 그러나 시간이 흐를수록 이들 환자군간의 차이는 점차 감소한다. 식욕부진증 환자군은 변화가 거의 없는 반면 폭식증 환자군은 질병의 진행이 뚜렷이 나타나고 있다.

<그림 2.27>에 나타난 성적 태도에 대해서는 좀더 평행해지거나 덜 평행해지는 양상을 보이며 진전을 보이고 있다. 그럼에도 불구하고 폭식증 환자군(2,3)이 식욕부진증 환자군(1,4)보다 더 높은 점수를 나타내고 있다.

<그림 2.26>
4번의 조사시점 전반에 걸친 폭식증 증세에 대한 플롯

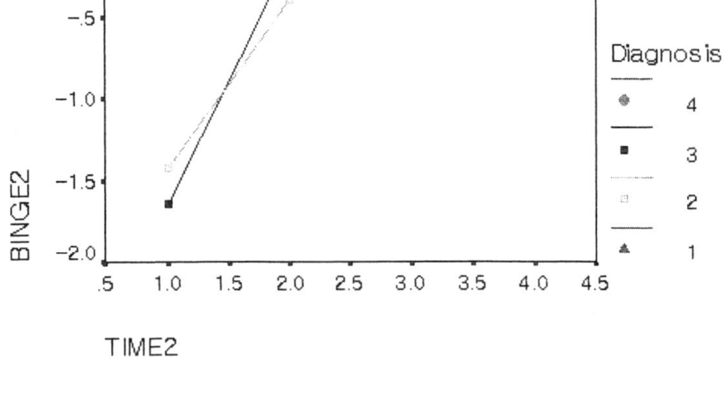

<그림 2.27>
4번의 조사시점
전반에 걸친
성적 태도에
대한 플롯

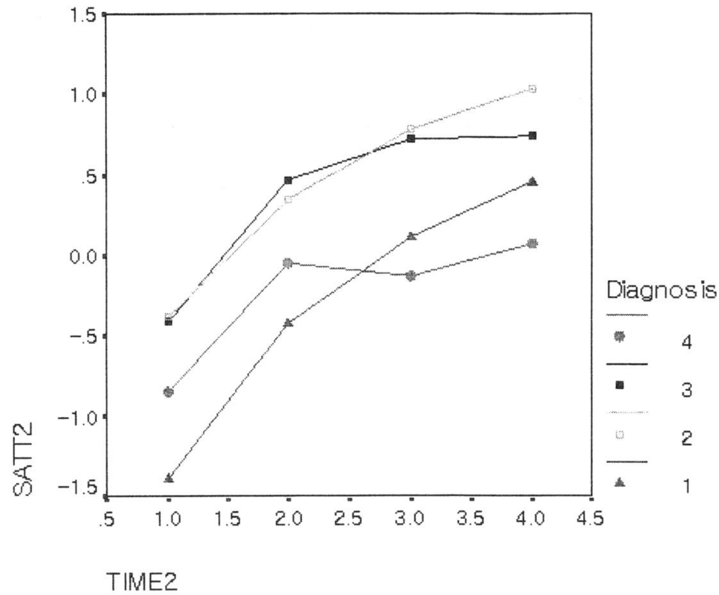

<그림 2.28>
4번의 조사시점
전반에 걸친
신체에 대한
사전조작
태도에 대한
플롯

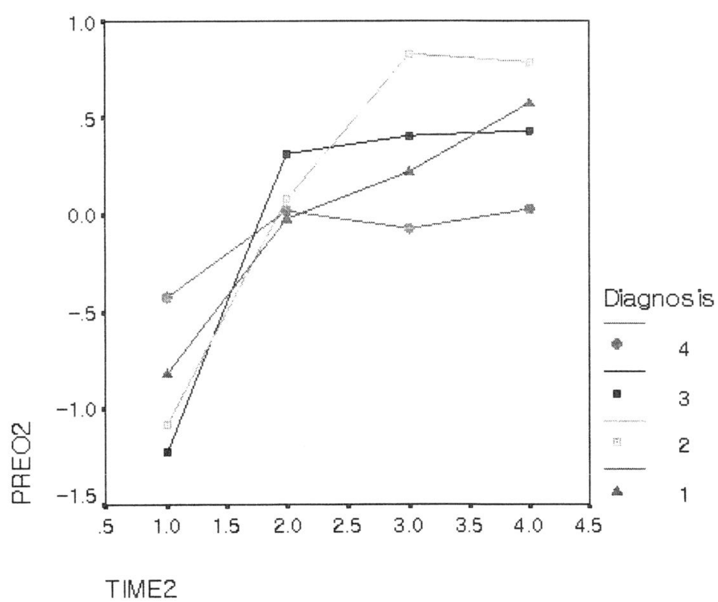

음식과 체중 조절을 통한 신체에 대한 사전 조작 태도는 4가지 섭식장애 환자군들이 공통적으로 보이는 징후라고 한다. 그런데 이러한 증세도 <그림 2.28>에서처럼 시간이 흐를수록 차이가 나는 것을 살펴볼 수 있다. 즉, 시간이 흐를수록 신경성 식욕부진증 환자군은 비특이성 섭식장애 환자군으로부터 멀리 떨어져 위치하는데 반해 폭식증 증세가 있는 환자군은 초반부터 조사시점 말까지 유사한 패턴을 보이는 경향이 있다.

2.4 이론적 고찰

주성분 분석은 원래 변수가 가지고 있는 정보를 최대한 보유한 최소의 독립된 성분으로 차원을 축소하는 것이다. 주성분 분석은 크게 계량형 주성분분석(metric PCA)과 비계량형 주성분분석(nonmetric PCA)으로 나뉘어진다.

먼저 계량형 주성분 분석에 대해서 살펴보자. 엑카트-영(Eckart-Young)은 크기 $n \times m$의 데이터 행렬 H에 대한 주성분분석을 다음과 같은 결합손실함수(join loss function)를 이용하여 나타내었다.

$$\sigma_J(X, A) \equiv SSQ(H - XA^t)$$

여기서 X는 계수가 p인 $n \times p$크기의 행렬이고 A는 $m \times p$ 크기의 행렬이다. 결합손실함수 $\sigma_J(X, A)$를 최소화시키는 X, A는 데이터행렬 H에 대한 고유값-고유벡터 분해로부터 계산된다.

이와 다른 계산방법으로는 교대최소제곱법을 이용하는 것이다. 즉 다음의 두 단계를 반복 계산하여 가중치 행렬(A)과 개체점수 행렬(X)을 구한다.

① $X \leftarrow HA(A^tA)^-$

② $A \leftarrow H^tX(X^tX)^-$

여기서 $(\cdot)^-$는 무어-펜로스(Moore-Penrose) 역행렬을 나타낸다.

한편 비계량형 주성분 분석은 선호하는 순위와 같은 비계량형 데이터를 고려한 것으로 여러 학자들에 의해 결합손실 함수가 수정, 보완되었다.

크루스칼, 쉐퍼드와 로즈캄(Kruscal, Shepard and Roskam)은 데이터 행렬 H에 대하여 다음의 성질을 만족하는 선형모형을 고려하였다.

① $q_{ij} = \sum_s x_{is} a_{js}$

② $h_{ij} > h_{kj} \rightarrow q_{ij} \geq q_{kj}$

②* $h_{ij} = h_{kj} \rightarrow q_{ij} = q_{kj}$ (순위형 데이터일 경우)

그리고 이에 대한 손실함수는

$$\sigma_J(Q, X, A) \equiv m^{-1} \sum_j SSQ(q_j - Xa_j) / SSQ(q_j - AVE(q_j)) ,$$

$$\text{여기서} \quad q_j \in C_j (j = 1, \cdots, m)$$

으로 정의하였다. 여기서 C_j는 하나의 콘(cone)[2]을 표기하며 σ_J를 정규화된 손실함수라고 부른다.

영, 다카네와 드 레이위(Young, Takane and De Leeuw)는 명목형, 순서형 그리고 수치형의 혼합된 측도를 다룰 수 있는 방안을 연구하였다. 3가지 종류의 프로그램을 이용하였는데 손실함수를 최소화시키기 위해 교대최소제곱법을 이용하는 것이다. 즉,

$$\sigma_J(Q, X, A) \equiv m^{-1} SSQ(q_j - Xa_j)$$

를 최소화시키는 것다. 여기서 $q_j \in C_j,\ AVE(q_j) = 0,\ SSQ(q_j) = 1$ 이다.
그런데 엑카트-영에 의하면 $\sigma_J(Q, X, A)$를 최소화시키는 것은

$$\sigma_J(Q, *, *) \;=\; m^{-1} \sum_s \lambda_s^2 (R_Q) ,\quad s = p+1, \cdots, m$$

이다. 여기서 R_Q는 m개의 변환된 변수 q_j간의 상관행렬을 나타내며 λ_s^2은 이에 대한 고유값이다. 즉, $q_j \in C_j,\ AVE(q_j) = 0,\ SSQ(q_j) = 1$ 하에서 $\sigma_J(Q, X, A)$를 최소화시킨다는 것은 가지고 있는 변수를 $m-p$개의 가장 작은 고유값들의 합이 최소가 되도록 변환시킨다는 것을 의미한다.

한편 이산적인 순서형 데이터의 경우 지표행렬을 이용하는 것이 가능하다. 이때 범주형 수량화 점수에 대한 함수 y_j로 손실함수를 보다 쉽게 나타낼 수 있다. 즉,

$$\sigma_J(Y, X, A) \equiv m^{-1} SSQ(G_j y_j - Xa_j)$$

이다. 여기서 $1^t G_j y_j = 0,\ y_j^t D_j y_j = 1,\ y_j \in C_j$이며 여기서 C_j는 k_j 차원 공간에 있는 콘(cone)을 나타낸다. 일반적으로 $k_j \ll n$이다. 또한 G_j는 각 변수들의 범주를 나타내는 지표행렬, D_j는 범주별 반응빈도를 대각원소로 취한 대각행렬을 나타낸다.

---

2) $C \subseteq R^n$ 이라고 하자. 이때 만약 $x \in C$ 이고 $\alpha x \in C$ (단, $\alpha \geq 0$) 이면 C를 'cone'이라 한다. (Lubenberger, D.G. 1969)

그런데 지금까지 설명한 결합손실함수를 이용한 주성분 분석은 다중 수량화(multiple quantification)의 경우도 축차적으로 계산되어야 한다는 단점이 있다. 또 다른 단점은 결측이 있는 데이터의 경우 해를 구하는 과정에서 문제를 야기시킨다는 것이다. 이와 같은 문제점을 해결할 수 있는 대안적 방법으로 고려된 손실함수는 다음과 같다.

$$\sigma_M(X, Y) \equiv m^{-1} SSQ(X - G_j Y_j)$$

이와 같은 손실함수를 'meet loss function'이라고 부른다. 단, 여기서

$$AVE(x_s) = 0 \, (s = 1, \cdots, p), \quad X^t X = I$$

이다.(Gifi, 1990)

비선형 주성분 분석의 알고리즘을 이해하기 위해 1장과 마찬가지로 다음의 데이터를 생각해보자. 종속변수와 설명변수의 구분없이 한 변수(H1)는 범주가 3개이고 또 다른 변수(H2)는 반응범주가 4개로 7명에 대해 조사한 데이터가 다음과 같다고 가정하자.

H1	H2
1	1
1	4
2	3
2	2
3	2
3	3
2	1

이를 행렬로 나타내면 다음과 같이 표기할 수 있다.

$$H = \begin{pmatrix} 1 & 1 \\ 1 & 4 \\ 2 & 3 \\ 2 & 2 \\ 3 & 2 \\ 3 & 3 \\ 2 & 1 \end{pmatrix}$$

즉, 행렬 H는 행의 수가 관측된 케이스 수와 같고 열의 개수는 조사한 변수 개수와 같다. 총 관측개수를 n으로 표기하고 분석에 사용된 모든 변수

개수를 m으로 나타내면 H의 크기는 $n \times m$이 될 것이다. 행렬 H는 다시 지표행렬로 다음과 같이 재표현이 가능하다.

G1			G2			
1	2	3	1	2	3	4
1	0	0	1	0	0	0
1	0	0	0	0	0	1
0	1	0	0	0	1	0
0	1	0	0	1	0	0
0	0	1	0	1	0	0
0	0	1	0	0	1	0
0	1	0	1	0	0	0

1장과 마찬가지로 k_j를 j ($j=1,2,\cdots,m$)번째 변수의 범주개수로 나타내자. 마찬가지로 G_j는 j번째 변수를 나타내는 $n \times k_j$ 크기의 지표행렬이라고 하자. 위 예제의 경우 지표행렬은 다음과 같이 표현된다.

$$G_1 = \begin{pmatrix} 1 & 0 & 0 \\ 1 & 0 & 0 \\ 0 & 1 & 0 \\ 0 & 1 & 0 \\ 0 & 0 & 1 \\ 0 & 0 & 1 \\ 0 & 1 & 0 \end{pmatrix}, \quad G_2 = \begin{pmatrix} 1 & 0 & 0 & 0 \\ 0 & 0 & 0 & 1 \\ 0 & 0 & 1 & 0 \\ 0 & 1 & 0 & 0 \\ 0 & 1 & 0 & 0 \\ 0 & 0 & 1 & 0 \\ 1 & 0 & 0 & 0 \end{pmatrix}$$

그리고 D_j는 G_j의 원소들에 대한 열 합계를 대각원소로 취하고 있는 크기 $k_j \times k_j$ 의 대각행렬로 이 예제에서는 다음과 같이 표현된다.

$$D_1 = \begin{pmatrix} 2 & 0 & 0 \\ 0 & 3 & 0 \\ 0 & 0 & 2 \end{pmatrix}, \quad D_2 = \begin{pmatrix} 2 & 0 & 0 & 0 \\ 0 & 2 & 0 & 0 \\ 0 & 0 & 2 & 0 \\ 0 & 0 & 0 & 1 \end{pmatrix}$$

물론 마찬가지로 가중치가 단위행렬이 아닐 경우에는 $D_j = G_j^t W G_j$로 계산된다. 여기서 가중치 행렬 W는 i($i=1,2,\cdots,n$)번째 개체가 원래 초기의 분석용 데이터일 경우에는 1로 표기하고 추가개체일 경우에는 0으로 표기된다.

$$W=\begin{pmatrix} w_1 & 0 & 0 & \cdots & 0 \\ 0 & w_2 & 0 & \cdots & 0 \\ 0 & 0 & w_3 & \cdots & 0 \\ \vdots & \vdots & \vdots & \ddots & 0 \\ 0 & 0 & 0 & \cdots & w_n \end{pmatrix}$$

또한 모든 범주들이 다 응답된다는 보장이 없으므로 다음과 같이 결측에 대한 정보를 담고 있는 행렬을 고려한다.

$$M_j=\begin{pmatrix} m_{j1} & 0 & 0 & \cdots & 0 \\ 0 & m_{j2} & 0 & \cdots & 0 \\ 0 & 0 & m_{j3} & \cdots & 0 \\ \vdots & \vdots & \vdots & \ddots & 0 \\ 0 & 0 & 0 & \cdots & m_{jn} \end{pmatrix}$$

여기서 m_{ji}는 i번째 관측이 j번째 변수에 대해 결측이면 0으로 표기되고 i번째 관측이 j번째 변수의 r번째 범주에 응답을 했는데 해당 범주가 추가범주이면 마찬가지로 0으로 표시되며 그 외 사항에 대해서는 가중치 v_j 값을 취한 것을 나타낸다. 보통 v_j는 1이 된다. 따라서 0이나 1로 대각원소가 채워진 행렬을 나타낸 것이다. 그리고 모든 변수에 대한 결측정보를 담고 있는 행렬을

$$M_* = \sum_j M_j$$

로 나타내자.

SPSS의 비선형 주성분 분석을 위한 알고리즘은 CATPCA(categorical principal component analysis)와 PRINCALS(principal component analysis via alternating least squares)가 있다. PRINCALS는 Van Rijckevorsel과 De Leeuw에 의해 1979년에 처음 기술되었다. PRINCALS의 목적은 정규화제약아래 다음을 최소화시키는 개체점수와 범주수량화 값을 찾는 것이다.

$$\sigma(X; \underline{Y}) = \frac{1}{m}\sum_j tr(X - G_j\underline{Y_j})^t M_j (X - G_j\underline{Y_j})$$

CATPCA는 최적척도법을 이용하여 범주형 변수를 수량화함으로써 변환된 변수에 대한 최적 주성분을 계산하게 된다. 이 장에서는 PRINCALS보다

현재 사용되고 있는 CATPCA 알고리즘을 다루고자 한다.

범주형 데이터에 대한 비선형 주성분분석 알고리즘인 CATPCA는 데이터에 대한 결측정보와 가중치 정보를 고려하여 식 (2.6)을 최소화시킴으로써 범주에 대한 수량화값과 개체점수(object score)를 구하는 것이다.

$$\sigma(X:\underline{Y}) = \frac{1}{n}\sum_j \frac{1}{c}\, tr(X - G_j\underline{Y_j})^t M_j W_j (X - G_j\underline{Y_j}) \tag{2.6}$$

여기서 X는 크기가 $n\times p$인 개체점수 행렬을 나타내며, $\underline{Y_j}$는 중심화된 범주 수량화값 행렬로 크기는 $k_j\times p$이다. n은 분석에서 사용된 (가중)케이스 수를 나타내며

$$c = \begin{cases} p & j\in J \\ 1 & j\notin J \end{cases}$$

이다. 또한 p는 고려한 차원의 수를, J는 다중 명목척도 변수들의 지표 셋을 나타낸다. 물론 식 (2.6)에는 다음과 같은 제약이 가해진다. 즉,

$$X^t M_* W X = n\,m\,I_{p\times p} \text{ (정규화)}$$

$$1_n^t M_* W X = 0 \text{ (중심화)}$$

이다. 여기서 $1_n^t = (1, 1, \cdots, 1)$이며 m은 분석에 사용된 변수의 개수를 나타낸다.

식 (2.6)은 지표행렬로 범주를 표시하여 분석하는 비선형 주성분분석의 특별한 형태로 이해할 수 있다. SPSS의 예전 버전에서는 PRINCALS를 이용하였으나 최근 버전에서는 CATPCA 알고리즘이 사용되고 있다. 그러나 SPSS 명령문을 두 알고리즘을 이용하여 비선형 주성분분석을 하면 유사한 결과를 얻을 수 있다.

한편 식 (2.6)에서 j번째 변수에 대한 손실(loss)은 다중손실(multiple loss)과 단일손실(single loss)로 분할된다. 다중 명목변수일 경우 단일 손실은 0이다. 다중적합(multiple fit)은 다중 명목척도로 척도 변환된 변수를 이용하여

$$\underline{Y_j}^t D_j \underline{Y_j} / n$$

으로 계산된다. 단일적합(single fit)은 주성분 계수의 제곱합이다(Gifi,1990).

물론 최적 척도화 수준(optimal scaling levels)에 따라 선형성이라든가, 단조성, 단조 스플라인 제약들을 두고서 척도화시키는데 다음과 같이 구분된다.

- 다중 명목척도(multiple nominal)[3]

  $\underline{Y_j} = Y_j$ (등식제약)
- 단일 명목척도(single nominal)

  $\underline{Y_j} = y_j a_j^t$ (등식제약)
- 스플라인 명목척도(spline nominal)

  $\underline{Y_j} = y_j a_j^t$ & $y_j = d_j + S_j b_j$ (등식제약, 스플라인 제약)
- 스플라인 순서척도(spline ordinal)

  $\underline{Y_j} = y_j a_j^t$ & $y_j = d_j + S_j b_j$ (등식제약, 단조 스플라인 제약)
- 단일 순서척도(single ordinal)

  $\underline{Y_j} = y_j a_j^t$ & $y_j \in C_j$ (순서성)
- 단일 수치형(single numerical)

  $\underline{Y_j} = y_j a_j^t$ & $y_j \in L_j$ (순서성, 선형성 제약)

각 변수별로 이들 수준은 독립적으로 결정된다. 다중명목척도를 제외한 나머지 척도변환 옵션은 일반적으로 $\underline{Y_j} = y_j a_j^t$ 으로 Y_j의 계수는 1로 제약을 둔다. 왜냐하면 $y_j^t D_j y_j = n$으로 정규화하게 되는데 이는 수량화변수 $q_j = G_j y_j$의 분산이 1임을 내포하기 때문이다. 수치형에서의 추가적인 제약식 $y_j \in L_j$는 y_j가 선형변환인 모든 k_j벡터의 부분공간(subspace)에 있다는 것을 의미한다.

이제 CATPCA 알고리즘을 살펴보자.

---

3) 차원축소에 의해 순차적으로 척도화시킬 경우 명목형 변수들의 범주는 원점을 통과하는 일직선 위에 위치하게 된다. 명목형 범주들의 특성상 일직선상에 위치하지 않도록 고려한 것이 다중명목(multiple nominal)이다. 다중명목은 해당변수의 각 범주들을 분리된 이항 변수처럼 다룬다. 단일명목(single nominal)은 척도화된 범주들이 일직선 위에 위치하게 된다.

▶ CATPCA 알고리즘

- **단계1** : 초기화 단계.

  개체점수 X를 임의의 수로 초기화한 후 정규화시킨다.

  $$1_n^t M_* WX = 0, \quad X^t M_* WX = mnI$$

  정규화시킨 개체점수 행렬을 X^+라고 하자.

- **단계2** : 범주 수량화 값의 갱신.

  이 단계에서는 변수들의 척도수준별로 범주 수량화값을 다르게 갱신하는 것이다. 다중변수의 경우 정규화시킨 가중된 개체점수 X_w^+를 이용해 범주에 대한 초기 수량화벡터를 계산한다. 즉,

  $$Y_j = D_j^{-1} G_j^t X_w^+.$$

  각 변수의 척도 특성에 맞추어 변환된 벡터를 y_j^*로 표시하면 다음과 같이 정규화시킨다.

  $$y_j^+ = n^{1/2} y_j^* (y_j^{*t} D_j y_j^*)^{-1/2}$$

  그리고 정규화된 벡터를 이용하여 주성분 부하량을 다음과 같이 갱신한다.

  $$a_j^+ = n^{-1} Y_j^t D_j y_j^+$$

  최종적으로 갱신된 주성분 부하량을 이용하여 다음과 같이 범주 수량화값이 갱신된다.

  $$Y_j^+ = y_j^+ a_j^{+t}$$

- **단계3** : 개체점수의 갱신.

  $$Z \leftarrow \sum_j M_j G_j Y_j^+$$

  그리고 W와 M_*에 대해서 중심화시킨다.

  $$X^* = (I - M_* 1_n 1_n^t W / (1_n^t M_* W 1_n)) Z$$

- **단계4** : 직교정규화(orthonomalization) 과정.

$m^{1/2}M_*^{-1/2}W^{1/2}X^* = K\Lambda^{1/2}L^t$ 의 스펙트럼 분해결과를 이용하여 가중된 개체점수를 직교정규화시킨다.

▪ **단계5** : 수렴조건의 확인

수렴여부를 확인한 후 만족되지 않으면 단계2에서 단계4를 반복한다. 이때 고려하는 통계량은 다중(명목)변수에서 생성되는 적합값과 단일변수에서 생성되는 적합값의 합을 이용한다. 즉,

$$TFIT = (pn)^{-1}\sum_{j \in J} v_j\, tr(Y_j^t D_j Y_j) + \sum_{j \notin J} v_j a_j^t a_j$$

이다. 이 통계량값을 이용하여 설정한 수렴수준 ε 을 만족할 때까지 반복한다.

▪ **단계6** : 회전과 반사

유일한 해가 되도록 스펙트럼 결과를 이용하여 개체점수를 회전(rotation)시키고 수량화점수와 부하량 계수를 반사(reflection)시킨다.

한편 SPSS의 비선형 주성분 분석에서 제공하는 출력 결과들은 다음과 같이 계산된다. 먼저 전체 적합도(total fit) 통계량값은 앞에서 설명한 알고리즘의 단계5에서 정의된 통계량값을 나타낸다. 그리고 총 손실(total loss)은 다음과 같이 다중손실(multiple loss)과 단일손실(single loss)로 나뉘어 계산된다.

▪ 다중손실 :

$$TMLOSS = (m_1 + pm_2) - \Big((np)^{-1}\sum_{j \in J} v_j\, tr(Y_j^t D_j Y_j) + n^{-1}\sum_{j \notin J} v_j\, tr(Y_j^t D_j Y_j)\Big)$$

▪ 단일손실 : $SLOSS = n^{-1}\sum_{j \notin J} v_j\, tr(Y_j^t D_j Y_j) - \sum_{j \notin J} v_j a_j^t a_j$

여기서 m_1은 다중명목척도로 변환되는 변수개수를, m_2는 비다중(명목)척도로 변환되는 변수개수를 나타낸다. 각 차원별 분산 설명력은 2.2절에서 설명한 대로 다음과 같이 계산된다.

▪ 다중명목(multiple nominal) 변수일 경우 :

$$VAF_{1s}(\%) = \frac{1}{n} \sum_{j \in J} v_j \, tr(Y_{js}^t D_j Y_{js}) \times 100 / m_1$$

- 비다중 명목(non-multiple nominal) 변수일 경우 :

$$VAF_{2s}(\%) = \sum_{j \in J} v_j \, a_{js}^2 \times 100 / m_2$$

또한 각 차원별 고유값은 다음과 같이 계산된다.

$$\lambda_s^{1/2} = VAF_{1s} + VAF_{2s}$$

전체 고유값(Total Eigenvalue)은 다중명목변수와 비다중 명목변수일 경우를 고려하여

$$tr(\Lambda^{1/2}) = p^{-1} \sum_s VAF_{1s} + \sum_s VAF_{2s}$$

으로 계산된다.

한편 새로이 결합된 주성분의 내적 일치도를 크론바흐의 알파로 살펴볼 수 있는데 차원별 크론바흐의 알파는 다음과 같이 계산된다.

$$\alpha_s = m(\lambda^{1/2} - 1) / (\lambda^{1/2}(m-1))$$

그리고 전체 크론바흐의 알파는 다음과 같다.

$$\alpha = m\left(\sum_s \lambda_s^{1/2} - 1\right) / \sum_s \lambda_s^{1/2}(m-1)$$

척도 변환 전의 상관계수와 변환 후의 상관계수 행렬은 다음과 같이 계산된다.

$$R = n^{-1} H_c^t W H_c \text{ (변환 전)}, \qquad R = n^{-1} Q^t W Q \text{ (변환 후)}$$

여기서 H_c는 범주값으로 표기된 행렬 H에 대해 중심화된 행렬을 나타내며 Q의 열벡터는 $q_j = G_j y_j$ 이다. 그리고 j번째 변수에 대한 l번째 변수의 사영중심(projected centroids)은

$$Y_l a_j (a_j^t a_j)^{-1/2}$$

이다.

마지막으로 2.2절에서 다룬 사례를 SPSS에서 제공하는 두 개의 알고리즘 CATPCA와 PRINCALS를 이용하여 명령문(syntax)을 작성하면 다음과 같다. 두 명령문의 결과를 비교해보라.(명령문에 대한 상세한 정보는 관련 매뉴얼을 참고하기 바란다.)

- 2.2절 사례분석을 위한 CATPCA와 PRINCALS 명령문

```
CATPCA
  VARIABLES=intnsity frquency blonging proxmity formlity cluster
  /ANALYSIS=intnsity(WEIGHT=1,LEVEL=ORDI)
            frquency(WEIGHT=1,LEVEL=ORDI)
            blonging(WEIGHT=1,LEVEL=ORDI)
            proxmity(WEIGHT=1,LEVEL=ORDI)
            formlity(WEIGHT=1,LEVEL=ORDI)
  /MISSING=intnsity(PASSIVE,MODEIMPU) frquency(PASSIVE,MODEIMPU)
           blonging(PASSIVE,MODEIMPU) proxmity(PASSIVE,MODEIMPU)
           formlity(PASSIVE,MODEIMPU)
  /DIMENSION=2
  /NORMALIZATION=VPRINCIPAL
  /MAXITER=100
  /CRITITER=.00001
  /PRINT=CORR LOADING OBJECT (cluster)
         QUANT(intnsity frquency blonging proxmity formlity)
  /PLOT=BIPLOT(LOADING) (cluster) (20) OBJECT (cluster) (20)
     JOINTCAT(intnsity frquency blonging proxmity formlity) (20).

PRINCALS
  VARIABLES=intnsity (4) frquency (4) blonging (4) proxmity (2)
            formlity (3)  cluster (7)
  /ANALYSIS=intnsity frquency blonging  proxmity formlity
  /DIMENSION=2
  /MAXITER=100
  /CONVERGENCE=.00001
  /PRINT= ALL.
```

3장. 비선형 정준상관분석

(Nonlinear Canonical Correlation Analysis)

3.1 비선형 정준상관분석이란?

3.2 사례분석1 : 설문문항 그룹간 상관관계

3.3 사례분석2 : 누가 환경문제에 관심을 갖는가?

3.4 이론적 고찰

3.1 비선형 정준상관분석이란?

키와 체중이라는 두 개의 연속형 변수간의 상관관계는 피어슨의 상관계수로부터 두 변수간의 직선적 결합 강도를 파악할 수 있다. 그리고 만약 고등학교 때 p개 과목에 대한 수능성적과 q개 과목에 대한 대학 평점간의 관계는 정준상관분석을 통해 이해된다. 이때 정준상관분석은 두 변수 그룹의 상관을 가장 최대화시키는 정준계수벡터를 찾음으로써 해결된다. 즉, 두 그룹의 변수들을 X, Y로 표현한다면

$$\max \ corr(aX, bY)$$

를 만족시키는 정준계수벡터 a, b를 계산하는 것이다. 이때도 물론 두 그룹의 변수군들의 데이터는 연속형인 것을 전제로 한다.

그렇지만 사회과학의 많은 데이터가 특히 인간의 행동이나 심리를 파악하는데는 양적으로 측정되기 보다는 질적으로 측정되기가 쉽다. 그렇다면 질적으로 조사된 두 개 이상의 변수그룹간의 상관정도를 파악하려면 어떻게 해야할까? SPSS에서 제공하는 비선형 정준상관분석이 바로 그와 같이 질적으로 조사된 데이터에 대해 적용할 수 있는 분석방법인 것이다.

가령, 부정부패와 관련된 인간의 인식과 행위간의 상관관계를 알고 싶다고 해보자. 그래서 어떻게 인식하고 있는지를 범주형으로 질문하는 문항 $X_1, X_2, \cdots, X_p$과 실제 응답자의 부정부패 행위에 관한 q개의 설문문항 $Y_1, Y_2, \cdots, Y_q$가 있다고 하자. 이들 데이터는 명목형이나 순서형으로 조사되기가 쉽다. 이와 같은 경우 알고 있는 바를 실천으로 옮기는 행위간의 상관이 어느 정도 되는지에 관심을 가진다면 바로 비선형 정준상관분석을 하면 되는 것이다.

이때도 데이터가 양적 데이터가 아니기 때문에 교대최소제곱법을 이용하여 최적 척도화 알고리즘을 반복하게 된다. 즉, 각 변수의 범주를 나타내는 지표행렬을 이용하여 변수 그룹간의 상관을 최대화시킬 수 있도록 범주에 대한 최적척도화 값을 찾게 된다.

SPSS에서 제공하는 비선형 정준상관분석을 위한 알고리즘은 OVERALS인데 2개 이상의 변수 그룹간의 유사성을 설명하고자 하는 것이다. 선형 정준상관분석과 마찬가지로 저차원 공간에서 변수들간의 관계에서 나타난 분산을 최대한 설명하고자 한다. 그러나 선형 정준상관분석에서 상정하는 구간척도로 제한되거나 관계가 선형적이라는 가정은 필요 없다.

3.2 사례분석1 : 설문문항 그룹간 상관관계

3.2.1 데이터

혼자 사는 사람들은 그렇지 않은 사람들과 생활패턴에서 얼마간의 상관성을 가지고 있을까? 우리나라에서 말많은 강남과 강북지역 주민들은 그들의 라이프 스타일에 있어서 어느 정도의 유사성을 보일까? 또 부자들은 일반 서민과 달리 어떤 생각과 어떤 행동양식에서 차이를 보일까?

<그림 3.1>은 1985년 Verdegaal에 의해 조사된 서베이 데이터로 주로 구독하는 신문, 결혼 유무, 선호하는 음악 장르, 선호하는 거주지 형태, 소유한 애완동물 등이 조사된 결과이다. 그 중 총 8개 항목에 대해 15명이 응답한 결과를 분석에 사용할 것이다. 이 데이터는 변수들을 크게 3개 그룹으로 나누었다. 그 첫 번째 그룹의 변수들은 age와 marital이고 두 번째 변수 군에는 pet, news가, 세 번째 변수군에는 music, live가 속한다. 변수 pet은 다중명목척도로, age는 순서형 척도로, 기타 다른 변수들은 단일 명목척도로 척도화되었다. 그리고 <표 3.1>은 조사된 변수명과 세부 변수값 설명을 테이블로 요약한 것이다.

<그림 3.1> 데이터 (verd1985.sav)

verd1985 - SPSS Data Editor

File Edit View Data Transform Analyze Graphs Utilities Window Help

1 : age 1

	age	marital	pet	news	music	live	math	language
1	1	2	2	3	3	3	3	4
2	2	1	1	3	2	1	3	3
3	2	1	2	3	3	1	1	2
4	2	1	5	3	3	3	3	3
5	2	1	3	2	2	1	1	1
6	4	1	1	3	3	1	3	3
7	1	1	1	4	2	1	2	2
8	2	2	2	2	5	3	2	2
9	1	1	1	2	3	2	2	2
10	10	2	1	2	3	1	1	1
11	9	3	2	2	5	2	1	4
12	8	3	1	4	1	1	2	3
13	10	2	1	2	5	2	1	2
14	5	2	2	3	1	1	1	2
15	8	2	1	4	1	3	3	4

<표 3.1>
변수설명
테이블

변수명	변수 설명	변수값
age	연령	20-25, 26-30, 31-35, 36-40, 41-45, 46-50, 51-55, 56-60, 61-65, 66-70
marital	결혼상태	single, married, other
pet	소유한 애완동물	no, cats, dogs, other than cat or dog, various domestic animals
news	가장 자주 읽는 신문	none, Telegraaf, Volkskrant, NRC, other
music	선호하는 음악장르	classical, new wave, popular, variety, don't like music
live	선호하는 거주지	Town, Village, Countryside
math	수리능력 점수	0-5, 6-10, 11-15
language	어휘능력 점수	0-5, 6-10, 11-15, 16-20

여기서 우리의 관심사는

- 세 변수 그룹간 정준상관계수는 얼마인가?
- 그룹간 상관을 최대화시킨 정준계수는 어떻게 구성되는가?

이다.

3.2.2 비선형 정준상관분석 절차

비선형 정준상관분석을 위해서는 앞장에서와 마찬가지로

Analyze ▶ Data Reduction
▷ Optimal Scaling...

에서 <그림 3.2>의 대화상자와 같이 선택하여 OVERALS가 활성화되도록 한다.

<그림 3.2> 최적척도법에서 모형선택 대화상자

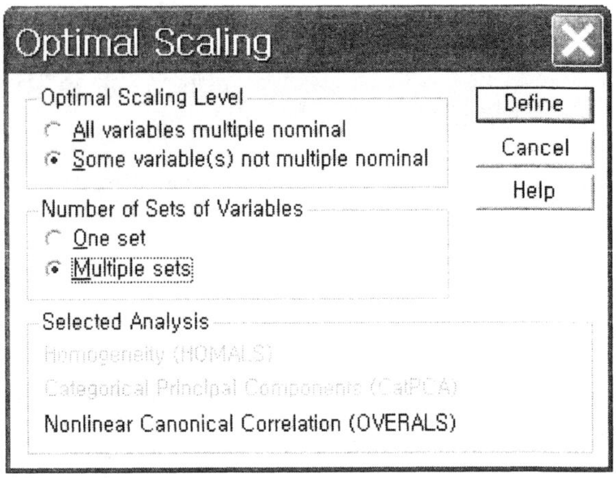

이제 비선형 정준상관분석 대화상자에서 <u>Next</u> 버튼을 이용해서 차례대로 각 그룹에 속하는 변수들을 지정하고 범주값의 범위 및 척도를 지정한다. (참조 <그림 3.3>-<그림 3.5>) 본 사례에서 변수 age는 순서형으로 pet은 다중 명목척도로, 그리고 나머지 변수들은 단일 명목척도로 지정한다.

<그림 3.3> 첫 번째 그룹의 변수 지정

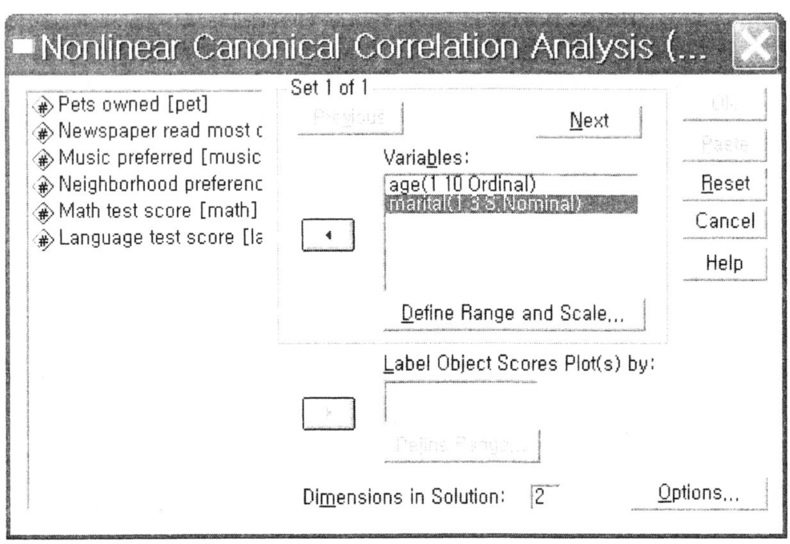

<그림 3.4>
두 번째
그룹의
변수지정

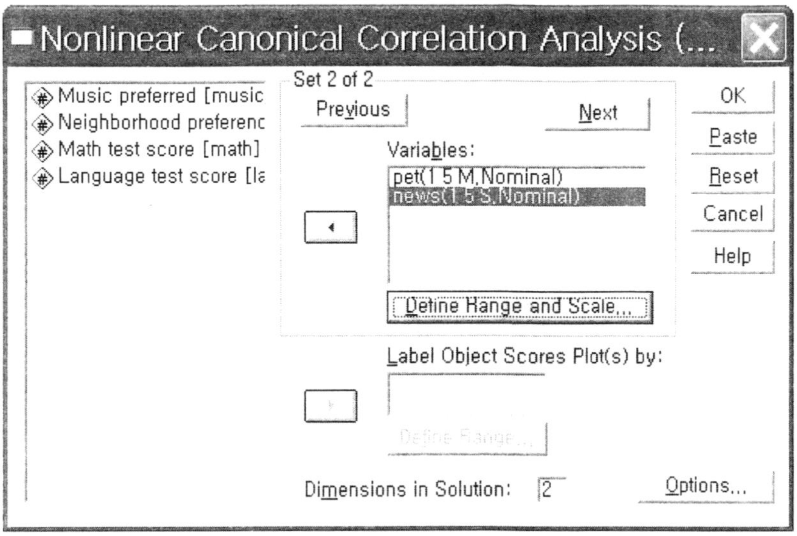

<그림 3.5>
세 번째
그룹의
변수지정

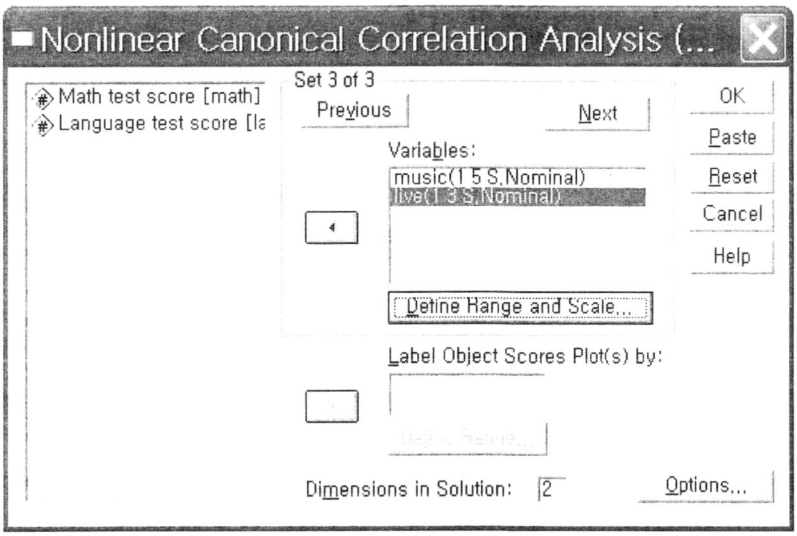

또한 <그림 3.5>의 우측 하단에 있는 Options 탭을 열고 <그림 3.6>과 같이 출력결과에 필요한 통계량 및 플롯들을 선택하도록 한다.

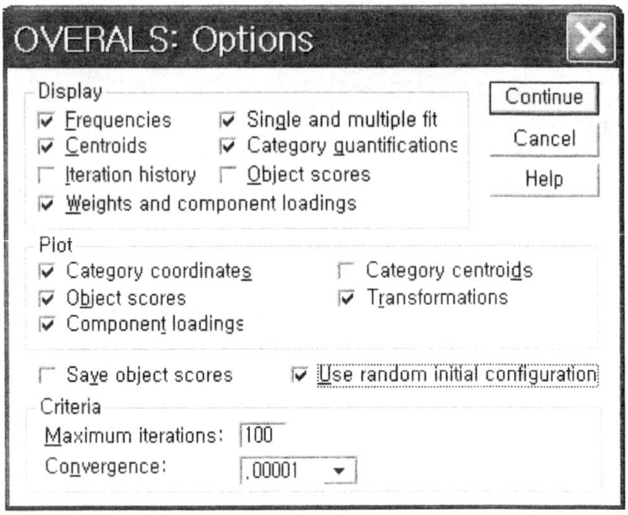

<그림 3.6>
OVERALS
옵션 대화상자

3.2.3 분석결과의 이해

프로그램을 수행시켰을 때 출력결과 창 상단에서 볼 수 있는 것은 각 변수의 범주별 빈도를 정리한 'marginal frequencies(주변 빈도)'이다. 이 테이블은 분석데이터에 결측값이 포함되어 있을 경우 눈여겨보아야 한다. 왜냐하면 결측값이 있는 범주들은 해(solution)를 산출하는데 중요한 역할을 하기 때문이다.

두 번째로 중요하게 살펴볼 결과는 <그림 3.7>의 개체 점수(object score) 플롯이다. 이 플롯을 통해 최적 척도화 계산에 크게 영향을 미치는 특이값의 존재유무를 검토해야한다. 만약 특이값이 발견되었을 경우에는 데이터로부터 특이값을 제외시킨 후, 비선형 정준상관분석을 다시 수행하도록 한다. 또는 결합시킬 수 있는 범주가 있다면 몇 개의 범주를 묶어서 분석할 수 있겠다. <그림 3.7>의 개체 점수 플롯에서는 특이점이 존재한다고 보기 어렵다.

<그림 3.7>
개체 스코어
플롯

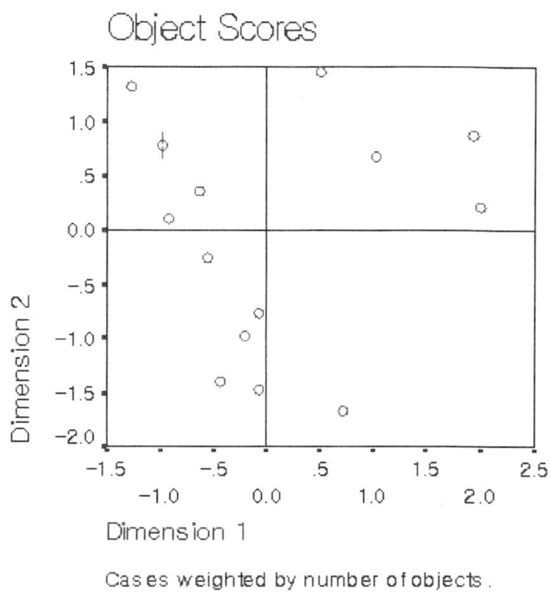

이제 <표 3.2>의 요약테이블로부터 비선형 정준상관분석이 얼마나 잘 적합되었는지 살펴보자. 그런데 <표 3.2>에서 손실(loss)은 데이터를 적합시킴으로써 발생한 것으로 차원(dimension)과 변수군(set)으로 분할되어 있다. 각 차원과 변수군에 대한 손실은 해당 변수군에서의 변수들의 가중결합에 대한 설명은 하지 못하지만 개체점수의 상대적 변이를 설명한다. 따라서 이 테이블에서 평균 손실은 'Mean'에 표현된 것으로 0.464이다. 또한 첫 번째 차원(0.199)보다 두 번째 차원(0.265)에서 손실이 더 컸음을 알 수 있다.

각 차원에 대한 고유값은

1- 해당차원에 대한 평균 손실

로 표현된다. 이는 얼마나 관계가 각 차원에서 잘 표현되는지를 나타낸다. 각 차원에서의 고유값을 모두 합한 값이 'Fit'에 나타난 1.536이다. 이 데이터의 경우, 실제 첫 번째 차원에 의해서 설명되어지는 분산비는 0.801/1.536 =0.52로 약 52%임을 알 수 있다. 두 번째 차원은 손실이 더 커서 약 48%정도만 설명되었다.

<표 3.2>
분석 요약

Summary of Analysis

		Dimension 1	Dimension 2	Sum
Loss	Set 1	.240	.183	.423
	Set 2	.184	.408	.593
	Set 3	.171	.205	.376
	Mean	.199	.265	.464
Eigenvalue		.801	.735	
Fit				1.536

<표 3.2>에서 적합값(Fit)의 최대값은 축약시키는 차원 수와 일치하게 된다. 따라서 만약 차원과 동일한 최대 적합값을 얻었다면 고려한 차원에서 관계가 완벽하게 표현된 것을 의미한다. 모든 변수군과 차원에 대한 평균 손실(average loss)은 최대 적합값(maximum fit)과 실제 적합값(actual fit)간의 차이를 나타낸다. 따라서

$$\text{실제 적합값} + \text{평균 손실} = \text{차원 수}$$

이다.

이제 변수 그룹간의 연관성을 나타내는 통계량을 살펴보자. 이에는 선형 결합된 변수그룹과 개체점수간의 다중상관(multiple correlation)이 있다. 만약 어떤 변수 그룹에 다중명목척도 변수들이 없다면 각 변수들에 대한 가중치(weight)와 성분부하량(component loading)을 곱해서 이를 계산해야한다.

다음은 그 예이다. 즉, 다중상관 R은 <표 3.3>의 변수 age와 marital에 대한 가중치와 성분부하량을 이용해서 다음과 같이 계산된다.

$$\begin{aligned} R &= \sqrt{(0.680 \times 0.834) + (0.296 \times 0.651)} \\ &= \sqrt{0.5671 + 0.1926} \\ &\fallingdotseq 0.8716 \end{aligned}$$

그리고 각 차원에 대해

$$1 - \text{손실} = R^2$$

와 같이 나타내지는데 <표 3.2>의 첫 번째 변수군의 차원1에 대해서 살펴보면

$$1-0.240=0.760$$

로 이는 0.8716^2임을 알 수 있다.

결론적으로 손실이 작을 경우 최적 척도화된 변수들의 가중치와 차원간의 다중상관은 크게 나타난다. 여기서 다중명목척도 변수일 경우 이에 해당되는 가중치는 유일하지 않다(not unique). 왜냐하면 다중명목척도 변수들에 대해서는 각 변수군마다 '1-손실'을 적용하기 때문이다.

<표 3.3>
가중치(상)
성분부하량(하)

Weights[a]

Set		Dimension 1	Dimension 2
1	Age in years	.680	.789
	Marital status	.296	-1.016
2	Newspaper read most often	-.845	-.361
3	Music preferred	.631	-.749
	Neighborhood preference	-.484	-.780

a. Multiple nominal variables are not included in the table.

Component Loadings

Set				Dimension 1	Dimension 2
1	Age in years[a,b]			.834	.259
	Marital status[c,b]			.651	-.604
2	Pets owned[d,e]	Dimension	1	.397	-.431
			2	-.277	.680
	Newspaper read most often[c,b]			-.667	-.391
3	Music preferred[c,b]			.786	-.500
	Neighborhood preference[c,b]			-.687	-.540

a. Optimal Scaling Level: Ordinal
b. Projections of the Single Quantified Variables in the Object Space
c. Optimal Scaling Level: Single Nominal
d. Optimal Scaling Level: Multiple Nominal
e. Projections of the Multiple Quantified Variables in the Object Space

또 다른 통계량으로 변수군 간의 정준상관계수를 살펴보자. 정준상관은 고유값과 관련이 있기 때문에 더 이상의 추가적인 정보는 제공하지 않는다. 비선형 정준상관분석 결과에는 정준상관계수가 포함되어 있지 않으므로 다음과 같이 계산한다.

$$\rho_d = 2\lambda_d - 1$$

여기서 d는 차원을, λ는 고유값을 나타낸다. 2개 이상의 변수군에 대해 이 식을 확장시키면 다음과 같이 적용시킬 수 있다.

$$\rho_d = ((k\lambda_d) - 1)/(k-1)$$

여기서 k는 변수군의 개수를 나타낸다. 따라서 제1 정준상관계수와 제2 정준상관계수는 각각

$$\rho_1 = ((3 \cdot 0.801) - 1)/2 = 0.7015$$

$$\rho_2 = ((3 \cdot 0.735) - 1)/2 = 0.6025$$

과 같이 계산된다.

<표 3.4>의 적합(Fit) 결과는 각 변수 셋에 대한 손실이 비선형 정준상관분석에서 여러 가지 방법으로 분할되어짐을 나타낸다.

<표 3.4> 적합값

Fit

Set		Multiple Fit			Single Fit			Single Loss		
		Dimension			Dimension			Dimension		
		1	2	Sum	1	2	Sum	1	2	Sum
1	Age in years[a]	,494	,676	1,170	,462	,622	1,085	,032	,054	,085
	Marital status[b]	,089	1,033	1,122	,088	1,033	1,120	,001	,000	,001
2	Pets owned[c]	,402	,439	,841						
	Newspaper read most often[b]	,724	,187	,911	,714	,130	,844	,010	,057	,067
3	Music preferred[b]	,421	,577	,998	,398	,561	,960	,022	,016	,039
	Neighborhood preference[b]	,234	,609	,843	,234	,608	,843	,000	,000	,000

a. Optimal Scaling Level: Ordinal

b. Optimal Scaling Level: Single Nominal

c. Optimal Scaling Level: Multiple Nominal

여기서

다중적합(multiple fit) - 단일적합(single fit) = 단일손실(single loss)

의 관계를 가진다.

단일손실(single loss)은 변수들을 단일 명목이나 단일 순서형과 같이 하나의 셋으로 제한하여 수량화시킬 때 발생하는 손실을 나타낸다. 만약 단일 손실이 크다면 변수들을 다중 명목척도로 처리하는 것이 더 낫다. 그러나 <표 3.4>의 결과에서는 단일 손실과 다중 손실이 거의 같다. 이는 다중 좌표(multiple coordinates)가 가중치로 주어진 방향에 놓여 있는 직선 위에 거의 모두 위치하고 있음을 의미한다.

다중적합(multiple fit)은 각 변수에 대한 다중 범주 좌표의 분산을 나타낸다. 이는 5장에서 설명할 중대응분석(homogeneity analysis)에서 나오는 판별측도(discriminant measure)와 유사하다. 따라서 다중적합 결과를 통해 어떤 변수들이 더 잘 판별되는지를 검토할 수 있다.

<표 3.4>에서 변수 marital과 news를 예를 들어보자. 다중적합에서 각 차원에 대한 합계를 살펴보면 marital에 대해서 다중적합값의 합은 1.122이고 news에 대해서는 0.911이다. 따라서 marital이 news보다 더 잘 판별되는 변수라고 할 수 있다.

단일적합(single fit)은 각 변수에 대한 가중치를 제곱한 값으로 단일 범주 좌표의 분산을 나타낸다. 결과적으로 가중치는 단일 범주좌표의 표준편차와 같다. <표 3.4>에서 news의 경우 첫 번째 차원에서 잘 판별되고 있고 변수 marital은 두 번째 차원에서 잘 판별되고 있다. 이는 news의 범주값이 차원2보다는 차원1에서 더 멀리 떨어져 있음을 나타낸다. 한편 age는 두 차원 모두에서 잘 판별되고 있고 따라서 범주의 산포도 0.494, 0.676으로 두 차원에 대해 news나 marital만큼 큰 차이를 보이고 있지 않다.

다음은 성분부하량 플롯에 대해서 살펴보자. 결측이 없을 경우, 성분 부하량은 수량화된 변수들과 개체점수(object score)간의 피어슨 상관계수와 일치한다. 또한 원점으로부터 각 변수까지의 거리는 해당 변수의 중요도로 근사된다. <그림 3.8>의 성분부하량 플롯을 살펴보면 변수들간의 관계가 뚜렷하다.

<그림 3.8>
성분부하량
플롯

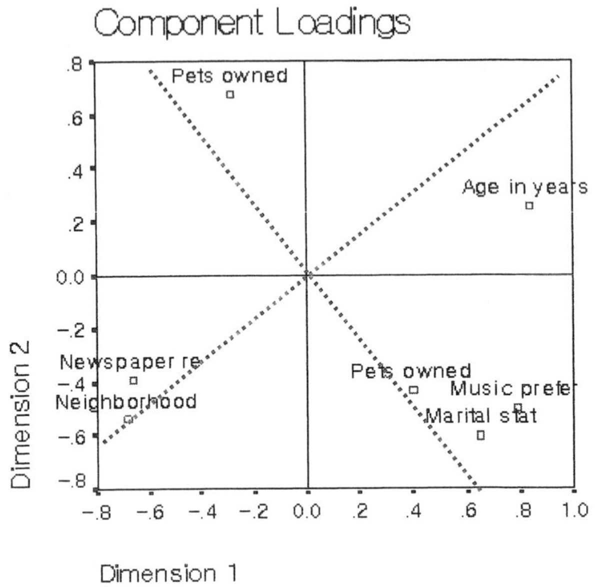

한 축은 age, news, live에 의해 결정되고 있고 다른 한 축은 marital, music과 pet에 의해 결정되고 있다. 변수 pet은 다중 명목척도 변수이고 2차원을 고려하고 있으므로 두 곳에 위치하고 있다. 각 수량화 값은 단일 변수처럼 해석된다.

이제 변환플롯(transformation plot)을 살펴보자. 각 변수에 대한 서로 다른 범주 값은 수량화시 제약을 가해서 척도화된다. 변환플롯은 지정한 최적척도수준에 따른 수량화값과 원래 범주간의 관계를 보여준다.

<그림 3.9>의 명목형으로 척도화된 변수 live에 대한 변환플롯을 살펴보자. 명목측도로 다루어진 live에 대한 변환플롯은 'U'자 모양을 보여주고 있다. 이런 패턴은 원래 변수와 최적변환된 변수간에 2차 관계가 있음을 나타내는 것이다.

이와 대조적으로 <그림 3.10>의 news에 대한 변환플롯은 관측된 3개 범주에 대해 증가하는 경향을 보여주고 있다. 첫 번째 범주가 가장 낮게 수량화되었고 두 번째 범주가 이보다 높게 수량화되었다. 비록 변수는 명목형으로 측정되었지만 범주의 순서성이 수량화 결과 나타났다.

<그림 3.9>
변환플롯

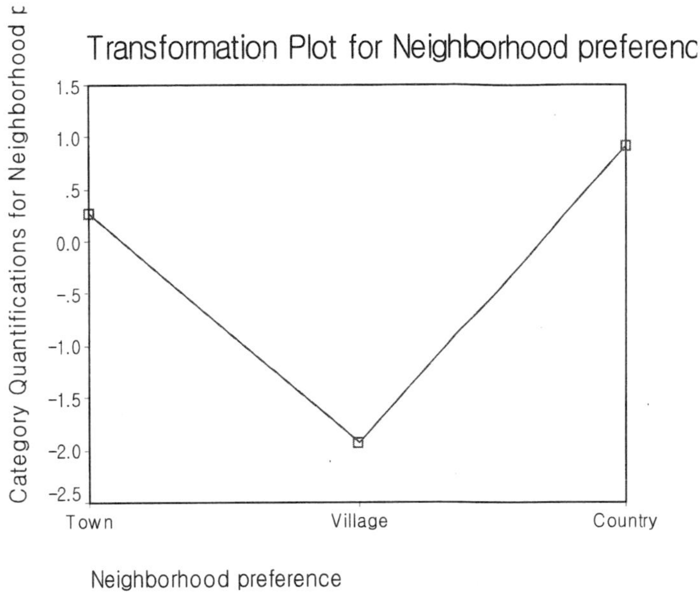

<그림 3.10>
변환플롯

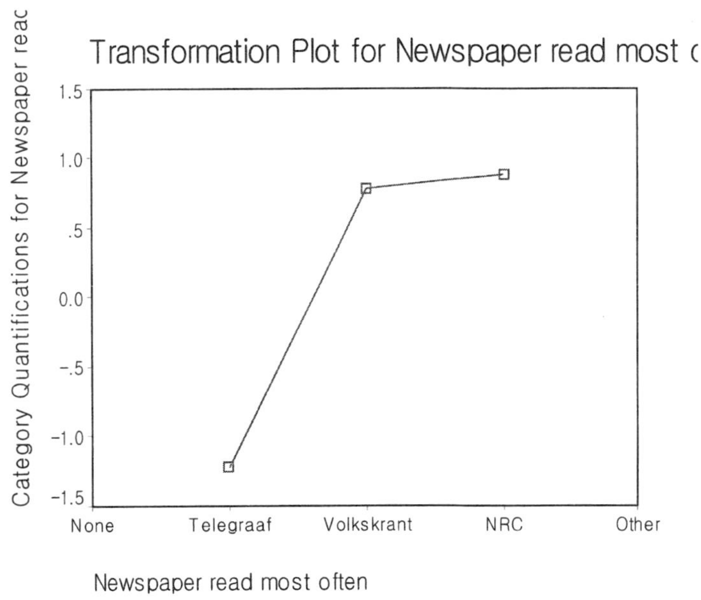

한편 age에 대한 변환플롯 <그림 3.11>은 'S'자 모양을 나타내고 있다. 4개의 관측된 범주는 동일한 음의 척도화된 값을 가지고 있고 이와 반면에

고령을 나타내는 2개의 연령범주에 대한 최적 척도화된 값은 양의 값을 나타내고 있다. 결론적으로 50세 이하의 연령군은 동일 연령군으로 묶고 고령의 2개 범주를 동일 연령군으로 묶는 시도가 필요하다고 할 수 있다. 비록 age가 순서형으로 다루어졌지만 변환플롯에서는 적절한 순위를 나타내지 못하고 있다. 더욱이 수치형(numerical)으로 취급한다면 범주간의 거리가 유지되어 적합값이 감소할 것으로 보인다.

<그림 3.11>
변환플롯

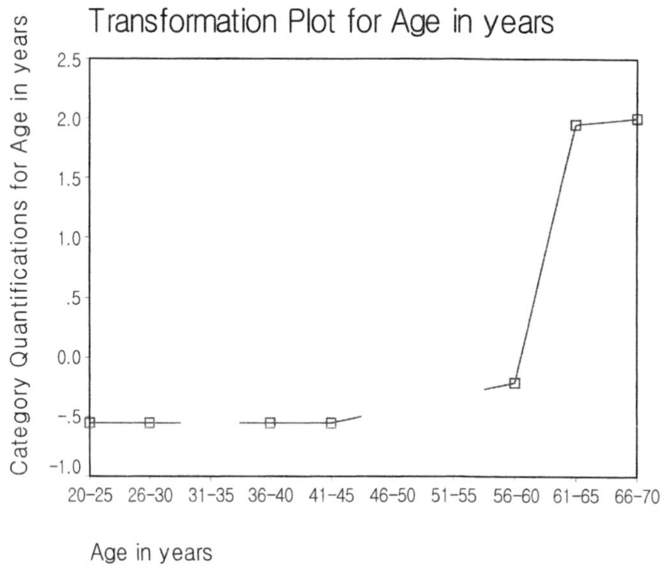

이제 단일범주좌표(single category coordinates)와 다중범주좌표(multiple category coordinates)에 대해서 살펴보도록 하자. 모든 변수들은 단일 명목, 순서형, 수치형 등으로 간주되면서 수량화 단일범주좌표, 다중범주좌표가 결정된다. <표 3.5>의 변수 age에 대한 수량화 값을 살펴보자.

<표 3.5>
단일, 다중
범주 좌표
(age)

Age in years[a]

	Marginal Frequency	Quantification	Single Category Coordinates		Multiple Category Coordinates	
			Dimension		Dimension	
			1	2	1	2
20-25	3	-.554	-.377	-.437	-.192	-.139
26-30	5	-.554	-.377	-.437	-.404	-.623
31-35	0	.000				
36-40	1	-.554	-.377	-.437	-.318	-.733
41-45	1	-.554	-.377	-.437	-.356	-.534
46-50	0	.000				
51-55	0	.000				
56-60	2	-.209	-.142	-.165	-.435	.087
61-65	1	1.947	1.324	1.536	1.710	1.204
66-70	2	2.006	1.364	1.583	1.215	1.711
Missing	0					

a. Optimal Scaling Level: Ordinal

원래 각 범주에 관측된 빈도가 없다면 해당 범주는 0으로 수량화된다. 여기서는 31-35세, 46-50세, 51-55세 범주가 이에 해당된다. 척도화될 때 이들 범주들은 계산에 영향을 미치지 않기 때문이다.

다중명목 변수의 경우 각 범주는 각 차원별로 다르게 최적화된다. 그리고 나머지 변환 유형에 대해서는 차원을 구별하지 않고 하나의 범주는 오직 한 개의 수량화 값으로만 변환된다.

단일범주 좌표는 개체공간에 놓인 한 직선 위에 해당 범주가 어디에 위치해 있는지를 나타낸다. 이것은 수량화값과 가중치를 곱한 값과 일치한다. 예를 들어 <표 3.5>에서 단일범주 좌표 중 56세-60세에 해당되는 범주 8을 보면 좌표값은 (-0.142, -0.165)로 이는 가중치가 곱해진 수량화값이다.

<표 3.5>에서 단일 명목척도, 순서척도, 수치형으로 취급한 변수에 대한 다중범주좌표는 순서성 제약이나 선형성 제약이 가해지기 이전의 개체공간에 있는 범주좌표를 나타낸다. 이들 값들은 제약이 없이 손실을 최소화시킨 결과이다. 다중명목 변수의 경우, 이들 좌표들은 범주의 척도화 결과를 나타낸다.

원래 범주와 척도화된 변수간의 관계에 제약을 가한 효과는 단일범주좌표와 다중범주좌표를 비교함으로써 알 수 있다. 차원1에서 age에 대한 다중

좌표는 범주 2까지 감소하다 범주 8까지는 거의 같은 수준을 유지한다. 그리고 범주9에서 증가한다. 이와 유사한 패턴은 차원2에서도 나타난다. 그런데 이런 양상은 순서성 제약이 가해진 단일범주좌표에서는 찾아볼 수 없다. 두 차원 모두에서 좌표값이 감소하지 않는다. 이와 같은 서로 다른 구조는 명목척도로 취급하는 것이 더 적절함을 나타낸다.

다음으로 중심(centroids)과 사영중심(projected centroids)에 대해서 살펴보도록 하자. <그림 3.12>는 각 변수별로 범주중심을 나타낸 플롯이다. 이 플롯은 '중대응분석'에서의 범주수량화 플롯이나 비선형 주성분분석에서 살펴본 다중범주좌표와 같이 해석하면 된다. 즉, 이 플롯 자체로부터 변수들이 개체들을 얼마나 잘 그룹으로 분류하고 있는지를 살펴볼 수 있다. 물론 여기서 중심은 개체들의 가중중심을 나타낸다.

<그림 3.12>
중심(centroids) 플롯

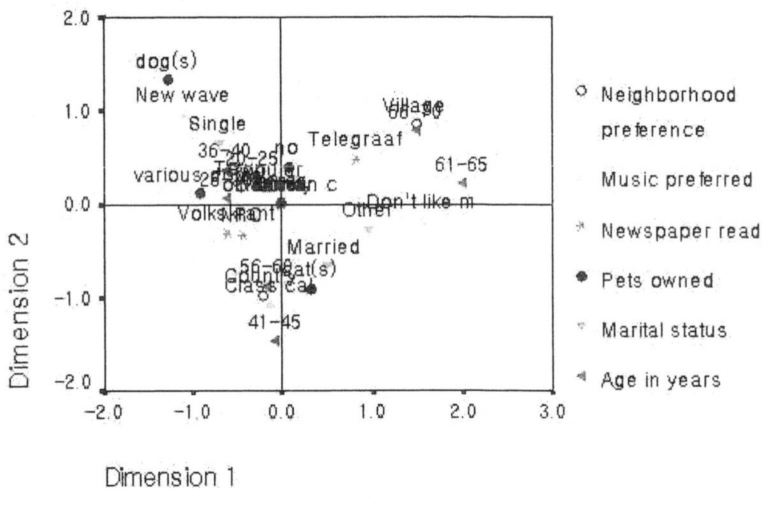

한편 사영중심은 개체공간에 있는 한 직선 위에 위치하게 된다. <그림 3.13>에서 <그림 3.15>까지의 각 플롯에 실제 중심(actual centroids)과 사영중심이 표시되어 있다. 실제중심은 주성분 부하량으로 정의된 벡터 위에 사영시킨 것이다. 이들 벡터들은 사영중심과 실제중심을 구분하는데 도움을 주기 위해 첨가되었다. 사영중심은 원점을 지나는 2개의 참조선에 의해 나누어진 4개의 사분면 가운데 하나에 위치하게 된다. 단일명목, 순서형, 수치형 변수의 방향에 대한 해석은 사영중심의 위치로부터 가능하다. 예를 들어 변수 news의 경우 단일명목으로 처리되었는데 <그림 3.14>의 사영중심은 소수 인텔리 독자나 카톨릭 계열의 사람들에게 지지를 받고 있는 'Volkskrant(폭스그란트)'와 'NRC' 일간지가 오락성이 강한 'Telegraaf(텔레그라프)'와 대비를 이루는 것을 보여주고 있다[1].

age의 경우 사영중심으로부터 문제가 보다 명확해진다. age를 순서형으로 다루는 것은 연령그룹의 순서성을 내포하는 것이다. 이러한 제약을 만족시키기 위해 45세 이하의 모든 연령그룹이 같은 위치에 놓이게 되었다. 따라서 age, news, live에 의해 정의된 방향을 살펴보면 보다 젊은 연령군이 더 이상 세분화되지 않는다. 이런 결과는 변수 age를 '명목형'으로 다루어야 한다는 것을 암시하는 것이다.

변수들간의 관계를 이해하기 위해서는 특정 범주가 어떤 범주군으로 묶이는가를 이해해야한다. 1사분면과 3사분면을 통해 이들 세 변수간의 관계를 살펴볼 수 있다. 우선 1사분면을 살펴보면 age에서는 장년층(61-65, 66-70) 그룹이 위치하고 있고 이들이 주로 보는 신문은 '텔레그라프'이며 이들이 선호하는 주거형태는 'village(시골)'라고 할 수 있다. 또한 3사분면 위주로 살펴보면 청년층이나 중년층의 연령대 그룹이 선호하는 신문은 '폭스그란트'나 'NRC'이며 이들이 원하는 주거형태는 'country(지방)'나 'town(도시)'이라고 할 수 있다. 그러나 이 플롯으로는 청년층 그룹을 보다 세분화시켜 특성을 이야기하기는 어렵다.

1) 한델스블라트(NRC Handelsblad)는 소수 인텔리 독자를 겨냥한 네델란드의 주요 일간시이고 폭스 그란트(Het Volkskrant)는 카톨릭 계열의 신문임. 텔레그라프(De Telegraaf)는 오락성이 강한 신문임.

<그림 3.13>
연령에 대한
중심플롯

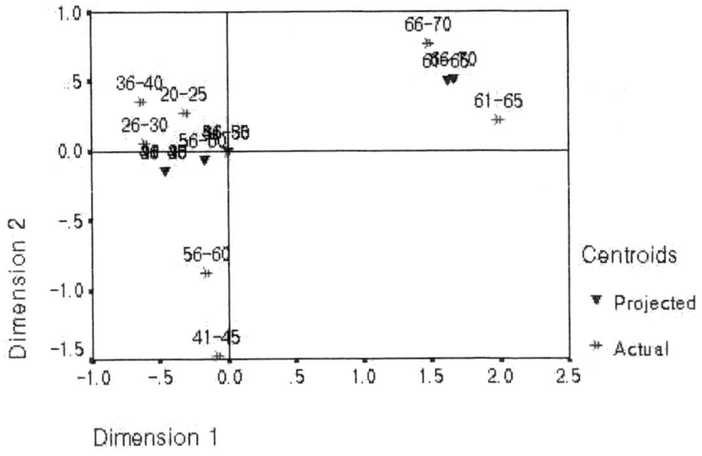

<그림 3.14>
신문에 대한
중심플롯

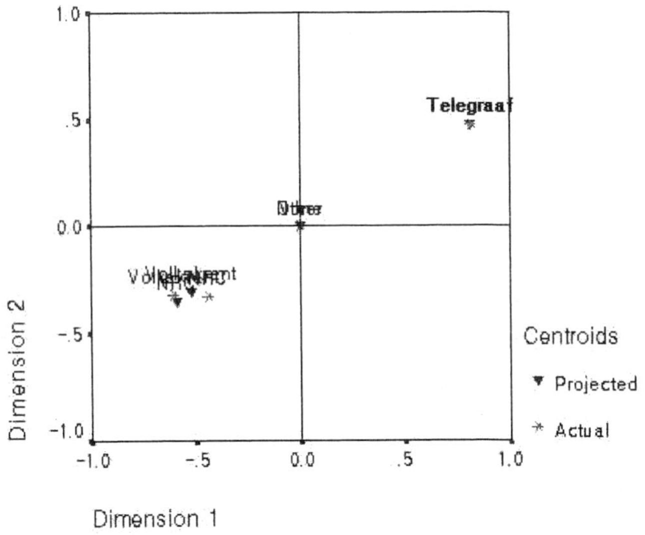

<그림 3.15>
선호 거주지에 대한 중심플롯

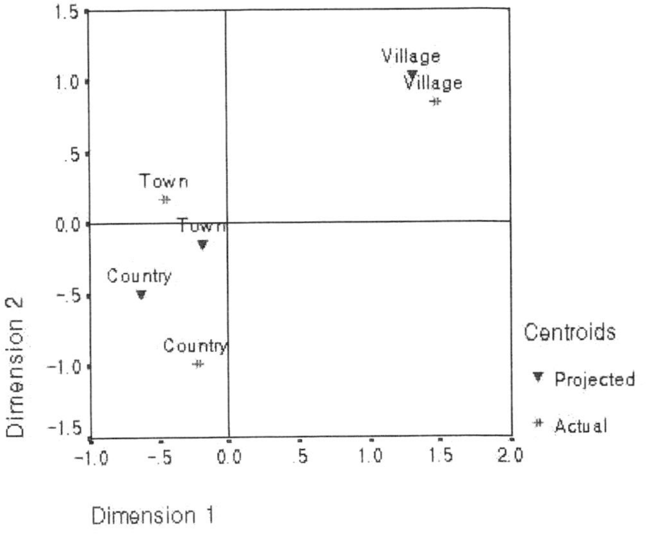

같은 유형의 해석이 music과 marital, pet과 같은 다른 변수들에 대해서도 적용될 수 있다. <그림 3.16>부터 <그림 3.18>을 살펴보면 독신자들은 개를 키우는 경향이 있고 뉴웨이브 음악을 좋아한다. 반면에 결혼했거나 그 밖의 범주에 속한 사람들은 고양이를 키운다. 그리고 결혼한 사람들은 고전음악을 좋아하지만 그 밖의 범주에 속한 사람들은 음악을 좋아하지 않는다고 할 수 있다.

<그림 3.16>
결혼에 대한
중심플롯

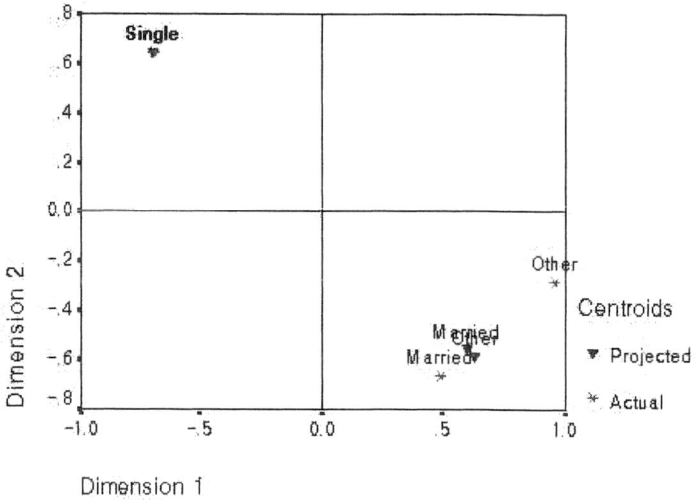

<그림 3.17>
애완용 동물에
대한 중심플롯

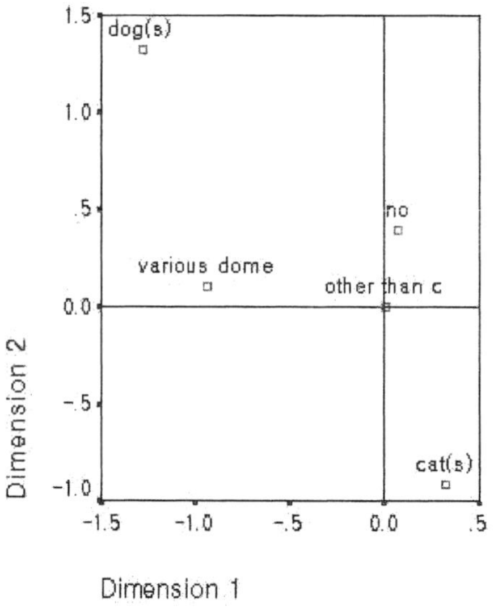

<그림 3.18>
음악에 대한
중심플롯

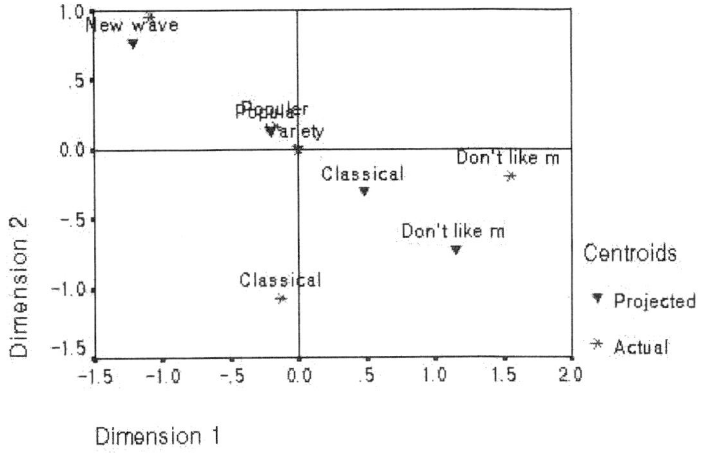

이제 청년층 연령그룹이 보다 세분화되지 않은 문제를 해결하기 위해 변수 age를 단일명목으로 분석해보자.

<표 3.6>
모형요약(상)
변수별
적합값(하)

Summary of Analysis

		Dimension		
		1	2	Sum
Loss	Set 1	,249	,115	,363
	Set 2	,176	,408	,584
	Set 3	,157	,205	,363
	Mean	,194	,243	,436
Eigenvalue		,806	,757	
Fit				1,564

Set		Multiple Fit			Single Fit			Single Loss		
		Dimension			Dimension			Dimension		Sum
		1	2	Sum	1	2	Sum	1	2	
1	Age in years[a]	,246	1,197	1,443	,195	1,188	1,384	,051	,008	,059
	Marital status[a]	,273	1,136	1,409	,272	1,135	1,407	,001	,000	,002
2	Pets owned[b]	,530	,392	,921						
	Newspaper read most often[a]	,639	,185	,824	,631	,149	,780	,008	,036	,044
3	Music preferred[a]	,604	,438	1,041	,603	,437	1,040	,000	,001	,001
	Neighborhood preference[a]	,075	,822	,897	,075	,822	,897	,000	,000	,000

a. Optimal Scaling Level: Single Nominal
b. Optimal Scaling Level: Multiple Nominal

<표 3.6>의 고유값과 적합값은 근소한 차이이긴 하지만 연령을 순서형으로 취급하고 분석한 <표 3.2>의 결과보다 향상되었다. 그리고 <표 3.4>의 결과와 달리 age는 2축에서 보다 더 판별력을 지니는 것으로 판단되며 이런 양상은 다중적합이나 단일적합 모두에서 발견된다. 더욱이 <그림 3.19>를 살펴보면 40세까지 감소하다 증가하는 추세를 나타내는 U자 모양의 패턴을 보여주고 있다. 그리고 마지막 2개의 연령그룹은 거의 비슷한 값으로 척도화되었다. 따라서 이들 그룹은 묶어서 분석하는게 좋을 것으로 판단된다.

<그림 3.20>의 live에 대한 플롯은 age를 명목형으로 취급한 것에 의해 아무런 영향을 받지 않았다. 그러나 <그림 3.21>의 news에 대한 플롯은 <그림 3.10>과 달리 계속 증가하는 추세를 나타내고 있지 않다. age가 명목형으로 다루어지면서 <그림 3.10>에서 보이던 증가추세의 패턴을 제거시킨 셈이다.

<그림 3.19>
연령에 대한 변환플롯

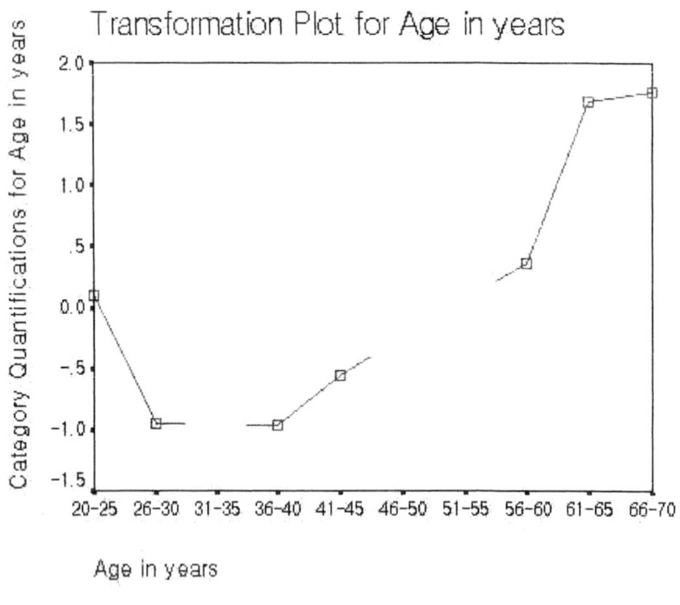

<그림 3.20>
선호 거주지에 대한 변환플롯

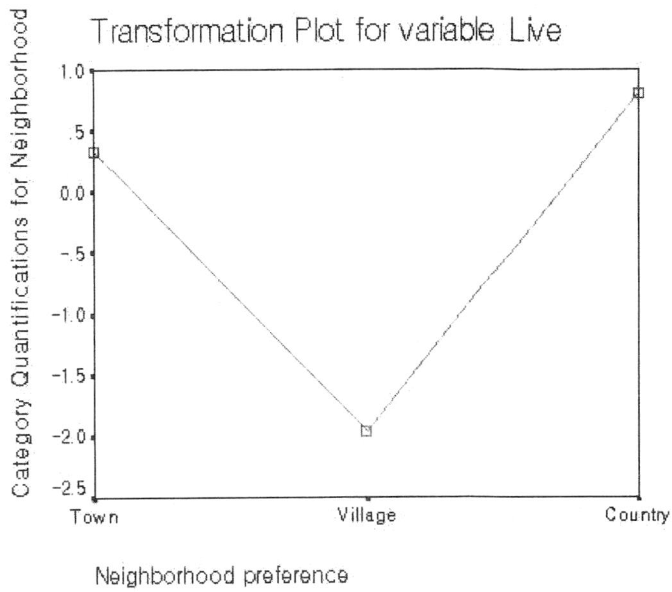

<그림 3.21>
신문에 대한 변환플롯

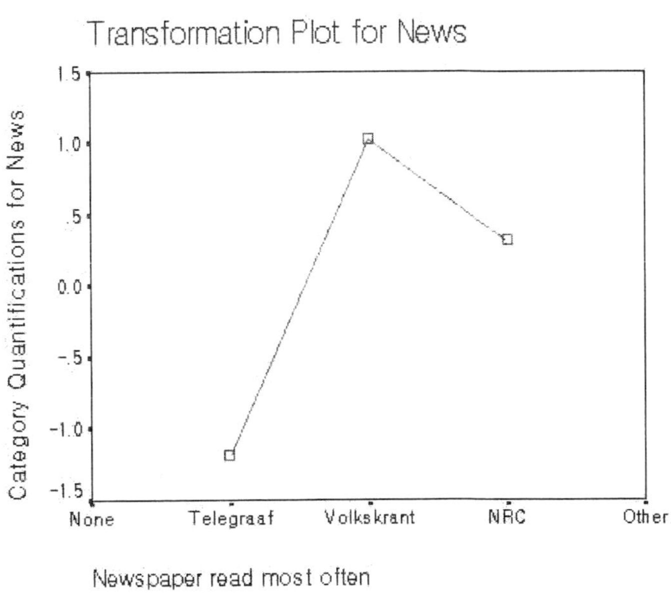

<그림 3.22>의 age에 대한 중심플롯을 살펴보면 <그림 3.13>과 달리 연령그룹이 보다 세분화되었음을 알 수 있다. 즉, 20-25세 연령그룹이 중간쪽에 위치하고 있다. 범주들의 산포가 순서형으로 다룬 <그림 3.13>의 결과보다 더 증가되었음을 알 수 있다.

<그림 3.22>
연령에 대한
중심플롯

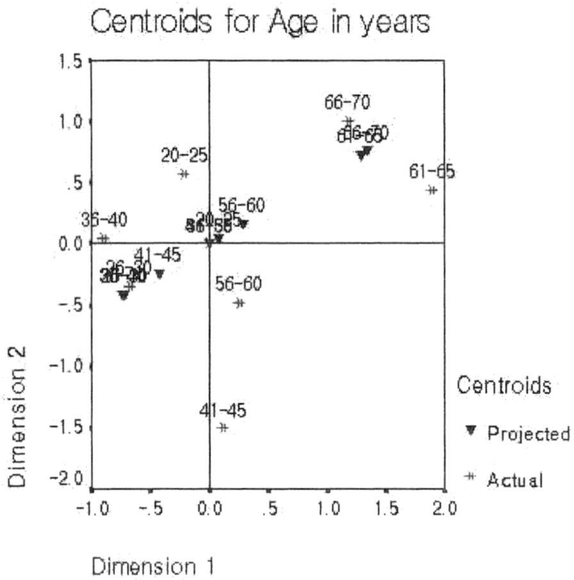

<그림 3.23>
모든 범주들에
대한 중심플롯

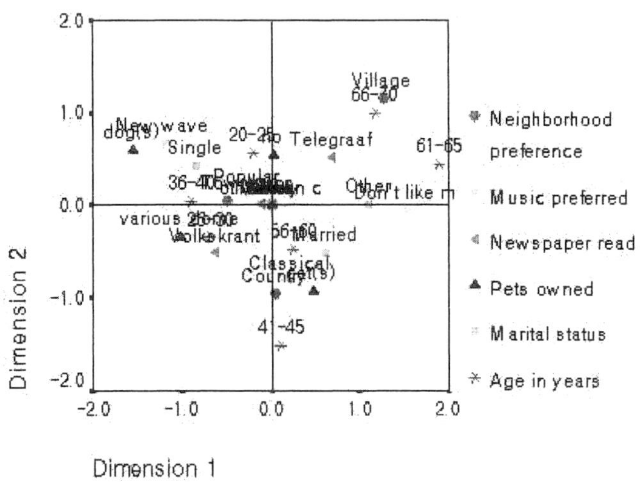

<그림 3.23>을 살펴보면 '폭스그란트'나 'NRC'의 위치가 <그림 3.12>보다 멀리 떨어져 있고 따라서 각각 해석이 가능하겠다. 즉, 26-45세 사이의 연령그룹은 '폭스그란트' 신문을 구독하며 'country(지방)'를 선호한다. 반면에 20-25세 연령군과 56-60세 연령군은 'NRC' 신문을 읽는데 20-25세 연령군은 'town(도시)'을 선호하고 56-60세 연령군은 'country(지방)'를 선호하는 것으로 보인다. 그리고 61-70세 연령군은 '텔레그라프' 신문을 읽으며 'village(시골)'를 선호하는 것으로 해석할 수 있다.

3.3 사례분석2 : 누가 환경문제에 관심을 갖는가?

3.3.1 데이터

자료에 의하면 한국 주요 도시의 대기오염도는 아황산가스인 경우 70년대에 급속히 악화되어 서울은 1977년부터, 부산・인천・대구는 각각 1979년, 1984년 및 1985년이래 1990년까지 환경기준인 0.05ppm을 웃돌았다고 한다. 또한 93년 한국의 도로변 환경소음실태 조사결과에 의하면 주요 산업도시(서울・부산・광주・대전・대구)에서 하루 종일 환경기준을 초과하고 있다고 보고하고 있다.

그런데 대기오염이 심각한 곳은 암발생률과도 상관이 높은 것으로 연구되고 있다. 자동차 배기가스와 소각로 등에서 배출되는 휘발성유기물질(VOC) , 다이옥신 등이 대기 속에 다량 함유돼 있다 체내에 흡수되기 때문인 것으로 보고 있다.

한편 소음공해는 어떨까? 소음이란 사람이 원하지 않는 소리를 총칭하는 것으로, 소음진동규제법에서는 기계, 기구, 시설, 기타 물체의 사용으로 인하여 시끄러운 소리를 의미한다. 귀로 느끼는 감각공해로 생활을 방해하거나 불쾌한 소리로서 인간이 원하지 않는 소리, 각자의 심신 상태 등 환경조건에 따라 모든 소리가 주관적인 판단에 의해 소음이 될 수 있다. 소음의 세기는 dB(데시벨)로 나타내며, 인체에 해를 끼치지 않을 정도의 소음을 소음의 허용 기준이라 한다. 소음의 허용 기준은 지역에 따라 다르며, 낮 동안에 일반 지역에서는 50 - 70dB로 정해져 있다. 일반 사람들이 허용 기준값을 넘는 소음을 1개월 이상 지속적으로 들을 경우, 쉽게 피로감을 느끼고 청각 장애를 일으킨다고 한다. 소음 레벨이 클수록 영향을 크게 받는 것은 당연하다. 또 소음의 주파수 성분이 저주파보다는 고주파 성분이 많을 때 크게 영향을 받으며, 지속 시간이 길수록 더 많은 영향을 준다고 한다.

그렇다면 이와 같은 환경문제에 누가 관심을 가지고 있을까? 또 어떤 사람들이 환경오염문제로부터 피해를 입었을까? 그 특성을 분석해보기로 하

자. <그림 3.24>는 수도권 대기오염에 대한 설문조사 데이터이다.(출처: www.spss.co.kr)

<그림 3.24> 수도권 대기오염에 대한 설문조사

	id	sq1	sq2	sq3	v1	v2	v3_1
1	1	6	2	42	2	3	2
2	3	6	2	32	3	4	2
3	4	6	2	44	2	2	2
4	8	5	2	52	2	2	2
5	9	5	2	62	2	3	2
6	10	5	2	42	2	2	1
7	16	8	1	26	2	3	2
8	19	3	1	26	2	2	1
9	21	4	1	30	2	2	1
10	23	4	2	64	2	2	2
11	26	2	2	38	2	2	2
12	27	2	2	31	3	1	1
13	28	2	2	48	1	2	1
14	29	5	2	53	1	1	2
15	30	5	1	59	1	1	2

여기서 조사한 항목들 중 분석에 사용한 변수와 범주 내용은 다음과 같다.

- 환경문제에 대한 관심정도(V1)
  - (1) 매우 관심 있음 (2) 어느 정도 관심 있음
  - (3) 별로 관심 없음 (4) 전혀 관심없음
- 거주지의 대기오염 정도(V2)
  - (1) 매우 심각 (2) 어느 정도 심각
  - (3) 별로 심각하지 않음 (4) 전혀 심각하지 않음
- 호흡기 이상 여부 감지 경험(V3)
  - (1) 그렇다 (2) 아니다
- 대기오염 관련 질환 유무(V4)
  - (1) 그렇다 (2) 아니다
- 대기오염으로 인한 이사 고려(V5)
  - (1) 그렇다 (2) 아니다
- 자동차 소유여부(sq4)

(1) 그렇다 (2) 아니다

- 주거환경(sq5)

  (1) 삼림 등 녹지지역 (2) 차도 이면지역
  (3) 시내 차도변 (4) 공장지역

- 최종학력(sq6)

  (1) 중졸 (2) 고졸
  (3) 대재이상

- 월평균 소득(sq7)

  (1) 70만원 이하 (2) 70-100만원 이하
  (3) 100-150만원 이하 (4) 150-200만원 이하
  (5) 200-250만원 이하 (6) 250-300만원 이하
  (7) 300-400만원 이하 (8) 400만원 초과

- 직업(sq8)

  (1) 농/임/어업 종사자 (2) 자영업자 (3)공무원, 관리자
  (4) 전문가 (5) 기술공 및 준전문가
  (6) 사무종사자 (7) 서비스 종사자
  (8) 판매종사자 (9) 기능원 및 관련 기능 종사자
  (10) 장치/기계조작 및 조립 종사자 (11) 단순 노무종사자
  (12) 학생 (13) 전업주부

- 연령대(sq9)

  (1) 20대 (2) 30대 (3) 40대 (4) 50대 (5) 60대 이상

3.3.2 비선형 정준상관분석 절차

이들 데이터에 대해 비선형 정준상관분석을 하기 위해서는 먼저 메뉴를 3.2절에서와 같이 선택하여 OVERALS를 활성화시킨다. 그리고 변수들을 <그림 3.25>로부터 <그림 3.27>처럼 3개의 변수 그룹으로 나누고 각 변수의 척도화 수준을 설정하도록 한다. 또한 <그림 3.28>과 같이 Options(옵션) 대화상자에서 필요한 통계량들을 지정하도록 한다. 물론 변수들을 <그림 3.25>에서 <그림 3.27>처럼 적합시킬 필요는 없다. 3.2절의 사례에서처럼 척도화 수준을 달리하면서 적합시켜 볼 수 있다.

<그림 3.25>
OVERALS
변수 척도정의
(첫번째 그룹)

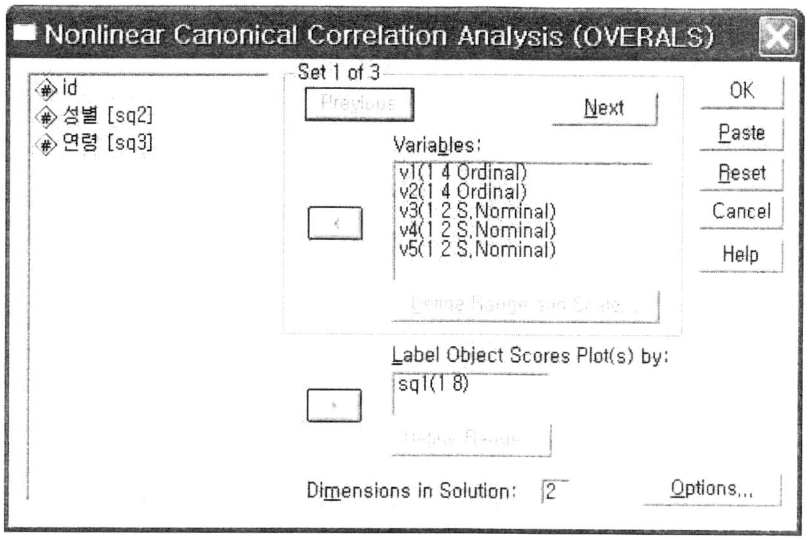

<그림 3.26>
OVERALS
변수 척도정의
(두번째 그룹)

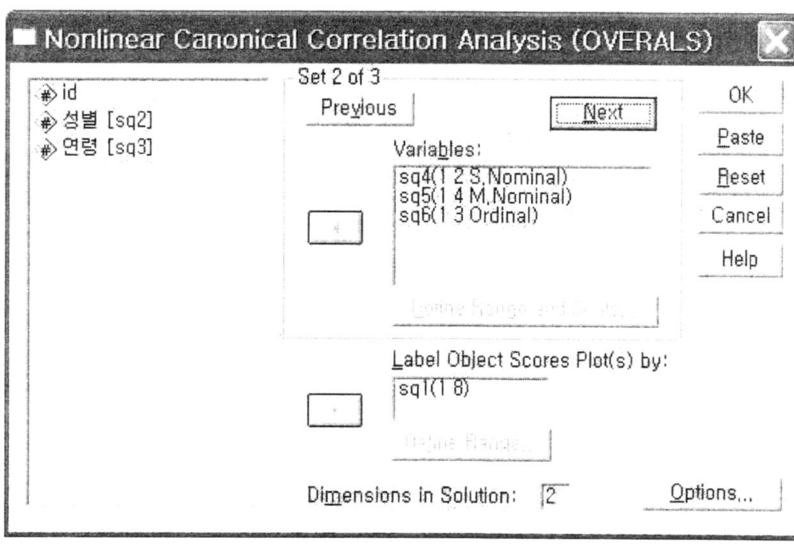

<그림 3.27>
OVERALS
변수 척도정의
(세번째 그룹)

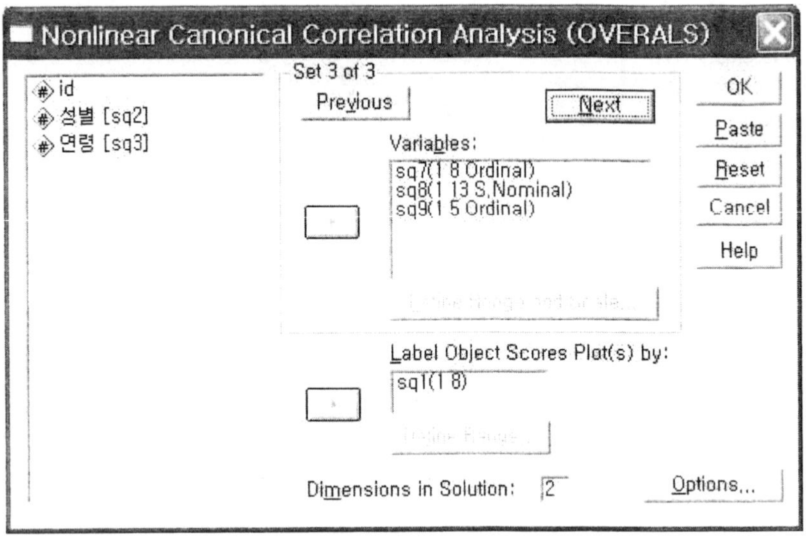

<그림 3.28>
옵션 대화상자

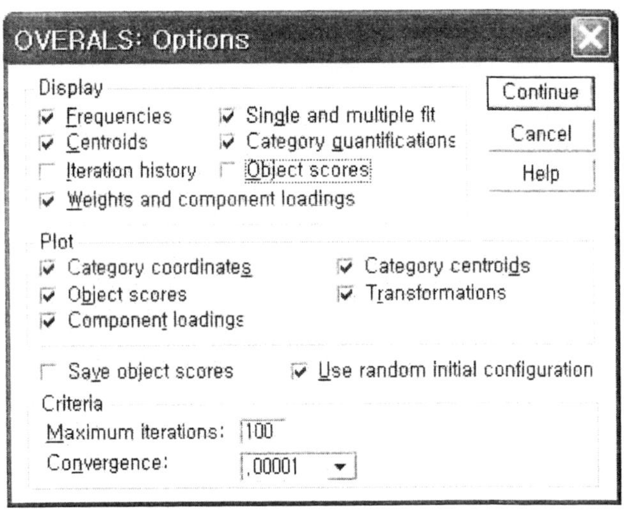

3.3.3 분석결과의 이해

<표 3.7>의 모형 적합 결과를 살펴보자. 각 차원별 평균 손실은 차원 1에 대해서 0.382, 제 2차원에 대해서 0.418이 계산되었다. 각 차원별 적합값은

'1-손실'이므로 차원1에 대한 고유값은 1-0.382=0.618, 차원2에 대한 고유값은 1-0.418=0.582가 계산된다. 그리고 전체 적합값 1.2에 대한 차원별 분산 설명력은 제1차원에 대해서는 0.618/1.2=0.515이고 제2차원에 대해서는 0.582/1.2=0.485와 같다. 차원별 분산 설명력은 그리 높은 편이라 할 수 없다.

이제 각 차원별로 계산된 고유값을 이용해서 변수군간의 정준상관계수를 계산해보자.

$$\rho_1 = ((3 \cdot 0.618) - 1)/2 = 0.427$$

$$\rho_2 = ((3 \cdot 0.582) - 1)/2 = 0.373$$

차원별 정준상관 계수가 그리 높은 편은 아니다.

<표 3.7>
모형적합
결과와 가중치

Summary of Analysis

		Dimension 1	Dimension 2	Sum
Loss	Set 1	.660	.427	1.086
	Set 2	.294	.406	.700
	Set 3	.194	.420	.614
	Mean	.382	.418	.800
Eigenvalue		.618	.582	
Fit				1.200

Weights[a]

Set		Dimension 1	Dimension 2
1	환경문제 관심 정도	-.470	-.418
	거주지역의 대기오염 정도	-.335	.709
	호흡기 이상	.013	.021
	대기오염 관련 질환	.107	.170
	대기오염 이사	.366	-.028
2	자동차 소유여부	.223	-.502
	최종학력	-.770	-.257
3	월평균소득	-.591	.167
	직업	.025	-.497
	연령대	.472	.403

a. Multiple nominal variables are not included in the table.

<표 3.7>의 가중치와 <표 3.8>의 성분 부하량을 같이 살펴보면 제1 정준 변량은 대기오염에 대해 노출된 경험이 없는 경우와 실제 대기오염 문제에 관심을 많이 가지고 있거나 환경문제에 관심을 많이 가지고 있는 인구통계학적 속성이 대별되는 축이라고 할 수 있다. 그리고 제2 정준변량은 거주지역의 대기오염정도와 그 거주지에 주거하는 응답자들의 자동차 소유여부, 거주환경 특성, 직업적 특성이 대별되는 축으로 살펴볼 수 있다.

<표 3.8>
성분 부하량

Component Loadings

Set				Dimension 1	Dimension 2
1	환경문제 관심 정도[a,b]			-.474	-.340
	거주지역의 대기오염 정도[a,b]			-.257	.673
	호흡기 이상[c,b]			.010	-.082
	대기오염 관련 질환[c,b]			.094	.245
	대기오염 이사[c,b]			.227	.180
2	자동차 소유여부[c,b]			.465	-.462
	거주환경[d,e]	Dimension	1	.132	-.459
			2	-.082	.646
	최종학력[a,b]			-.834	-.124
3	월평균소득[a,b]			-.687	.192
	직업[c,b]			.156	-.523
	연령대[a,b]			.586	.361

a. Optimal Scaling Level: Ordinal
b. Projections of the Single Quantified Variables in the Object Space
c. Optimal Scaling Level: Single Nominal
d. Optimal Scaling Level: Multiple Nominal
e. Projections of the Multiple Quantified Variables in the Object Space

이들 성분 부하량을 좌표평면에 나타낸 플롯이 <그림 3.31>이다. 차원 1을 기준으로 좌측에 위치하는 변수들이 '월평균 소득', '최종학력'이고 우측에 위치하는 변수들은 '연령대', '자동차 소유여부', '대기오염으로 인한 이사 고려'와 같은 것들이다. 그리고 제2축을 기준으로는 '거주지역의 대기오염 정도'와 '거주환경'과 같은 변수군과 '직업', '환경문제에 대한 관심', '자동차 소유여부'가 대별되고 있다. '거주환경'은 다중명목 척도로 척도화되어서 두 곳에 위치하고 있다.

<그림 3.29>
성분부하량
플롯

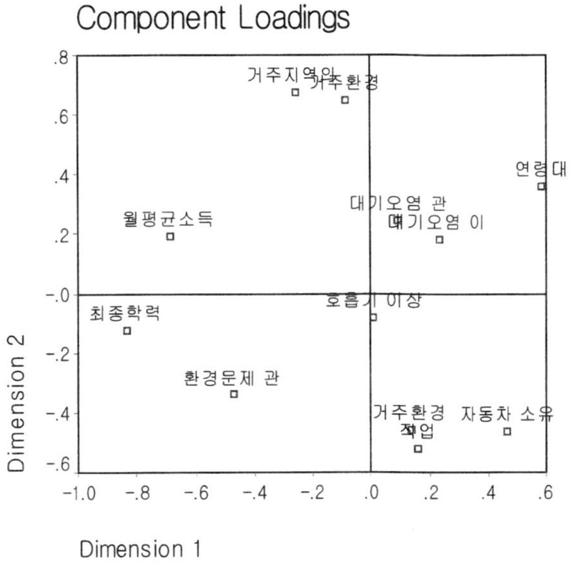

<표 3.9>의 적합도 결과를 살펴보면 다중적합이나 단일적합 결과가 큰 차이를 보이지 않고 있다. 또한 각 차원별 변수들의 판별력이 높은 편은 아니다. 그래도 판별이 잘 되고 있는 변수들을 살펴보면 '거주지역의 오염정도', '자동차의 소유여부', '거주 환경', '직업'에 해당되는 변수는 1축보다는 2축에서 더 잘 설명되며 '최종학력'이나 '월평균 소득', '연령대' 등은 제2축보다 제1축에서 상대적으로 잘 판별되는 변수임을 알 수 있다.

<표 3.9>
적합값

Fit

Set		Multiple Fit			Single Fit			Single Loss		
		Dimension			Dimension			Dimension		
		1	2	Sum	1	2	Sum	1	2	Sum
1	환경문제 관심 정도[a]	,222	,175	,397	,221	,175	,396	,001	,001	,001
	거주지역의 대기오염 정도[a]	,116	,503	,619	,112	,502	,615	,003	,001	,004
	호흡기 이상[b]	,000	,000	,001	,000	,000	,001	,000	,000	,000
	대기오염 관련 질환[b]	,012	,029	,040	,012	,029	,040	,000	,000	,000
	대기오염 이사[b]	,134	,001	,134	,134	,001	,134	,000	,000	,000
2	자동차 소유여부[b]	,050	,252	,302	,050	,252	,302	,000	,000	,000
	거주환경[c]	,018	,368	,386						
	최종학력[a]	,592	,067	,660	,592	,066	,658	,000	,001	,001
3	월평균소득[a]	,352	,031	,384	,350	,028	,378	,003	,003	,006
	직업[b]	,008	,247	,255	,001	,247	,247	,007	,000	,007
	연령대[a]	,223	,164	,387	,223	,162	,385	,000	,001	,002

a. Optimal Scaling Level: Ordinal
b. Optimal Scaling Level: Single Nominal
c. Optimal Scaling Level: Multiple Nominal

한편 월평균 소득에 대한 수량화 값을 살펴보자. 성분 부하량과 함께 고려하면 소득수준이 높을수록 환경문제에 대한 관심은 낮을 것으로 판단된다.

<표 3.10>
월평균 소득에 대한 수량화값

월평균소득[a]

	Marginal Frequency	Quantification	Single Category Coordinates		Multiple Category Coordinates	
			Dimension		Dimension	
			1	2	1	2
70만원 이하	12	-1,840	1,088	-,308	1,116	-,210
71-100만원	26	-1,548	,915	-,259	,926	-,221
101-150만원	32	-,960	,568	-,161	,545	-,240
151-200만원	61	-,205	,121	-,034	,113	-,064
201-250만원	29	,411	-,243	,069	-,227	,125
251-300만원	27	1,194	-,706	,200	-,676	,307
301-400만원	31	1,372	-,811	,230	-,935	,182
401만원 이상	32	1,372	-,811	,230	-,713	,203
Missing	47					

a. Optimal Scaling Level: Ordinal

<그림 3.30>
월평균 소득의 변환플롯

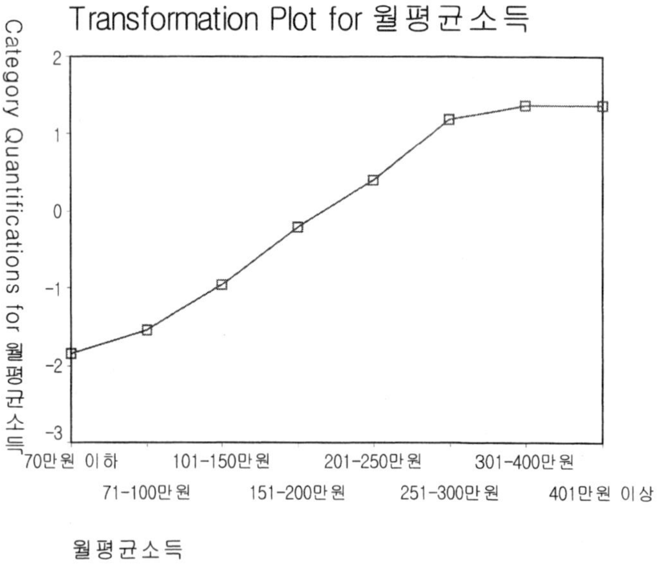

이들 변수들만 이용하여 4장에서 설명할 단순대응분석을 통해 <그림

3.31>의 행과 열 플롯을 작성하였다. 성분 부하량을 통해서도 알 수 있었듯이 소득이 낮은 그룹은 대체로 환경문제가 있는 지역에 거주하고 있어서 이들의 환경문제에 대한 관심정도는 높은 것으로 나타난다.

<그림 3.31>
단순대응분석
결과
(상)행플롯
(하)열플롯

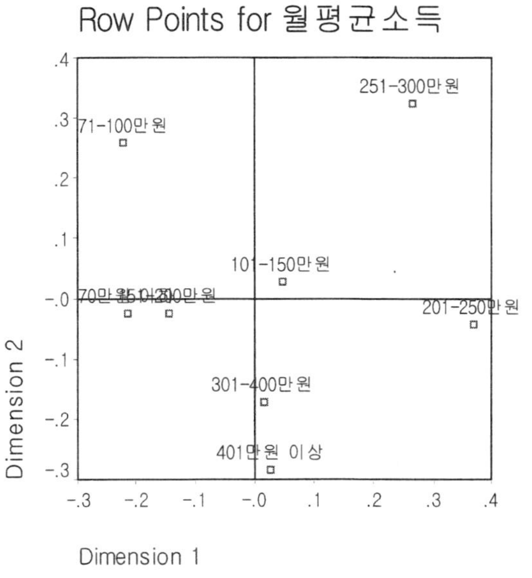

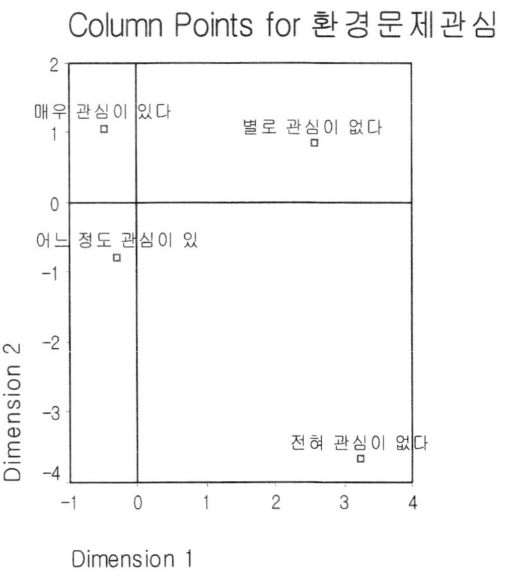

환경문제에 대한 관심과 직업군은 어떤 관계가 있을까? <표 3.11>은 직업변수에 대한 수량화값이다. 수량화값이 가장 낮은 직업군이 '공무원 및 관리자'이고 가장 높은 그룹은 '장치/기계 조작 및 조립종사자'이다. 따라서 대체적으로 자연을 벗삼아 살고 있는 '농/임/어업 종사자'나 도심의 녹지지역과 같이 환경이 좋은 지역에 거주하고 있는 '공무원 및 관리자'들의 환경문제에 대한 관심정도는 상대적으로 주거지역 환경이 좋지 않은 곳에 거주하고 있는 '단순노무자'나 '장치/기계조작 및 조립 종사자'들보다 낮을 것으로 예상된다.

<표 3.11>
직업에 대한 수량화값

직업[a]

	Marginal Frequency	Quantification	Single Category Coordinates		Multiple Category Coordinates	
			Dimension		Dimension	
			1	2	1	2
농/임/어업 종사자	8	-1,819	-,046	,904	,011	,907
자영업자	58	-,732	-,019	,364	-,044	,362
공무원 및 관리자	4	-4,816	-,123	2,393	-,335	2,382
전문가	2	-,878	-,022	,436	-,033	,436
기술공 및 준전문가	10	-,146	-,004	,072	-,009	,072
사무종사자	25	-,248	-,006	,123	-,057	,121
서비스종사자	6	2,422	,062	-1,203	-,314	-1,223
판매종사자	2	,801	,020	-,398	,128	-,392
기능원 및 관련기능 종사자	7	,324	,008	-,161	-,030	-,163
장치/기계조작 및 조립종사자	3	4,675	,119	-2,322	-,184	-2,338
단순노무종사자	9	1,507	,038	-,749	,289	-,736
학생	7	-,672	-,017	,334	-,010	,334
전업주부	109	,395	,010	-,196	,048	-,194
Missing	47					

a. Optimal Scaling Level: Single Nominal

이와 같은 일련의 결과들은 <그림 3.32>의 중심플롯(centroids plot)을 통해서 확인할 수 있다. 환경문제에 대한 관심이 높은 사람들은 대체적으로 40대 이상의 연령층이며 학력이 낮은 사람들이 대체적으로 더 관심이 높은 특성을 나타냈다. 이는 40대 이상의 연령층이 2,30대 연령층 보다 최종학력이 낮은 경향과 완전 무관하다고는 할 수 없을 것 같다. 그리고 공무원 및 관리자, 임/농/어업 종사자, 사무직 종사자, 자영업자 등은 대체적으로 주거환경이 좋은 지역에 거주하며 공장근처나 차도 이면지역에는 주로 소득이 낮은 사람들이 거주하는 특성을 보인다. 따라서 소득이 높으면서 녹지지역에 사는 사람들은 주거지역의 대기오염이 심각하다고 느끼지 못한다. 그러나 공장근처나 차도 이면지역에 사는 사람들은 주거지역의 대기오염이 대단히 심각하다고 느끼며 이들 지역에 사는 사람들의 직업은 대체적으로 단순노무직이나 장치/기계 조립과 연관된 특성을 보인다. 그리고 대기오염으로 인해 호흡기에 이상을 느끼거나 대기오염과 관련된 질환을 경험한 사람들은 이로 인해 이사할 생각을 해본 것으로 나타났다.

지금까지의 결과는 변수그룹간의 정준상관계수가 높은 편이 아니어서 매우 강하게 주장할 수 있는 바는 아니다. 그러나 대체적인 패턴은 살펴볼 수 있었다. 좀 더 심도있는 연구를 위해서는 환경오염 문제와 관련있는 다른 속성의 변수들을 추가시켜 분석하는 것이 필요하다.

<그림 3.32>
중심플롯

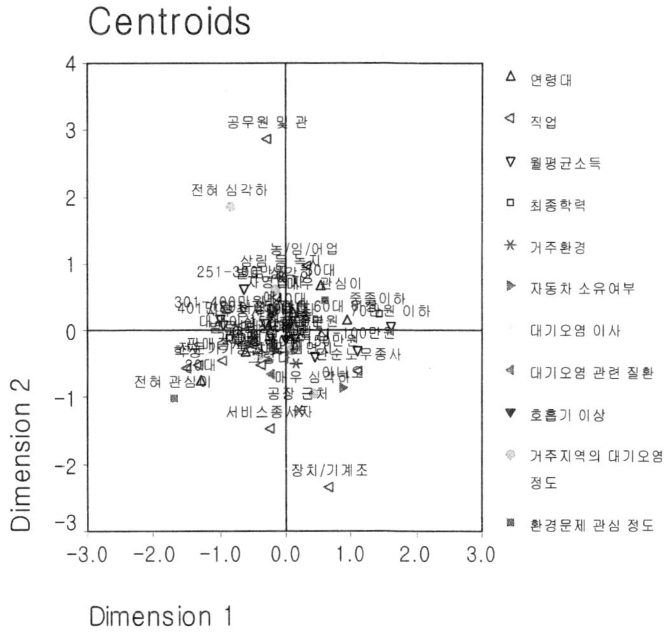

3.4 이론적 고찰

비선형 정준상관분석을 위한 알고리즘인 OVERALS는 1981년 알버트 지피(Albert Gifi)2)에 의해 처음 고안되었다. 변수들의 측도가 어떤 것이든 관계없이 K개의 변수 그룹에 대한 비선형 정준상관분석을 수행한다. 만약 모든 변수들이 다중명목이고 각 변수그룹에 한 개의 변수들만 있다고 전제한다면 OVERALS 알고리즘에 의한 결과는 5장에서 다루게 될 HOMALS 알고리즘에 의한 결과와 동일하다. 이 경우 변수개수가 2개로 제한되었다면 4장에서 소개할 대응분석 결과와 같게 된다.

또한 모든 변수들이 단일명목이나 순서형, 수치형이면서 마찬가지로 각 변수그룹에 한 개의 변수들만 있는 것을 전제할 경우 OVERALS는 2장에서 다룬 비선형 주성분분석 결과와 같다.

이처럼 OVERALS는 Gifi의 비선형 다변량분석 시스템이라고 불리우는 것 중 가장 일반적인 모형이라고 할 수 있으며 OVERALS에 의해 PRINCALS, ANACOR(대응분석을 위한 알고리즘), HOMALS분석이 가능하다. 더욱이 비선형 정준상관분석은 OVERALS의 특별한 케이스에 해당되는 것이다. 또한 수치형인 것을 전제할 경우에는 선형 주성분분석과 유사하다.

알고리즘을 살펴보기에 앞서 설명의 편의를 위해 몇 가지 기호를 다음과 같이 표기하기로 하자.

n : 총 케이스 수, m : 총 변수 개수

p : 차원 수, K : 그룹 수

그리고 $j(j=1,2,\cdots,m)$번째 변수에 대해서는 1,2장에서 다루었듯이

k_j : j번째 변수의 범주 개수

G_j : 크기가 $n\times k_j$인 지표행렬

---

2) Abert Gifi는 네덜란드 Leiden 대학에 소속되어 있으면서 1981년에 영문버전의 ‘nonlinear multivariate analysis’를 펴낸 집필자이자 공동 연구자들의 필명(non de plume)이다.

D_j : G_j의 열 합계를 대각원소로 가지는 대각행렬

으로 표기하자. 이때 G_j의 원소들은 $i=1,2,\cdots,n$; $r=1,2,\cdots,k_j$ 에 대해 i번째 개체가 j번째 변수의 r번째 범주에 있으면 1, 그렇지 않으면 0으로 표기된 지표행렬이고 D_j는 각 변수의 범주별 총 빈도를 대각원소로 채운 대각행렬을 나타낸다. 변수그룹의 수 $k(k=1,2,\cdots,K)$에 대해서는

$J(k)$: 해당 변수군에 소속되어 있는지 여부를 나타내는 지표행렬

m_k : 셋 k에 있는 변수의 개수

M_k : 크기 $n\times n$의 대각행렬로 대각원소는 i번째 개체가 $[1,k_j]$ 범주에 있으면 1, 그렇지 않으면 0으로 표기.

수량화 행렬과 모수 벡터들은 다음과 같이 표기한다.

X : 크기 $n\times p$의 개체 점수

Y_j : 다중변수(multiple variable)의 범주 수량화를 나타내는 $k_j\times p$ 행렬

y_j : 크기가 k_j인 단일변수들에 대한 범주 수량화 벡터

a_j : 크기가 p인 단일변수들에 대한 변수 가중치

Q_k : $q_j=G_jy_j$ 로 열이 채워진 $n\times m_k$의 k번째 셋의 수량화 행렬

$\underline{Y}$: 단일 또는 다중의 범주 수량화 전체 행렬

우선 가장 쉬운 예로 변수군이 2개이고 각 변수군에 1개씩의 범주형 변수가 있다고 해보자. 이와 같은 경우 범주형 변수의 척도화 수준을 고려하면서 두 변수 그룹간의 상관을 최대화시키기 위해 우리는 다음과 같은 식을 생각해볼 수 있다.

$$\min(y_1, y_2)=SSQ(G_1y_1-G_2y_2)$$

여기서 $SSQ(\cdot)$는 원소들의 제곱합을 의미한다. 이를 K개의 셋으로 확장하면 식 (3.1)과 같이 일반화시킬 수 있다.

SPSS에서 제공하는 OVERALS 알고리즘의 목적은 변수그룹간의 상관을 최대화시키기 위한 것으로 식 (3.1)을 최소화시키는 개체점수 X와 범주 수량화 행렬 $\underline{Y}_j$을 찾는 것으로 귀착된다.

$$\sigma(X;\underline{Y})=\frac{1}{K}\sum_{k} tr\left[(X-\sum_{j\in J(k)} G_j\underline{Y_j})^t M_k (X-\sum_{j\in J(k)} G_j\underline{Y_j})\right] \tag{3.1}$$

여기서도 앞장에서 다룬 알고리즘과 마찬가지로 다음과 같이 정규화제약(normalization restriction)을 둔다.

$$X^t M_* X = knI_p, \quad 1_n^t M_* X = 0$$

여기서

$$M_* = \sum_k M_k \ .$$

OVERALS도 1,2장에서 다룬 알고리즘과 마찬가지로 측정수준에 따라 다음과 같이 구분된다.

- 다중명목(multiple nominal)

  $\underline{Y_j} = Y_j$ (무제약)

- 단일명목(single nominal)

  $\underline{Y_j} = y_j a_j^t$ (등식 제약)

- 단일순서((single) ordinal)

  $\underline{Y_j} = y_j a_j^t$ 과 $y_j \in C_j$ (단조성 제약)

- 단일수치((single) numerical)

  $\underline{Y_j} = y_j a_j^t$ 과 $y_j \in L_j$ (선형성 제약)

여기서 다중명목을 제외한 측정수준의 경우 행렬 $\underline{Y_j} = y_j a_j^t$ 의 계수(rank)는 1로 제약을 둔다. 이와 같은 이유로 y_j는 항상 $y_j^t D_j y_j = n$와 같이 정규화되며 수량화된 변수 $q_j = G_j y_j$의 분산은 1이 된다. 순서형일 경우에는 여기에 $y_j \in C_j$ 제약이 추가되는데 이는 수량화벡터 y_j 가 감소하지 않는(nondecreasing) 원소들을 가진 모든 k_j 벡터들의 볼록 콘(convex cone)[3] 안

---

3) 만약 $x, y \in S$, $\lambda, \mu \geq 0$, $\lambda + \mu = 1 \Rightarrow \lambda x + \mu y \in S$ 이면 $S \subseteq R^n$는 볼록집합(convex set)이라고 하고 만약 $x, y \in S$, $\lambda, \mu \geq 0$, $\Rightarrow \lambda x + \mu y \in S$ 이면 $S \subseteq R^n$는 볼록콘(convex cone)이라고 한다. 볼록콘의 기하적 의미는 $x, y \in S$ 이면 두 벡터에 의해 만들어진 '파이조각' 영역도 S의 부분집합이라는 것이다. 순서형 척도일 경우에는 블록콘에서 수량화벡터를 찾게되며 이와 같은 경우 국소최적해(local optimal solution)가 전역최적해(global optimal solution)가 된다.

에 위치해야 함을 의미한다. 그리고 수치형일 경우 추가된 $y_j \in L_j$ 제약은 y_j가 k_j의 연속된 정수들로 구성된 벡터의 선형변환인 모든 k_j개의 벡터들의 부분공간(subspace)에 위치되어야 함을 나타낸다.

구체적인 알고리즘 전개과정은 다음과 같다.

▶ OVERALS 알고리즘

- **단계1** : 초기화 단계

① 개체점수와 범주수량화 값의 초기화

개체점수행렬 X에 난수로 초기화한다. 단,

$$1^t M_* X = 0 \text{ 과 } X^t M_* X = KnI$$

과 같이 정규화시키고 정규화된 개체점수행렬을 X라 하자. 다중변수(multiple variable)에 대해서는 범주 수량화값을 초기에는 0으로 채운다. 그리고 단일변수(single variable)에 대해서는 범주 수량화값에 대한 초기화를 1부터 k_j개의 연속적인 정수로 채워진 $\tilde{y}_j$로 한다. 단 여기서도 $1^t D_j \tilde{y}_j = 0$, $\tilde{y}_j^t D_j \tilde{y}_j = n$ 과 같이 정규화시킨다. 변수에 대한 초기 가중치 벡터는 0으로 둔다.

② 지분화

위의 ①과정은 실제로 두 번 시행되게 되는데 첫 번째는 모든 단일변수들을 단일 수치형으로 취급하고서 초기화하는 것이다. 두 번째 단계에서는 이를 기반으로 적합한 방법을 적용하여 수량화하는 것이다.

- **단계2** : 셋과 변수에 대한 반복과정

2단계에서는 $k=1,\cdots,K$와 모든 $j \in J(k)$에 대해 반복하는 것으로 j번째 변수를 갱신하는 동안 나머지 변수들의 모든 모수들은 현재값으로 고정된다.

- **단계3** : 다른 변수들의 기여도 제거

셋 k에서 변수 j의 수량화를 위해서 임시행렬

$$V_{(k)j} = \sum_{j \in J(k)} G_j \underline{Y_j} - G_j \underline{Y_j}$$

를 계산하는데 이는 셋 k에서 다른 변수들의 기여도를 축적한 것이다. 이때 $X - V_{(k)j}$는 개체점수로부터 다른 변수들의 기여도를 제외한 것으로 다음과 같이 손실함수를 정의할 수 있다.

$$\sigma(X; \underline{Y_j}) = constant + \frac{1}{K} tr[((X - V_{(k)j}) - G_j \underline{Y_j})^t M_k ((X - V_{(k)j}) - G_j \underline{Y_j})]$$

그리고

$$\tilde{Y}_j = (G_j^t M_k G_j)^{-1} G_j^t M_k (\tilde{X} - V_{(k)j})$$

를 계산하고 동일 군에 속한 l번째 변수에 대해서는 다음과 같이 계산한다.

$$V_{(k)l} \leftarrow V_{(k)j} + G_j \underline{Y_j} - G_l \underline{Y_l}$$

- **<u>단계4</u>** : 범주 수량화값의 갱신

다중명목변수에 대한 새로운 범주 수량화 행렬을 다음과 같이 표기하자.

$$\underline{Y_j^+} = \tilde{Y}_j$$

단일변수가 수치형일 경우 다음과 같이 계산한다.

$$a_j^+ = \tilde{Y}_j^t D_j \tilde{y}_j$$

$$y_j^* = \tilde{Y}_j a_j^+$$

만약 순서형일 경우에는 가중 단조회귀 과정(weighted monotonic regression process)을 따라야 한다. 즉,

$$y_j^* \leftarrow WMON(y_j^*)$$

이다. 척도화시킬 수준에 따라 적절한 방법을 취한 후 다음과 같이 정규화시킨다.

$$y_j^+ = n^{1/2} y_j^* (y_j^{*t} D_j y_j^*)^{-1/2}$$

따라서 최종적으로

$$\underline{Y_j^+} = y_j^+ a_j^{+t}$$

를 구하게 된다.

- **단계5** : 개체점수의 갱신

  변수 셋에 대해 반복하는 동안 임시의 점수행렬 W는 다음과 같이 축적된다.

  $$W \leftarrow W + M_k \sum_{j \in J(k)} G_j \underline{Y_j^+}$$

  그리고 결측정보가 포함된 행렬 M에 대해 중심화시킨다.

  $$X^* = \{I - M_* 11^t / 1^t M_* 1\} W$$

  이 두 과정을 밟아 직교 제약없이 국부적으로는 최적의 해인 $M_*^{-1} X^*$를 얻게된다.

- **단계6** : 직교정규화(orthonormalization)

  직교정규화 문제는 가중최소제곱법의 관점에서 최적의 해인 $M_*^{-1} X^*$에 가장 가까운 M_*, X^+를 찾는 것으로 OVERALS에서는 다음과 같은 절차를 따른다.

  $$X^+ \leftarrow m^{1/2} M_*^{-1/2} PROCRU(M_*^{-1/2} X^*)$$

  여기서 $PROCRU(\ )$는 'Procrustes orthonormalization(프로크러스티즈 직교정규화)' 과정을 나타낸다.[4)]

- **단계7** : 수렴여부 확인 (2단계-6단계의 반복)

  단계6에서 도출된 Λ를 이용하여 다음과 같이 부적합도(badness-of-fit) 기준으로 수렴여부를 확인한다.

  $$\sigma(X; \underline{Y}) = p - tr(\Lambda^4)$$

4) 프로크러스티즈는 원래 그리이스 신화에 나오는 사람으로 '잡아 당기는 사람'이라는 뜻을 가지고 있다. 일명 다마스티즈, 폴리페몬이라고 알려져있다. 그는 율리시스와 아테네 사이에서 살았다. 그곳에서 하나의 침대만 가지고 있는 그의 숙소를 방문하는 방문객들을 대상으로 침대보다 큰 키의 사람은 긴 다리를 침대에 맞추어 잘랐으며 침대보다 작은 사람은 짧은 다리를 망치로 두드려 폈다고 한다. 한편 직교 프로크러스티즈(orthogonal procrustes)는 주어진 행렬 A를 E=AT-B로 표현되는 잔차의 제곱의 합을 최소화시키는 직교변환행렬 T를 이용하여 행렬 B로 변환시키는 문제이다. 이후 확장되고 일반화된 직교 프로크러스티즈 분석 방법들이 연구되었다.

- **8단계** : 회전(rotation)

  OVERALS에서의 손실함수 $\sigma(X;\underline{Y})$가 X와 $\underline{Y}$의 동시회전(simultaneous rotation)에 대해 불변성을 지니도록 회전행렬을 찾아 유일한 해를 계산한다.

이상의 알고리즘을 적용하여 분석된 결과로부터 정준상관계수는 다음과 같이 계산한다.

$$\rho_d=((k\lambda_d)-1)/(k-1)$$

여기서 d는 차원을, λ는 고유값을 나타낸다.

한편 성분 부하량은 개체공간에 수량화된 단일변수를 직교 투영시킨 길이를 나타낸다. 즉, 수량화 변수를 q_j라고 하면 q_j^tX인 것이다. 결측이 없을 경우, 성분 부하량은 수량화된 변수와 개체점수(성분)간의 상관과 일치한다.

범주중심(category centroids)은 동일 범주에 반응한 모든 개체들의 중심을 나타내며 $D_j^{-1}G_j^tX$로부터 계산된다.

사영된 범주중심(projected category centroids)은 단일 변수의 경우 $y_jb_j^t$으로 계산된다. 성분 부하량 b_j의 방향에 놓인 한 직선 위에 모두 위치하게 되는데 가중치 D_j를 고려한 범주중심의 사영으로부터 결과된다.

4장. 대응분석
(Correspondence Analysis)

4.1 대응분석이란?

4.2 사례분석1 : 직급과 흡연량, 주량간의 관계

4.3 사례분석2 : 아이스 커피의 브랜드 이미지 분석

4.4 이론적 고찰

4.1 대응분석이란?

17대 총선이 끝났다. 워낙 한나라당과 열린 우리당간의 접전지역이 많아서인지 여론조사를 통한 예측에 상당한 오차가 있었다. 오차가 벌어진 이유로 여러 가지를 생각해 볼 수 있을 것이다.

가령, 한나라당 후보를 찍고 출구조사에서 열린 우리당 후보에게 투표했다고 거짓말할 수도 있을 것이고 반대로 열린 우리당 후보를 찍고 한나라당 후보에게 투표했다고 거짓말을 하였을 수도 있다. 해당지역이나 사회적 분위기에 따라 거짓응답을 할 개연성이 높은 것이다. 실제로 주변의 아는 사람도 거짓 응답을 했노라고 자백했다.

또 한가지 이유로는 시간대별로 모든 연령이 고르게 안배되어 출구조사되었는가 하는 점이다. 세대간의 차이가 난다고 하는 걸 보면 연령별로 선호하는 정당이나 후보자가 다르기 때문에 출구조사에서 이와 같은 점을 충분히 고려하여 조사되어야 할 것이다.

아래의 테이블은 실제로 17대 총선 투표자를 시간대별로 나누어서 살펴본 결과이다. 여기서 부재자투표자는 포함되어 있지 않다.

	투표시간								
지역	7	9	11	12	13	15	17	18	합계
서울	816819	1707750	2255745	2841674	3617735	4303918	4818901	4818901	25181443
부산	102674	373251	731991	909953	1110880	1371183	1571592	1731967	7903491
대구	68839	246991	484999	596313	725011	881131	1005634	1098886	5107804
인천	52699	217208	427537	535169	669147	828177	961592	1060969	4752498
광주	33356	123166	248935	311692	390349	473458	541597	591345	2713898
대전	39726	133237	255576	320817	398513	483141	555392	604505	2790907
울산	26602	95724	191819	240253	297787	362068	426496	465665	2106414
경기	217704	844780	1732040	2202799	2765839	3412140	3945214	4368521	19489037
강원	57119	178690	333943	395954	478242	570244	632907	677372	3324471
충북	46880	158654	300142	365280	440371	523479	587017	634738	3056561
충남	61082	192951	379379	456097	545301	650200	736765	793572	3815347
전북	60065	211131	405170	489249	591822	704156	805323	868167	4135083
전남	68208	239636	475214	559429	671736	784343	890358	952365	4641289
경북	79792	271114	570075	695861	831544	1016440	1159676	1250632	5875134
경남	102162	321875	633008	768463	929292	1118029	1292837	1422523	6588189
제주	15640	56176	97733	126572	155654	189899	219940	241422	1103036
합계	1849367	5372334	9523306	11815575	14619223	1.8E+07	20151241	21581550	102584602

모든 지역의 유권자들의 투표율이 시간대별로 모두 동일할까? 아니면 서울에 거주하는 사람들은 아침 일찍 투표하고 놀러갔을까?

이 장에서 다루려고 하는 대응분석(correspondence analysis)은 바로 이와 같은 분할표 자료에 대하여 행과 열 범주간의 유사성, 연관관계, 상호 관련성 등을 파악하기 위한 통계적 분석방법이다. 즉, 범주형으로 관측된 두 변수간의 관계를 다차원 공간상에서 도식적으로 파악하고자 할 때 유용하다. 실제로 위 데이터에 대하여 대응분석을 적용하여 보면 다음과 같은 결과를 얻는다. 즉, 우리의 예상대로 서울지역 유권자들이 타 지역 거주자들에 비해 상대적으로 매우 이른 오전 시간대에 투표를 많이 하였다.

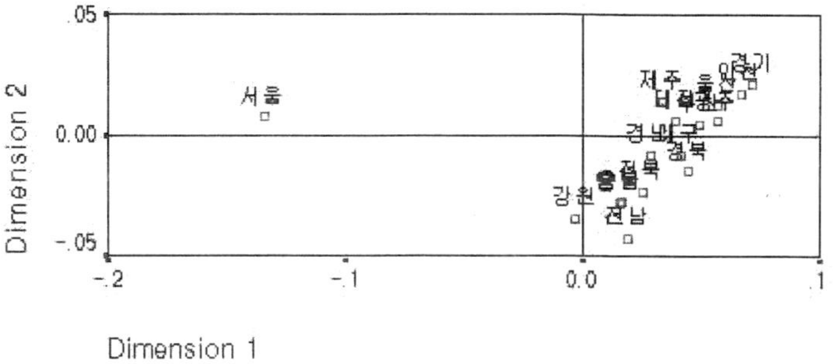

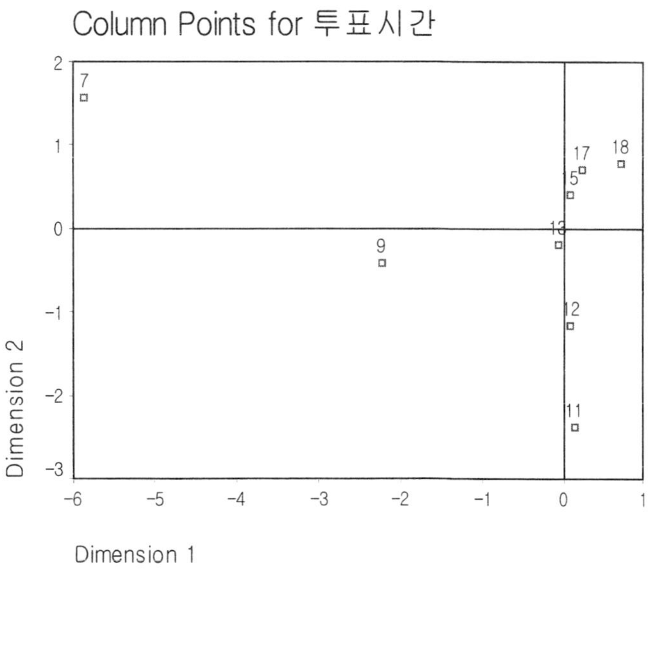

각 유권자의 연령과 함께 살펴보면 지역별 차이가 더 자세히 드러날 것으로 생각된다. 이처럼 본 장에서 다루는 대응분석은 행과 열범주간의 연관성을 시각적으로 살펴볼 수 있게 만든다. 여기서는 행과 열변수 2개만으로 제한하도록 한다. 행과 열변수가 3개 이상으로 확장된 경우는 5장의 중대응분석으로 해결하면 될 것이다.

대응분석에서는 추가자료를 기존 다차원 공간에 적합시킬 수도 있다. 그리고 대응분석의 해석은 정규화방법(normalization method)에 따라 결정된다.

이제 2가지의 간단한 사례를 통해 SPSS로 대응분석을 하는 절차를 숙지하고 출력된 결과를 어떻게 해석하는지, 또 어떤 방법으로 결과가 나왔는지를 살펴보기로 하자.

4.2 사례분석1 : 직급과 흡연량, 주량간의 관계

4.2.1 데이터

얼마 전에 고객을 매일 술로 접대하다 사망한 영업사원에게 업무의 일환으로 보상해 주도록 법원이 판결을 내렸다. 일반적으로 영업사원들이 술을 많이 마시거나 담배를 많이 필 것으로 생각된다. 그렇다면 직급별로는 어떤 차이가 있을까?

<표 4.1>은 Greenacre(1984)에서 다루어진 흡연습관과 직급간의 관계를 나타낸 이원분할표이다. 여기서 음영으로 표시된 행과 열은 분석 후에 추가시킬 행과 열 자료를 나타낸다. 이 데이터로부터 구체적으로 각 직급과 흡연량간의 관계, 또 주량간의 관계를 구체적으로 설명하고자 한다. 행 범주와 열 범주간의 관계를 구체적으로 설명할 수 있기 위해서는 이 장에서 다루고자 하는 대응분석을 필요로 한다.

<표 4.1>
흡연 데이터
(smoking.sav)

Staff Group	smoking (alcohol)						
	none	light	medium	heavy	no alcohol	alcohol	active margin
Sr. Managers	4	2	3	2	0	11	11
Jr. Managers	4	3	7	4	1	17	18
Sr Employees	25	10	12	4	5	46	51
Jr Employees	18	24	33	13	10	78	88
Secretaries	10	6	7	2	7	18	25
National Average	42	29	20	9			
Active Margin	61	45	62	25			193

4.2.2 대응분석 절차

대응분석을 위한 절차는 먼저 빈도로 채워진 변수 count를

Data

▶ Weight Cases....

에서 <그림 4.1>과 같이 가중치 변수로 선언한다. 만약 데이터가 <표 4.1> 처럼 요약된 테이블이 아닌 개별 반응을 그대로 담고있는 원데이터(raw data)라면 가중치 변수를 선언해줄 필요는 없다. 그리고

Analyze ▶ Data Reduction

▷ Correspondence Analysis...

에서 각 행과 열 변수를 지정한 후, <그림 4.2>처럼 해당 변수의 범주 최소값과 최대값을 입력한다.

<그림 4.1> 가중치변수 선언

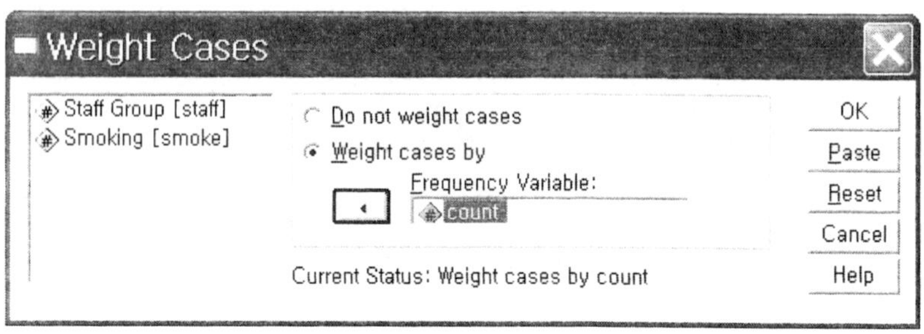

<그림 4.2> 열변수와 행변수 선택

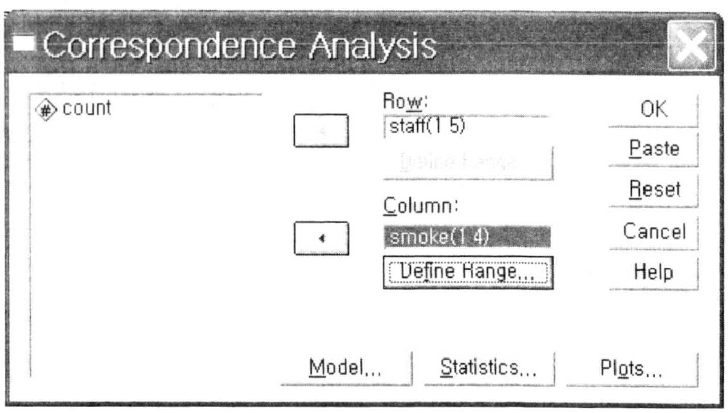

이제 <그림 4.2>의 하단에 보이는 탭들을 열어서 다음과 같이 선택하도록 하자.

Model...

Dimensions in solution : 3

Normalization Method

◉ Row principal

Statistics...

☑ Row profiles

☑ Column profiles

Plots..

Scatterplots

☑ Row points

4.2.3 분석결과의 이해

대응분석은 행 범주와 열 범주간의 관계를 도식적으로 잘 나타내는데 위에서 차원축소를 3차원(Dimensions in solution : 3)까지 하도록 지정하였으므로 출력 결과 창에서 <그림 4.3>의 3차원 행렬 산점도를 살펴볼 수 있다.

<그림 4.3>
3차원
행렬산점도

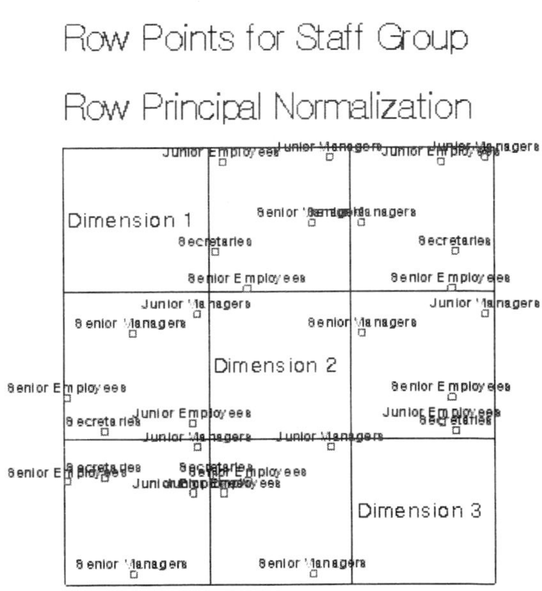

<그림 4.4>
단순산점도

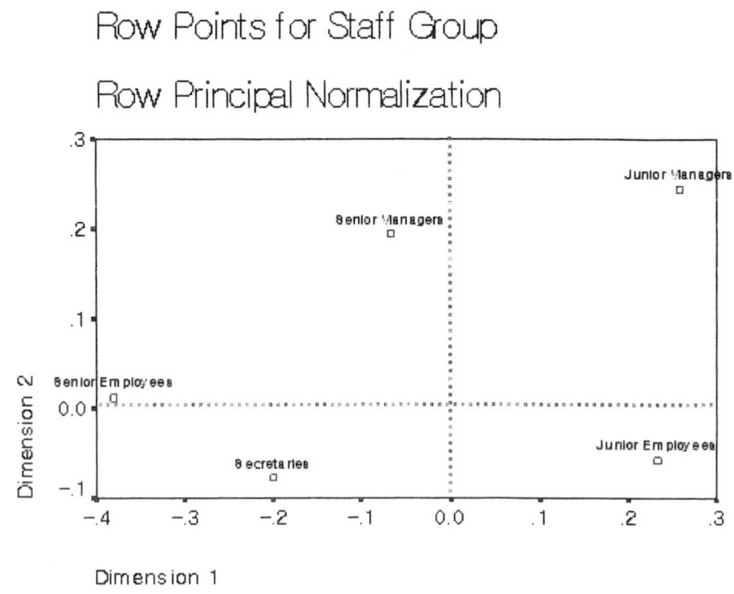

<그림 4.4>는 <그림 4.3>에서 보이는 여러 산점도 중 1차원과 2차원에 대한 산점도만을 별도로 작성한 것이다. <그림 4.3>을 두 번 클릭하면 차트 편집기창이 열리는데 차트 대화상자에서

Chart ▶ Gallery

▷ Scatter

를 클릭한 후 단순 산점도를 선택하면 작성할 수 있다. <그림 4.4>위에 원점을 지나는 참조선을 점선으로 표시하자. 그러면 차원1(Dimension1)을 기준으로 관리자와 근로자 구분없이 상급(senior) 대 하급(junior)직으로 나뉘며 차원2(Dimension2)를 기준으로는 경영관리자와 일반근로자 그룹으로 분류됨을 알 수 있다.

대응분석에서 차원 축소된 공간에서의 행과 열 범주 좌표값은 정규화방법에 따라 달리 계산된다. 그러나 비록 정규화방법을 다르게 적용하였더라도 적합된 해, 즉 고유값은 동일하다.

<그림 4.5>
행렬도

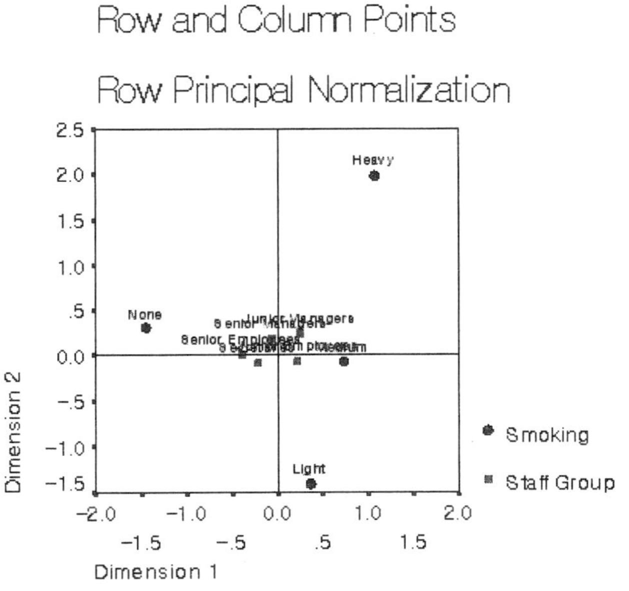

<그림 4.5>는 행주성분 정규화(row principal normalization) 방법에 의해 작성한 행렬도(biplot) 중 차원1과 차원2만을 재표현한 결과이다. 행범주를 먼저 살펴보면 2차원 좌표평면상에 위치한 범주들간의 거리는 유사성 정도를 나타낸다. 따라서 서로 가까이 위치한 범주일수록 유사성이 크다. 직급의 위치를 살펴보면 비서직(secretaries)과 상급 근로자(senior employees)가 다른 직급보다 가까이 위치하고 있어 흡연량에 대해서 유사성이 클 것으로 판단된다. 그리고 하급 관리자(junior managers)는 상급 근로자(senior employees)와 다소 멀리 떨어져 있으므로 흡연습관에 있어 유사하지 않을 것으로 생각된다.

열 범주와 행 범주간의 관계를 살펴보기 위해 아래 플롯에서 과다흡연(heavy)과 비흡연(none)의 열 범주 좌표와 행 범주 A,B,C의 관계를 설명하도록 하겠다. 먼저 열 범주 좌표를 원점에 대해서 화살표로 나타낸다. 그리고 행 좌표(A, B, C)를 이들 두 축에 직교하는 점선을 표시한다. 그러면 A는 'heavy'에 가깝고, B와 C는 'none'에 가깝다는 것을 알 수 있다.

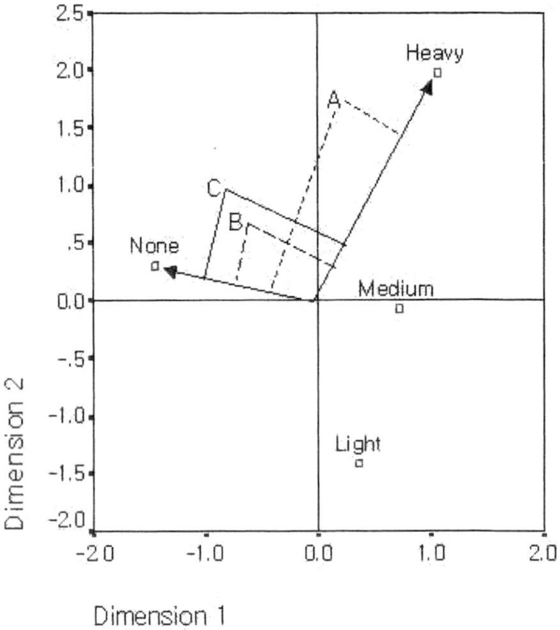

<그림 4.5>에서도 상급 근로자는 ‘none’에 가장 가깝고 하급 관리자는 ‘heavy’와 가장 가깝다. 한편 각 차원을 설명하면 차원1은 흡연과 비흡연을 구분해주는 축이고 차원2는 흡연량이 많은 사람과 그렇지 않은 사람들이 대별되는 축이라고 할 수 있다. 그러나 뒤에 설명할 고유값을 고려하면 차원2에 대한 의미는 통계적으로 설명력이 미약하다.

<표 4.2> 행과 열 프로파일

Row Profiles

Staff Group	Smoking				
	None	Light	Medium	Heavy	Active Margin
Senior Managers	.364	.182	.273	.182	1.000
Junior Managers	.222	.167	.389	.222	1.000
Senior Employees	.490	.196	.235	.078	1.000
Junior Employees	.205	.273	.375	.148	1.000
Secretaries	.400	.240	.280	.080	1.000
Mass	.316	.233	.321	.130	

<표 4.2>
(계속)
행과 열
프로파일

Column Profiles

Staff Group	Smoking None	Light	Medium	Heavy	Mass
Senior Managers	.066	.044	.048	.080	.057
Junior Managers	.066	.067	.113	.160	.093
Senior Employees	.410	.222	.194	.160	.264
Junior Employees	.295	.533	.532	.520	.456
Secretaries	.164	.133	.113	.080	.130
Active Margin	1.000	1.000	1.000	1.000	

<표 4.2>는 <표 4.1>을 행범주와 열범주별로 백분율을 나타낸 결과이다. 이를 각각 행 프로파일, 열 프로파일이라고 한다. 따라서 행과 열의 합(active margin)은 항상 1로 표시된다.

<표 4.2>에서 'Mass'는 행 범주별 주변빈도(marginal frequnecy)를 총빈도로 나눈 결과이다. 행 범주에 대한 가중치로 사용된다. 따라서 mass는 행과 열 프로파일의 가중평균의 중심(centroid)에 영향을 미친다. <표 4.2>에서 하급근로자(junior employees)와 같이 mass가 큰 범주는 중심점을 이들 범주의 중심점으로 많이 끌고 간다. 반대로 mass가 작을 경우에는 중심을 이들 범주의 중심쪽으로 조금만 끌어당기게 된다. 따라서 <그림 4.5>에서도 보이는 것과 같이 원점을 지나는 참조선이 하급근로자(junior employee) 쪽으로 내려가 있다.

<표 4.3>은 대응분석 과정에서 계산된 고유값과 각 축이 차지하고 있는 설명력으로 'Proportion of inertia(관성비)'[1)]를 나타낸 결과이다. 이 결과로부터 제1축에 대한 분산 설명력은 약 87.8%이고 제2축에 대해서는 11.8%임을 알 수 있다. 따라서 2차원으로 차원축약을 시도할 경우 전체 공간에서

---

1) 관성(inertia)이라는 용어는 역학에서의 '관성모멘트' 또는 '관성능률'에서 빌려온 용어이다. 관성모멘트란 어떤 축의 둘레를 회전하고 있는 물체는 그 축의 둘레에서 회전을 지속하려고 하는데, 그 관성의 크기를 나타내는 양으로 물체가 그 때의 상태를 유지하려고 하는 에너지의 크기를 말한다. 회전하는 물체의 운동에너지는 각 입자들의 운동 에너지를 다 더함으로써 얻어질 수 있다. 즉, 입자들의 가중치 m과 중심으로부터의 거리 d를 이용하여 다음과 같이 계산된다.

$$\text{관성모멘트} = \sum md^2$$

이와 같은 개념이 대응분석에 유사하게 적용된 것이다.

차지하는 분산의 약 99.5%를 설명할 수 있다.

<표 4.3>에서 카이제곱 통계량값 16.442는 추가변수를 배제시킨 분할표로부터 계산한 카이제곱 검증통계량값과 일치한다.

<표 4.3> 고유값분해 결과

Summary

Dimension	Singular Value	Inertia	Chi Square	Sig.	Proportion of Inertia	
					Accounted for	Cumulative
1	.273	.075			.878	.878
2	.100	.010			.118	.995
3	.020	.000			.005	1.000
Total		.085	16.442	.172[a]	1.000	1.000

a. 12 degrees of freedom

총관성(total inertia)은 원점에 대한 모든 제곱거리의 가중합을 전체 칸빈도로 나눈 결과이다. 물론 가중치는 mass이다. 따라서 작은 가중치를 가지고 있는 행들은 중심(centroid)으로부터 멀리 떨어져 있을 때만 관성에 영향을 미친다. 반면 큰 가중치를 가지고 있는 행들은 비록 그와 같은 행들이 중심에 가까이 있을지라도 총관성에 영향을 미친다. 열에 대해서도 마찬가지이다.

<표 4.3>에서 가능한 차원수는

min(행 범주수-1, 열 범주수-1)

이다. 만약 2개의 행범주와 한 개의 열범주가 추가된다면 실제 행해진 차원과 동일하도록 제약을 두어 이 예제에서는

min(5,3)-1 또는 3

이 된다.

첫 번째 차원은 가능한 최대한의 관성을 나타내고 두번째 차원은 제1차원과 독립이면서 나머지 관성을 가능한 많이 표현하도록 적용된다. 따라서 총 관성은 각 차원에서 기여하는 성분으로 분할된다. <표 4.3>에서 제 1축은 (0.075/0.085)(100)=87.8%를 설명하며 제2축은 (0.010/0.085) (100)=11.8%를 설명한다.

<표 4.3>에서 'singular values(비정칙값)'는 행과 열점수간의 상관으로 해

석한다. 이는 피어슨의 상관계수와 유사하다. 각 차원에 대해서 비정칙값의 제곱값 즉, 고유값은 관성과 동일하며 따라서 차원의 중요도를 판단할 수 있는 척도가 된다.

<표 4.4>
행과 열 좌표

Overview Row Points[a]

Staff Group	Mass	Score in Dimension			Inertia
		1	2	3	
Senior Managers	,057	-,066	,194	-,071	,003
Junior Managers	,093	,259	,243	,034	,012
Senior Employees	,264	-,381	,011	,005	,038
Junior Employees	,456	,233	-,058	-,003	,026
Secretaries	,130	-,201	-,079	,008	,006
Active Total	1,000				,085

a. Row Principal normalization

Overview Column Points[a]

Smoking	Mass	Score in Dimension			Inertia
		1	2	3	
None	,316	-1,438	,305	,044	,049
Light	,233	,364	-1,409	-1,082	,007
Medium	,321	,718	-,074	1,262	,013
Heavy	,130	1,074	1,976	-1,289	,016
Active Total	1,000				,085

a. Row Principal normalization

<표 4.4>의 행과 열좌표는 '행주성분 정규화(row principal normalization)'에 의해 계산된 것이다. 열좌표 값들은 실제 행좌표 값들의 가중된 중심(weighted centroid)과 비례한다. 또한 행좌표는 실제 열좌표값들의 가중된 중심점 안에 위치한다. 예를 들어, '상급관리자(senior managers)'에 대한 제 1축의 행좌표값 -0.066은 다음과 같이 계산된다.

$$(-1.438 \cdot 0.364)+(0.364 \cdot 0.182)+(0.718 \cdot 0.273)+(1.074 \cdot 0.182)$$

행좌표가 열좌표값의 가중평균이고 최대 차원이 이용되면 행좌표와 원점간의 유클리드 거리는 행과 평균 행(average row)간의 카이제곱 거리와 일치한다. 예를 들어, 'secretaries(비서직)'에 대한 행프로파일과 행중심간의 카이제곱 거리는 다음과 같이 계산된다.

$$\sqrt{\frac{(0.400-0.316)^2}{0.316}+\frac{(0.240-0.233)^2}{0.233}+\frac{(0.280-0.321)^2}{0.321}+\frac{(0.080-0.130)^2}{0.130}}$$

$$=0.216$$

그리고 'secretaries(비서직)' 좌표값과 원점간의 유클리드 거리는 <표 4.4>의 행좌표값을 이용하여 다음과 같이 계산된다.

$$\sqrt{(-0.201)^2+(-0.079)^2+0.008^2}=0.216$$

즉, 행에 대한 관성은 평균 행에 대한 가중된 카이제곱 거리와 일치한다. 행주성분 정규화방법을 취할 경우 한 개의 행 좌표에 대한 관성은 원래의 차원에 있는 원점에 대한 가중된 제곱 유클리드 거리와 일치한다. 이들 관성들은 행과 열에 대해서 합해지는데 카이제곱 통계량은 총 관성과 대응분석 테이블의 모든 칸 빈도 합을 곱한 것과 일치한다.

이제 <표 4.1>에 있던 새로운 범주들을 추가시켜 분석해보도록 하자. 대응분석에서 추가적인 범주는 기존 공간상에 재표현하여 범주간의 관계를 살펴보는 것이다. 추가 프로파일은 행이나 열 범주에 대한 프로파일로서 정의되는데 분석에 영향을 미치지 않는다. 따라서 데이터 편집기에서 추가시킬 열에 대한 데이터를 입력한 후 추가범주를 포함하여 증가된 범주 범위를 <그림 4.6>처럼 재정의하고 필요한 통계량들을 선택하면 된다.

<그림 4.6>
추가범주수정

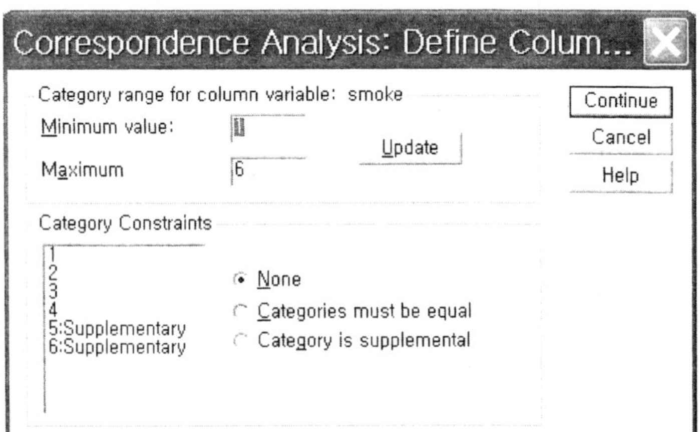

<그림 4.7>은 기존공간에 추가시킨 행 범주를 나타낸 결과이다. 'national average(국민 평균)'는 원점으로부터 많이 떨어져 위치해 있다. 즉 이 표본은 흡연행위로는 'nation(국민)'을 대표하지 못한다는 것을 나타낸다. 'secretaries(비서직)'와 'senior employees(상급 근로자)'는 'national average(국민 평균)'에 가깝다. 반면 'junior manager(하급 관리자)'는 그렇지 않다. 따라서 비서직과 상급근로자는 흡연행위가 국가평균과 유사하고 하급관리자는 그렇지 않다고 할 수 있다.

<그림 4.7>
행좌표 플롯

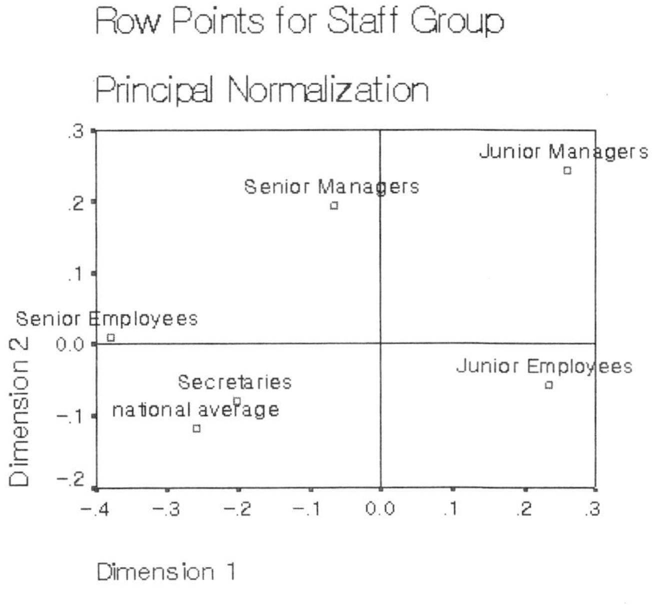

<그림 4.8>은 주량과 관련된 2개의 추가 좌표를 열공간에 나타낸 결과이다. 음주자들은 원점과 가까이 위치해 있다. 따라서 알콜 프로파일과 평균 열프로파일간에 유사한 대응관계가 있다고 할 수 있다. 그러나 비음주자들은 평균 열 프로파일로부터 많이 떨어져 있다. 비음주자와 가장 가까운 위치에 놓인 것은 'light smokers(가벼운 흡연자)'이다. 따라서 소량의 흡연자들은 비음주자일 연관성이 높다고 할 수 있다. 흡연자들 가운데서는 'medium(중간정도의 흡연)'이 그 다음으로 가깝고 중증 흡연(heavy)과는 가

장 멀리 떨어져있다. 따라서 소량의 흡연자와 중증 흡연자까지는 비음주 행위와 유사성이 진행되는 패턴을 보인다고 판단할 수 있다.

<그림 4.8>
열좌표플롯

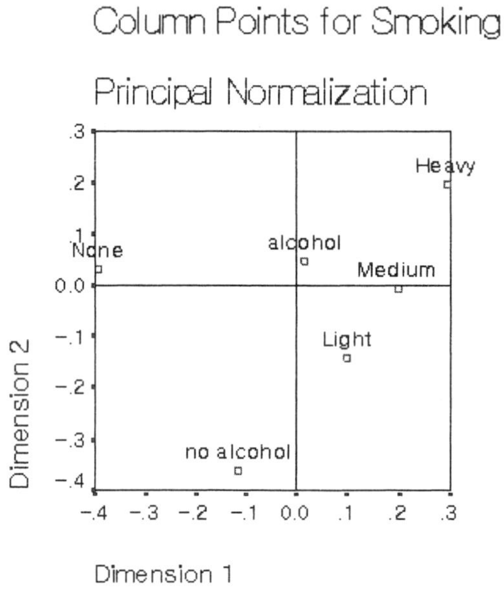

한편, 차원별 관성 계산이 가능하다. 각 차원에 대한 점수는 해당개체를 그 차원에 직교 사영시켜서 구해지는 것이다. 따라서 특정 차원에 대한 관성은 해당 차원에 대한 점수로부터 원점까지의 제곱 거리의 가중합과 같다. 그러나 이것이 행이나 열수량화 값에 적용된다 하더라도 정규화방법에 따라 달라진다. 각 행과 열수량화 값은 관성에 기여하기 때문이다. 결과적으로 행과 열 좌표들은 차원의 중요도를 나타내는 특정 차원의 관성에 잠재적으로 기여하게 되는 셈이다. 어떤 좌표에 대해 그 차원에서의 관성의 기여는 원점으로부터 사영된 좌표까지의 가중된 제곱거리를 해당 차원의 관성으로 나눈 결과와 같다.

<표 4.5>는 행과 열 좌표값의 기여도를 나타낸 결과이다. 행좌표 결과를 살펴보면 제1축에서 기여도가 가장 높은 것은 상급 근로자와 하급 근로자로 1축을 해석하는데 약 84.3%를 기여하고 있다. 열좌표 결과에서는 흡연량과 주량 범주에 대해 'none'이 1축을 해석하는데 65.4%를 기여하고 있다.

<표 4.5>
행과 열
좌표값

Overview Row Points[b]

Staff Group	Contribution: Of Point to Inertia of Dimension 1	2	Of Dimension to Inertia of Point 1	2	Total
Senior Managers	,003	,214	,092	,800	,893
Junior Managers	,084	,551	,526	,465	,991
Senior Employees	,512	,003	,999	,001	1,000
Junior Employees	,331	,152	,942	,058	1,000
Secretaries	,070	,081	,865	,133	,999
national average[a]	,000	,000	,631	,131	,761
Active Total	1,000	1,000			

a. Supplementary point
b. Row Principal normalization

Overview Column Points[b]

Smoking	Contribution: Of Point to Inertia of Dimension 1	2	Of Dimension to Inertia of Point 1	2	Total
None	,654	,029	,994	,006	1,000
Light	,031	,463	,327	,657	,984
Medium	,166	,002	,982	,001	,983
Heavy	,150	,506	,684	,310	,995
no alcohol[a]	,000	,000	,040	,398	,439
alcohol[a]	,000	,000	,040	,398	,439
Active Total	1,000	1,000			

a. Supplementary point
b. Row Principal normalization

차원별 관성에 대한 좌표의 기여도(contribution)는 가중치 mass와 원점으로부터의 거리에 의해 좌우된다. 원점으로부터 멀리 떨어진 좌표들과 가중치를 크게 가지고 있는 좌표가 해당차원에서의 관성도 크다. 추가좌표들은 해를 계산하는데 아무런 역할을 하지 못하기 때문에 이들에 대해서는 해당 차원의 관성에 대한 기여도가 없다고 할 수 있다.

<표 4.5>로부터 각 차원별 관성에 대한 좌표값의 기여도와 각 개체의 관성에 대한 차원의 기여도를 검토해볼 수 있다. <표 4.5>의 우측 3개 열은 각 범주별로 각 차원에서 어느 정도의 관성을 가지고 있는지 나타낸다. 범주의 관성에 대한 차원의 기여도는 모두 합해 1이 되지 않음을 알 수 있다. 고차원에서 기여된 관성은 축소된 공간에서는 제대로 대표되지 못한다. 따

라서 최대 차원을 이용하면 계산하기 어려운 관성이 나올 수 있다. 열좌표에서의 기여도를 살펴보면 각 좌표의 관성에 대한 차원의 기여도는 추가좌표에 대해서는 합계가 1에 크게 못미치는 0.439가 계산되었다.

이제 대응분석 테이블에 대한 순열모의실험(permutation)에 대해 살펴보자. 때때로 대응분석은 행과 열범주를 순서적으로 나열하는데 유용하게 사용될 수 있다. 이와 같은 범주의 순서화 문제는 고고학이나 사회과학 등에서 다양한 형태로 연구되었다. 순서화는 행과 열 수량화값을 순서화시킨 변수로 취급함으로써 얻을 수 있다.

만약 p차원의 행과 열 수량화값을 가지고 있다면 먼저 p개의 순열된 테이블을 만든다. 첫 번째 고유값이 클 경우 첫 번째 테이블은 특정한 구조를 보일 것이다. 즉, 대각원소가 상대빈도의 기대값보다 더 큰 수치로 채워진 대각행렬 형태를 보일 것이다.

<표 4.6>은 차원1을 따라 대응분석 테이블을 순열시킨 결과이다. 제1축에 대한 행 점수를 살펴보면 낮은 순서에서 높은 순서로 순위를 부여할 수 있는데 <표 4.4>의 제1축에 대한 행수량화값을 기준으로 범주의 순서를 상급 근로자(=-0.381), 평균(0.259), 비서직(-0.201), 상급 관리자(-0.066), 하급 근로자(0.233), 그리고 하급 관리자(0.259)의 순으로 정렬시킨다.

제 1차원에 대한 열 점수도 <표 4.4>의 결과를 토대로 마찬가지로 살펴보면 순위는 'none(비흡연)', 'no alcohol(비음주)', 'alcohol(음주)', 'light(가벼운 흡연)', 'medium(중간 흡연)', 'heavy(중증 흡연)'의 순으로 이루어진다. 따라서 행과 열의 범주순서를 바꿔놓고 이에 대응되는 빈도를 채워 넣으면 <표 4.6>과 같은 테이블을 구성할 수 있다. 결국 <표 4.6> 테이블은 제1축을 기준으로 행과 열 점수의 순서를 반영시킨 결과가 되는 셈이다.

<표 4.6>
순열모의실험 테이블 (permutation table)

Permuted Correspondence Table According to Dimension 1

Staff Group	Smoking						
	None	no alcohol[a]	alcohol[a]	Light	Medium	Heavy	Active Margin
Senior Employees	25	5	46	10	12	4	51
national average[b]	42			29	20	9	
Secretaries	10	7	18	6	7	2	25
Senior Managers	4	0	11	2	3	2	11
Junior Employees	18	10	78	24	33	13	88
Junior Managers	4	1	17	3	7	4	18
Active Margin	61			45	62	25	193

a. Supplementary column

b. Supplementary row

마지막으로 정규화방법에 대하여 살펴보자. 정규화는 행 수량화값과 열 수량화값에 대한 관성을 분배하는데 사용된다. 비정칙값, 차원별 관성, 그리고 기여도는 여러 가지 정규화방법을 적용하여도 변하지 않는다. 행과 열 수량화값, 그리고 이들의 분산만 영향을 받게된다. 관성을 차원별로 분배하는데는 몇 가지 방법이 있다. 행 수량화에만 반영시키는 방법, 열 수량화에만 반영시키는 방법, 그리고 행과 열 수량화값 모두에 반영시키는 방법 이 세 가지가 주로 사용된다.

이 예제에서 사용한 정규화방법은 'row principal normalization(행주성분 정규화)' 방법이다. 행주성분 정규화에 있어서는 행좌표간의 유클리드 거리가 대응분석 테이블에서 행간의 카이제곱 거리(chi-square distance)로 근사된다. 행 수량화값은 열 수량화값의 가중평균이다. 열 수량화값은 제곱된 거리의 가중합을 중심 1로 표준화시킨 결과이다. 이 방법은 행 범주간의 거리를 최대화시키기 때문에 행 범주가 특히 어떻게 차이가 나는지가 관심이라면 이 방법을 적용할 수 있다.

다른 한편, 대응분석 테이블에서 열 범주들간의 카이제곱거리를 근사시키고자 한다면 이런 경우 열 수량화는 행 수량화의 가중평균이 된다. 행 수량화들은 마찬가지로 제곱거리의 가중합이 중심1이 되도록 표준화시킨 결과이다. 이와 같은 방법을 'column principal normalization(열 주성분 정규화)'라고 한다. 이 방법은 열 범주들간의 거리를 최대화시키므로 행보다 열 범주가 어떻게 서로 다른 차이가 있는지에 일차적으로 관심이 있을 때 적용할 수 있다.

행과 열에 대해 대칭적으로 정규화시키는 방법은 관성을 행과 열에 동등하게 나누어주며 따라서 행좌표간의 거리나 열좌표간의 거리는 더 이상 카이제곱거리로 근사되지 않는다. 두 범주간의 유사성이나 차이점 등에 관심을 있을 경우 이 방법을 적용하면 좋고 이와 같은 경우에는 행렬도(biplot)가 더 선호된다.

SPSS에서 제공하고 있는 또 하나의 방법은 'principal normalization(주성분 정규화)'인데 이는 관성을 해당 해(solution)에 2배로 배분시킨 결과이다. 한번은 행에 대해서, 한번은 열에 대해서 배분시킨다. 따라서 행과 열좌표간의 관계가 아니라 행 좌표간의 거리와 열 좌표간의 거리에 대해 각각 관심이 있는 경우 이 방법을 적용할 수 있다.

4.3 사례분석2 : 아이스 커피의 브랜드 이미지 분석

4.2절에서 살펴본 사례는 분할표의 범주가 작은 규모의 예이다. 그러나 대응분석은 통상적으로 분할표 범주의 크기가 큰 경우 더욱 유용하다.

4.3.1 데이터

<표 4.7>의 데이터는 6개의 아이스 커피 브랜드 이미지조사 데이터이다. 각 브랜드별로 23개 조사항목을 이용하여 커피 이미지를 조사하였는데 관련 이미지 태도는 <표 4.7>과 같다. 6개의 브랜드는 AA, BB, CC, DD, EE, FF로 표시하였다. 즉, 여기서 파악하고자 하는 것은 각 브랜드가 서로 어떻게 관련되어 있고 각 브랜드에 대한 이미지는 또 서로 어떻게 관련되어 있는지 분석하고자 하는 것이다.

<표 4.7> 아이스커피의 지각도 조사 데이터 (iced_coffee.sav)

	BRAND						
IMAGE	AA	BB	CC	DD	EE	FF	Total
fattening	82	78	12	16	76	110	374
men	96	9	0	3	119	11	238
South Australian	72	111	30	13	20	22	268
traditional	101	30	1	0	1	53	186
premium	66	24	14	7	9	76	196
healthy	6	6	137	93	3	4	249
caffeine	47	33	14	15	65	43	217
new	1	11	78	99	15	15	219
attractive	16	9	69	55	10	31	190
tough	60	7	1	2	107	5	182
popular	137	35	6	4	47	50	279
cure	49	10	7	17	26	10	119
low fat	3	2	144	92	0	1	242
children	24	44	9	5	9	23	114
working	96	23	2	3	73	12	209
sweet	27	21	4	4	25	96	177
unpopular	1	18	32	32	21	8	112
ugly	22	32	24	22	20	20	140
fresh	48	26	27	23	18	25	167
yuppies	13	14	33	46	8	43	157
nutritious	23	17	72	56	7	10	185
women	19	19	104	73	7	32	254
minor	3	32	42	73	23	15	188
Total	1012	611	862	753	709	715	4662

<표 4.8> 아이스커피에 대한 이미지 항목

이미지	라벨	이미지	라벨
피로 회복	cure	살찌우는 식품	fattening
저지방,저칼로리	low fat	남성에게 어필	men
아이들을 위한 상품	children	남부 오스트리아	South Australian
근로자를 위한 상품	working	전통적이거나 오래된 이미지	traditional
부드러운 상품	sweet	질 좋은 식품	premium
비인기 상품	unpopular	건강 식품	healthy
비만이거나 게으른 사람들을 위한 상품	ugly	고카페인 식품	caffeine
매우 신선한 이미지	fresh	신 상품 이미지	new
유피들을 위한 상품	yuppies	매력적인 사람들을 위한 상품	attractive
영양가 있는 식품	nutritious	강인한 이미지 상품	tough
여성을 위한 상품	women	인기 상품	popular
소수를 위한 상품	minor		

4.3.2 대응분석 절차

데이터분석을 위해서는 4.2절과 마찬가지로 빈도변수(freq)를 가중케이스로 선언한다. 그리고 대응분석 대화창으로 들어가 <그림 4.9>와 같이 행과 열변수를 지정하고 각각의 범주 범위를 정의해준다.

<그림 4.9> 변수 지정

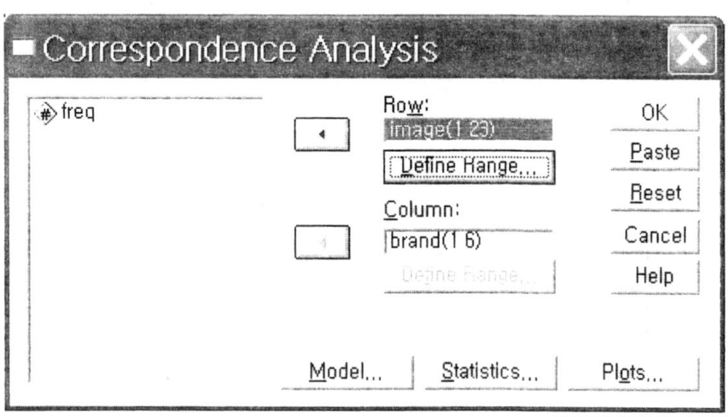

축소시킬 차원은 2차원까지, 정규화방법은 주성분 정규화를 적용한다. 따라

서 다음과 같이 지정하도록 한다.

Model...

Dimensions in solution : 2

Normalization Method

◉ Principal

Plots...

Scatterplots

☑ Row points

☑ Column points

4.3.3 분석결과의 이해

이제 분석된 결과를 하나씩 살펴보자. <표 4.9>의 결과를 살펴보면 제1축에 대한 비정칙값은 0.711이고 이를 제곱한 결과인 관성은 0.506으로 계산되었다. 제2축에 대해서도 마찬가지로 비정칙값은 0.399이고 관성은 0.159이다. 차원5까지 모두 고려하면 총 관성은 0.804이며 이를 기준으로 각 차원에서 차지하고 있는 관성비를 계산하면

0.506 / 0.804 = 0.629 (제 1축), 0.159 / 0.804 = 0.198 (제 2축)

와 같다. 결과적으로 2차원까지 차원축소를 할 경우 전체 분산의 약 82.7%를 설명할 수 있게 된다.

<표 4.9> 차원별 관성(inertia)

Summary

Dimension	Singular Value	Inertia	Chi Square	Sig.	Proportion of Inertia: Accounted for	Proportion of Inertia: Cumulative
1	.711	.506			.629	.629
2	.399	.159			.198	.827
3	.263	.069			.086	.913
4	.234	.055			.068	.982
5	.121	.015			.018	1.000
Total		.804	3746.968	.000[a]	1.000	1.000

a. 110 degrees of freedom

<표 4.10>은 차원별 관성에 대한 행좌표값의 기여도와 행좌표값의 관성에 대한 차원의 기여도를 나타낸다. 만약 모든 좌표값들이 관성에 대해 동일하게 기여하고 있다면 모두 23개의 범주이므로 기여도는 0.043(=1/23)이 될 것이다.

<표 4.10>의 제 1축에서 관성에 대해 큰 비율을 차지하고 있는 항목은 저지방 저칼로리의 건강식품(healthy, low fat) 이미지이다. 남성에게 어필되는 터프한 이미지(man, tough)는 제 2축의 관성에 대해 가장 큰 기여도를 나타내고 있다. 신선한 이미지와 게으르고 살찐 사람들을 위한 상품이라는 이미지(fresh, ugly)는 두 차원에 대해 거의 기여를 하지 못하고 있다.

제1축에서 상당량 기여를 하고 있는 항목들은 건강함, 새로움, 저지방 저칼로리, 영양가 있는 식품, 매력적인 사람들을 위한 상품, 여성을 위한 상품(healthy, new, attractive, low fat, nutritious, women)이라는 이미지들로 이들 항목들이 제1축을 잘 대표하는 항목이라고 할 수 있다.

제2축에는 남성을 위한 상품, 질 좋고 터프한 상품(men, premium, tough)이라는 이미지가 기여를 많이 하고 있다. 두 차원 모두 고려할 경우 남부 오스트리아 상품이라는 이미지와 비만이고 게으른 사람을 위한 상품(South Australian, ugly)이라는 이미지 등은 잘 대표하지 못하고 있다.

<표 4.10>의 하단부분에 나와있는 브랜드 기여도에서 제1축에 기여를 많이 하고 있는 항목들은 CC와 DD이다. 반면 EE와 FF는 1축보다 제2축에서 상대적으로 많은 양의 관성을 가지고 있다. AA와 BB는 1,2축 모두에서 기여하는 바가 매우 미약하다.

브랜드에 대한 차원의 기여도는 BB를 제외한 모든 브랜드가 두 차원 중 최소 한 차원에서 잘 대표되고 있다. CC와 DD는 차원1에서 잘 대표되며 차원2에서는 EE와 FF에 대한 관성이 커서 기여를 크게 하고 있다. AA는 차원1에서 잘 대표되지만 두 차원 전체에 대한 기여도는 0.748로 높은 편은 아니다.

<표 4.10>
이미지의 기여도(상)와 브랜드의 기여도(하)

Overview Row Points[a]

IMAGE	Contribution: Of Point to Inertia of Dimension 1	2	Of Dimension to Inertia of Point 1	2	Total
fattening	,042	,035	,652	,173	,825
men	,073	,219	,512	,480	,992
South Australian	,010	,044	,114	,152	,266
traditional	,039	,071	,454	,260	,715
premium	,016	,090	,296	,509	,805
healthy	,152	,010	,953	,020	,973
caffeine	,019	,005	,702	,053	,755
new	,086	,006	,893	,021	,914
attractive	,035	,001	,911	,007	,918
tough	,056	,246	,404	,560	,964
popular	,058	,001	,771	,003	,774
cure	,008	,011	,446	,209	,655
low fat	,175	,013	,941	,021	,962
children	,006	,041	,179	,380	,559
working	,055	,064	,693	,255	,948
sweet	,020	,112	,212	,368	,580
unpopular	,011	,005	,585	,085	,670
ugly	,000	,002	,000	,131	,131
fresh	,001	,002	,196	,214	,410
yuppies	,010	,019	,392	,246	,637
nutritious	,041	,001	,946	,006	,951
women	,062	,001	,965	,007	,972
minor	,027	,001	,593	,007	,600
Active Total	1,000	1,000			

a. Principal normalization

Overview Column Points[a]

BRAND	Contribution: Of Point to Inertia of Dimension 1	2	Of Dimension to Inertia of Point 1	2	Total
AA	,187	,003	,744	,004	,748
BB	,021	,134	,135	,272	,407
CC	,362	,007	,951	,006	,957
DD	,267	,010	,928	,011	,939
EE	,127	,477	,420	,494	,914
FF	,036	,369	,169	,550	,718
Active Total	1,000	1,000			

a. Principal normalization

<그림 4.10>
행 플롯

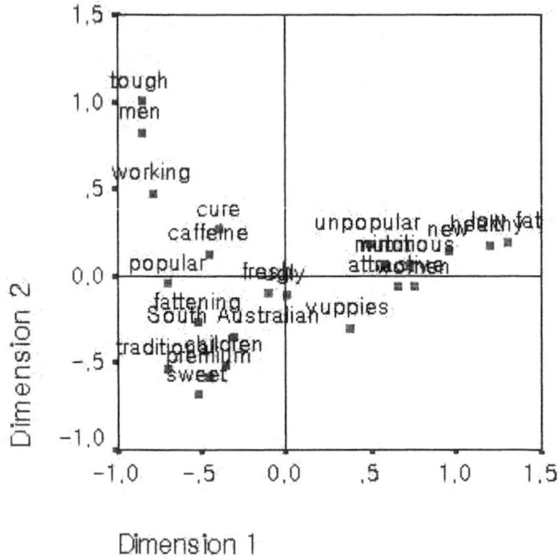

<그림 4.11>
열 플롯

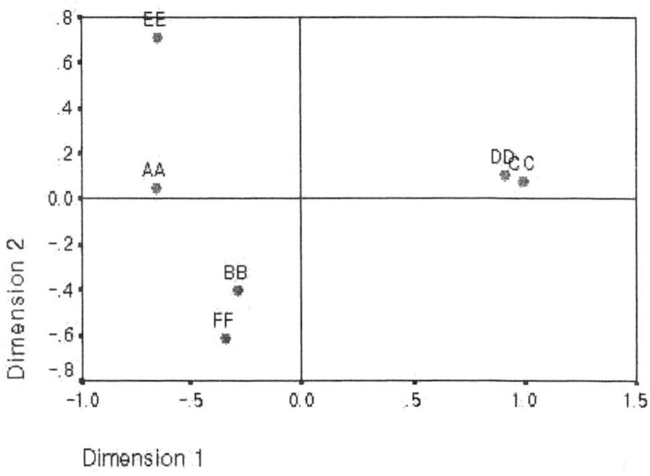

<그림 4.10>에서 신선하다는 이미지와 비만이고 게으른 사람을 위한 상품이라는 이미지(fresh, ugly)는 원점을 중심으로 가까이 있다. 행플롯은 크게 1,2,3 사분면을 중심으로 3가지 브랜드 이미지로 나누어 볼 수 있다.

2사분면에 나타난 터프하고 근로자와 남성들을 위한 상품이라는 이미지(tough, men, working)와 3사분면에 있는 달콤하고 살찌우는 식품이면서 아

이들을 위한 상품이기도 하고 질 좋은 상품이라는 이미지(sweet, fattening, children, premium)가 제2축을 기준으로 대별된다고 할 수 있다. 한편 1사분면에 나타난 건강하면서도 저지방 저칼로리의 영양가 있는 새로운 상품이라는 이미지(healthy, low fat, nutritious, new)가 앞서 설명한 이미지들과 대별되는 또 다른 하나의 그룹을 이루고 있다.

이를 <그림 4.11>과 대응시켜 살펴보면 브랜드 CC, DD는 매우 가까이 하나의 그룹을 형성하고 있고 BB, FF도 또 다른 하나의 그룹을 형성하고 있다. 이와 반면에 EE와 AA는 상당한 거리를 두고 위치하고 있어 비슷한 이미지를 나타내는 브랜드라고 보기 어렵다.

이제 아이스 커피 브랜드와 이미지가 어떻게 관련되어 있는지를 설명하기 위해 대칭적 정규화(symmetrical normalization)를 수행한 결과를 살펴보자. 대칭적 정규화는 관성을 행과 열에 동등하게 나누어 계산하기 때문에 단일 변수에 있어서의 범주들간의 거리를 해석하는 것이 아니라 서로 다른 변수들에 대한 범주들간의 거리를 의미있게 해석할 수 있게 된다.

<그림 4.12>
대칭적 정규화

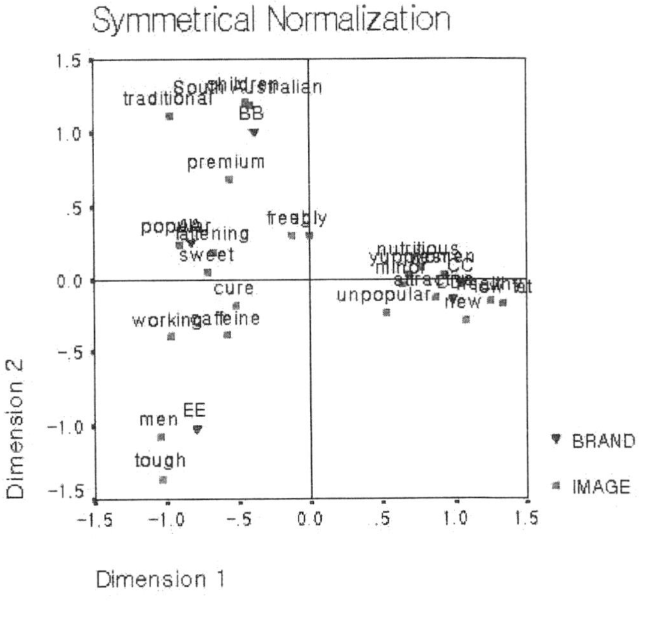

<그림 4.12>는 대칭적 정규화(symmetrical normalization)를 선택한 결과이다. 브랜드 'CC'와 'DD'는 1사분면에 위치하고 있어 저지방의 건강한 식품이면서 새로운 상품이라는 이미지를 가지고 있다고 할 수 있다. 브랜드 'BB'는 전통적인 상품이고 남부 오스트리아 이미지를 가지고 있고 질 좋은 상품이라는 이미지를 가지고 있다. 브랜드 'AA'는 달콤하고 인기있는 상품이라는 이미지를 가지고 있으며 브랜드 'EE'는 남성을 위한 상품이면서 터프하다는 이미지를 가지고 있음을 알 수 있다.

4.4 이론적 고찰

대응분석에 대한 기하적 이론 전개와 이와 유사한 수량화 방법론에 대해서는 허명회(1992, 1999)에서 상세히 설명되어 있으므로 여기서는 대응분석 알고리즘 위주로 간략히 살펴보기로 하겠다.

다음과 같은 이원 분할표를 고려해보자. 아래 테이블은 4개의 행과 3개의 열로 구성된 분할표이다.

행＼열	1	2	3	합계
1	4	7	1	10
2	5	1	4	10
3	8	1	1	10
4	2	1	7	10
합계	19	10	13	40

각 분할표에서의 칸 빈도와 행별 빈도 합계, 열별 빈도 합계 등을 다음과 같이 표기하자.

f_{ij} : 분할표에서의 칸 빈도

p : 행의 개수 , q : 열의 개수

f_{i+} : 행별 빈도 합, f_{+j} : 열별 빈도 합

그리고 프로파일 벡터, 가중치 벡터 등을 아래와 같이 표기하자.

$$a_i = (f_{i1}/f_{i+}, \cdots, f_{iq}/f_{i+}), \quad i=1,\cdots,p$$

$$r_i = f_{i+}/n, \quad i=1,\cdots,p$$

$$D_c = \text{diag}\,(c) = \text{diag}\,(f_{+1}/n, \cdots, f_{+q}/n)$$

$$D_r = \text{diag}\,(r) = \text{diag}\,(f_{1+}/n, \cdots, f_{p+}/n)$$

N : 분할표 빈도 합계

이 테이블에서 $N=40$이고 행별 빈도합은 $f_{i+}=10(i=1,2,3,4)$로 모두 동

일하다. 그리고 축소시킬 차원과 행과 개체에 대한 점수를 다음과 같이 표기한다.

d : 차원 수

r_{is} : s 차원에서의 행 범주 수량화값

c_{js} : s 차원에서의 열 범주 수량화값

즉,

$$N=\sum_i\sum_j f_{ij},\ \ p_{ij}=f_{ij}/N,\ \ p_{i+}=\sum_j p_{ij},\ \ p_{+j}=\sum_i p_{ij}$$

이고 따라서

$$\begin{aligned}\frac{\chi^2}{N} &= \sum_i\sum_j \frac{(p_{ij}-p_{i+}p_{+j})^2}{p_{i+}p_{+j}} \\ &= \sum_i p_{i+}\left\{\sum_j \frac{1}{p_{+j}}\left(\frac{p_{ij}}{p_{i+}}-p_{+j}\right)^2\right\} \\ &= \sum_i p_{i+}D_{i+}^2\end{aligned}$$

이다. 여기서 D_{i+}^2은 행 프로파일간의 카이제곱 거리를 나타낸다. 즉,

$$D^2(i,k)=\sum_j \frac{1}{p_{+j}}\left(\frac{p_{ij}}{p_{i+}}-\frac{p_{kj}}{p_{k+}}\right)^2$$

$$D^2(j,k)=\sum_i \frac{1}{p_{i+}}\left(\frac{p_{ij}}{p_{+j}}-\frac{p_{ik}}{p_{+k}}\right)^2$$

이다.

대응분석의 목적은 표준화 제약아래 식 (4.1)을 최소화시키는 행 수량화값과 열 수량화값을 계산하는 것이다.

$$\sigma(r_{is},c_{js})=\sum_i\sum_j f_{ij}\sum_s (r_{is}-c_{js})^2 \qquad (4.1)$$

SPSS에서 대응분석을 위한 알고리즘 전개는 다음 과정을 밟는다.

▶ Correspondence 알고리즘

▪ **단계1** : 데이터의 척도화와 중심화

카이제곱 거리를 계산한다.

$$z_{ij} = \frac{f_{ij}}{\sqrt{f_{i+}f_{+j}}} - \frac{\sqrt{f_{i+}f_{+j}}}{N}$$

유클리드 거리를 이용할 경우에는 재조정이 필요한데 이에 대한 설명은 생략한다.

- **단계2** : 고유값 고유벡터 분해

1단계에서 생성된 행렬 Z에 대해 비정칙값 분해를 한다. 즉,

$$Z = K\Lambda L^t.$$

여기서 $K^tK = I$, $L^tL = I$이고 Λ는 고유값으로 채워진 대각행렬을 나타낸다.

- **단계3** : 행과 열 범주 수량화값의 조정

2단계에서 생성된 직교행렬 K, L의 원소 k_{is}, l_{js}를 이용하여 행과 열 수량화값을 다음과 같이 재조정한다.

$$\widetilde{r}_{is} = k_{is}/\sqrt{f^*_{i+}/N}$$

$$\widetilde{c}_{js} = l_{js}/\sqrt{f^*_{+j}/N}$$

단, 여기서

$$f^*_{i+} = \frac{N}{k_1}, \quad f^*_{+j} = \frac{N}{k_2}$$

으로 k_1, k_2는 각각 분석에 사용된 행의 개수, 열의 개수를 나타낸다.

- **단계4** : 분산과 공분산행렬을 계산한다.

- **단계5** : 행과 열 범주 수량화값의 정규화

이제 정규화 방법에 따라 다음과 같이 정의하자.

$$q = \begin{cases} 0, & \text{대칭적 정규화} \\ 1, & \text{행주성분 정규화} \\ -1, & \text{열주성분 정규화} \end{cases}$$

그리고

$$\alpha = (1+q)/2, \quad \beta = (1-q)/2$$

로 표기하면 정규화 방법에 따른 행 수량화값과 열 수량화값은 다음과 같이 계산된다.

$$r_{is} = \widetilde{r}_{is}\lambda_s^{\alpha}, \qquad c_{js} = \widetilde{c}_{js}\lambda_s^{\beta}$$

이를 가중합으로 재표현하면

행 수량화값 : $\sum_i f_{i+}^{*} r_{is}^2 = N\lambda_s^{2\alpha}$,

열 수량화값 : $\sum_j f_{+j}^{*} c_{js}^2 = N\lambda_s^{2\beta}$

이다. 또한 단계4에서 계산된 분산과 공분산도 정규화방법에 따라 재조정된다.

한편 총관성(total inertia) I 는

$$I \equiv \sum_s \lambda_s^2 = \sum_s \sum_i \frac{f_{i+}^{*} r_{is}^2}{N}$$

이고 각 차원의 관성(inertia)에 대한 범주들의 기여도는

$$\tau_{is} = \frac{f_{i+}^{*}}{N} \frac{r_{is}^2}{\lambda_2^{2\alpha}}$$

$$\tau_{js} = \frac{f_{+j}^{*}}{N} \frac{c_{js}^2}{\lambda_2^{2\beta}}$$

로 계산된다. 각 범주들의 관성(inertia)에 대한 차원별 기여도는

$$\sigma_{is} = \frac{f_{i+}^{*}}{N} \frac{r_{is}^2 \lambda_s^{2-2\alpha}}{I_i}$$

$$\sigma_{js} = \frac{f_{+j}^{*}}{N} \frac{c_{js}^2 \lambda_s^{2-2\beta}}{I_j}$$

이다.

위에서 설명한 대응분석 알고리즘을 행 공간과 열 공간에서의 차원축소 관점에서 살펴보면 다음과 같이 설명할 수 있다.

1) 행공간의 차원축소와 차원 수 결정

q-1 차원 심플렉스 S^q에서 단위벡터

$v \quad (v^t D_c^{-1} v = 1,\ 1_q^t v = 1)$

에 행 벡터 $a_1, \cdots, a_p$를 사영하기로 하자. a_i의 정사영은 $(a_i^t D_c^{-1} v)\, v$ 이

다. a_i의 정사영들의 제곱합을 최대로 하여야 차원축소로 인한 손실이 최소가 될 것이다. 따라서 제 1축을 결정하는 v를 찾기 위해 최적화의 정식을

$$\max_v \sum_{i=1}^{p} r_i(a_i^t D_c^{-1} v)^2 \quad \text{subject to} \quad v^t D_c^{-1} v = 1,\ 1_q^t v = 0 \tag{4.2}$$

으로 두게 되는데 이것을 행렬로 정리해보면

$$\max_v \quad v^t D_c^{-1} A^t D_r A D_c^{-1} v \quad \text{subject to} \quad v^t D_c^{-1} v = 1,\ 1_q^t v = 0$$

이 된다. 여기서

$$A = \begin{pmatrix} a_1^t \\ \vdots \\ a_i^t \\ \vdots \\ a_p^t \end{pmatrix} = \begin{pmatrix} a_{11} & \cdots & a_{1q} \\ \vdots & & \\ a_{i1} & \cdots & a_{iq} \\ \vdots & & \\ a_{p1} & \cdots & a_{pq} \end{pmatrix}.$$

이것을 라그랑지 승수 λ를 써서 풀어보면, 일종의 고유값-고유벡터 체계인

$$D_c^{-1/2} A^t D_r A D_c^{-1/2}\, \tilde{v} = \lambda\, \tilde{v} \quad (\text{단, } \tilde{v} = D_c^{-1/2} v) \tag{4.3}$$

가 유도된다. 그러므로 $p \times q$ 행렬 G를

$$G = D_r^{1/2} A D_c^{-1/2} = D_r^{-1/2} F D_c^{-1/2}$$

로 정의할 때, (4.3)은 $q \times q$ 행렬 $G^t G$의 고유값-고유벡터 분해를 의미한다. 이 때, (4.2)는

$$\max_v \sum_{i=1}^{p} r_i(a_i^t D_c^{-1} v)^2 = \sum_{i=1}^{p} r_i(a_i^t D_c^{-1} v_1)^2 = \lambda_1,$$

즉 $G^t G$의 최대고유값과 일치하며 (여기서 v_1은 λ_1에 대응하는 고유벡터), 0이 아닌 고유값 λ의 수는 최대 $q-1$이다 (그 이유는 q차원 행공간에 놓인 심플렉스의 실제적 차원수가 $q-1$이기 때문이다). 일반적으로

$$\max_v \sum_{i=1}^{p} r_i(a_i^t D_c^{-1} v)^2$$
$$s.t. \quad v^t D_c^{-1} v = 1,\ v^t D_c^{-1} v_j = 0,\ j = 1, \cdots, k-1$$
$$= \sum_{i=1}^{p} r_i(a_i^t D_c^{-1} v_k)^2 = \lambda_k, \quad \text{for } k = 2, \cdots, q-1$$

이다 (여기서, v_k은 고유값 λ_k에 대응하는 고유벡터). 그리고 모든 고유값

의 합은 카이제곱 통계값과 비례한다. 구체적으로

$$\chi^2/n = \sum_{k=1}^{q-1} \lambda_k \qquad (\lambda_1 \geq \lambda_2 \geq \cdots \geq \lambda_{q-1} \geq 0)$$

이다. 여기서 G^tG에 대한 고유값 λ_k를 관성이라고 하고 $\sqrt{\lambda_k}$를 행렬 G의 비정칙값(singular value)이라고 한다($k=1,\cdots,q-1$). 그러므로 v_k로 결정된 선형부공간, 즉 k축에서 행 $a_1,\cdots,a_p$는 각각 좌표값

$$a_1^t D_c^{-1} v_k, \cdots, a_i^t D_c^{-1} v_k, \cdots, a_p^t D_c^{-1} v_k$$

로 표현된다. 한편 열 범주 $j(=1,\cdots,q)$는 행공간에서

$e_j = (0,\cdots,1,\cdots,0)^t$: j번째 요소만 1이고 나머지 요소는 모두 0

인 벡터로 표현가능하므로 이것을 v_k에 사영할 때의 좌표값

$$e_1^t D_c^{-1} v_k, \cdots, e_j^t D_c^{-1} v_k, \cdots, e_q^t D_c^{-1} v_k$$

가 바로 열범주의 표시점이 된다. 이런 행 표본과 열 범주 표시는, 0이 아닌 고유값 λ_k와 짝이 되는 고유벡터 v_k (모두 최대 $q-1$개)마다 가능하지만 효과적인 차원축소에서는 처음 $s(\ll q)$개의 축만 활용한다. 그러므로 예컨대 $s=2$인 경우에는 다음과 같이 행 표본과 열 범주가 2차원 공간에 표현된다.

$$\text{행 표본의 표현 : } (a_i^t D_c^{-1} v_1,\ a_i^t D_c^{-1} v_2), \quad i=1,\cdots,p \tag{4.4}$$

$$\text{열 범주의 표현 : } (e_j^t D_c^{-1} v_1,\ e_j^t D_c^{-1} v_2), \quad j=1,\cdots,q \tag{4.5}$$

2) 행공간의 차원축소와 차원 수 결정

축 k가 총 카이제곱변동 중에서

$$\lambda_k / \sum_{j=1}^{q-1} \lambda_j \times 100\,(\%)$$

를 설명하므로, s축 차원 근사도를 고유값의 누적비율인

$$G_s = \sum_{j=1}^{s} \lambda_j \Big/ \sum_{j=1}^{q-1} \lambda_j \times 100\,(\%), \quad s=1,\cdots,q-1$$

로 정의할 수 있다.

차원 수 s는 주성분분석에서와 마찬가지로 고유값 $\lambda_1, \lambda_2, \cdots, \lambda_{q-1}$의

감소패턴을 고려하여 결정될 수 있다. 또는 근사도를 일정수준, 예컨대 80%보다 크도록 차원 수 s를 정할 수도 있겠다. 현실적인 이유로는 $s=2$가 선호되는데, 평면 공간에 행과 열을 표현해 넣는 것이 만들기 쉽고 보기 쉽기 때문이다.

한편 두 개의 범주형 변수에 대해서 5장에서 다루게 될 중대응분석 알고리즘인 HOMALS를 수행하면 어떤 결과가 나올까? 도식적으로는 큰 차이가 없지만 수리적으로는 대응분석 알고리즘 결과와 완전 일치하지는 않는다. 대응분석에서는 HOMALS와 달리 행과 열 수량화값만이 계산되고 개체들에 대한 점수는 계산되지 않는다. 다시 말하면 HOMALS에서는 변수들간의 관계파악도 중요하지만 개체들간의 관계도 도식적으로 파악하고자 하는 것이 중점적이다라는 것이다.

5장. 중대응분석

(Homogeneity Analysis)

5.1 중대응분석이란?

4장 1절에서 다룬 17대 총선 데이터를 만약 유권자의 성별, 연령대별로 보다 세분화하여 분석한다고 생각해보자. 이와 같이 범주형으로 조사된 변수들이 3개 이상으로 확장된 분할표의 경우 4장에서 설명한 단순대응분석으로는 한계가 있다. 왜냐하면 여러 범주형 변수들간의 상호관계를 모두 고려해야 하기 때문이다. 이와 같은 경우 적용할 수 있는 분석방법이 이 장에서 설명하고자 하는 중대응분석이다.

중대응분석은 'homogeneity analysis', 'multiple correspondence analysis'와 같은 용어로 불려지고 있다.

중대응분석은 3차원 이상의 분할표 데이터에 적용할 수 있는 대응분석으로 분석 목적은 대응분석과 마찬가지로 여러 변수들간의 동질성, 즉 연관성을 최대화시키는 것이다. 가능한 범주들이 서로 분류되도록 최적화를 통해 저차원공간에서의 범주 수량화 값을 계산하게 된다.

'homogeneity'의 이해를 돕기 위해 변수가 2개인 경우를 가정하겠다. 두 개의 변수 X1, X2가 각각 4개의 범주를 가지고 있는 경우이다.

id	X1	X2
1	1	1
2	2	2
3	3	3
4	4	4

이 데이터에 대하여 본 단원에서 설명하고자 하는 중대응분석을 적용하면 두 변수에 대한 아래의 범주 수량화 값은 개체점수와 완전히 일치한다. 즉 변수들의 범주들이 개체들의 반응을 고려하여 완전히 판별되고 있고 이에 대한 개체점수들도 해당 범주와 완전히 일치하고 있는 것이다.

	Marginal Frequency	Category Quantifications	
		Dimension	
		1	2
1	1	.896	-.994
2	1	-1.639	.132
3	1	.715	1.576
4	1	.028	-.714
Missing	0		

본 장의 마지막 절에서 보다 상세히 설명하겠지만 개체점수행렬을 X라고 하고 차원별 각 변수들의 범주값 행렬을 Y라고 하면 동질성분석의 목적은 이 개체점수행렬과 범주값 행렬간의 차에 대한 제곱합을 가장 최소화시키는 것이다. 위와 같은 경우 완전히 일치하게 되어 두 행렬간의 차는 영행렬이 된다. 이를 'homogeneity'가 완전(perfect)하다고 말한다.

결국 여기서 사용되는 'homogeneity'라는 용어는 개체들을 몇 개의 그룹으로 같은 범주들이나 혹은 유사한 범주들로 분류시켰을 때 분류된 속성(개체, 범주)이 가장 유사할 때 성공적이라는 의미를 담고 있다. 위의 경우는 두 변수가 완전히 하나의 그룹으로 일치한 극단적인 경우이다.

다차원 분할표에 대해 일반적으로 적용할 수 있는 로그선형모형은 칸빈도가 결측이거나 전체 표본수에 비해 범주의 개수가 너무 많으면 계산상 문제를 야기시킬 수 있는 단점이 있다. 또한 고려하는 범주 개수가 많으면 모형도 복잡해지고 추정된 효과를 쉽게 이해하기 어렵다. 그러나 이장에서 소개하는 중대응분석을 통해서는 저차원 공간에서 시각적으로 각 변수의 범주들간에 어떤 관계가 있는지를 탐색하여 설명하는 것이 가능하다. 또한 표본 수가 아주 적어 결측이 있어도 이를 고려할 수 있고 표본수에 비해 변수개수가 많아도 문제되지 않는다.

중대응분석을 적용할 수 있는 예는 주변에 매우 많다. 학생들의 도서관 이용 만족도가 단대별, 혹은 학과별, 학년별 차이가 있는지, 만약 있다면 어떤 관계를 가지고 있는지 살펴볼 수 있다. 혹은 여러 회사제품을 사용해보고 비교 평가해서 소비자들의 인구통계학적 속성에 따라 어떤 회사의 제품이 더 선호되는지 만약 선호된다면 어떤 속성에 의해서 더 차이가 나는지 등을 분석할 수도 있다.

5.2절과 5.3절에서 간략한 사례를 통해 중대응분석을 어떻게 하는지, 또 그 결과를 어떻게 해석하는지 살펴볼 것이다. 그리고 5.4절에서는 구체적인 특성과 알고리즘을 살펴볼 것이다.

5.2 사례분석1: 철물의 특성 비교

5.2.1 데이터

볼트와 너트, 납작못, 나사못 등 각종 철물들의 특성을 어떻게 이야기할 수 있을까? <그림 5.1>의 데이터는 Hartigan(1975)에서 다루어진 데이터로 나사못(screws), 볼트(bolts), 너트(nuts), 납작못(tacks) 등과 같은 철물(鐵物)의 특성을 조사한 자료이다.

<그림 5.1>
철물 데이터
(screws.sav)

screws.sav - SPSS Data Editor

File Edit View Data Transform Analyze Graphs Utilities Window Help

1 :

	thread	head	indhead	bottom	length	brass	object
1	No_Thread	FLAT	NONE	sharp	1/2_in	Not_Br	TACK
2	No_Thread	FLAT	NONE	sharp	2_in	Not_Br	NAIL1
3	No_Thread	FLAT	NONE	sharp	1_in	Not_Br	NAIL2
4	No_Thread	FLAT	NONE	sharp	1_in	Not_Br	NAIL3
5	No_Thread	FLAT	NONE	sharp	1_in	Not_Br	NAIL4
6	No_Thread	FLAT	NONE	sharp	1_in	Not_Br	NAIL5
7	No_Thread	CUP	NONE	sharp	2_1/2_in	Not_Br	NAIL6
8	No_Thread	CUP	NONE	sharp	1_1/2_in	Not_Br	NAIL7
9	No_Thread	CUP	NONE	sharp	1_1/2_in	Not_Br	NAIL8
10	Yes_Thread	CONE	STAR	sharp	2_1/2_in	Not_Br	SCREW1
11	Yes_Thread	ROUND	SLIT	sharp	2_in	Not_Br	SCREW2
12	Yes_Thread	CYLINDER	SLIT	sharp	2_in	Not_Br	SCREW3
13	Yes_Thread	ROUND	SLIT	sharp	1_in	Not_Br	SCREW4
14	Yes_Thread	CYLINDER	SLIT	sharp	1_in	Not_Br	SCREW5
15	Yes_Thread	ROUND	SLIT	flat	2_in	Not_Br	BOLT1
16	Yes_Thread	CONE	SLIT	flat	1/2_in	Not_Br	BOLT2
17	Yes_Thread	CYLINDER	SLIT	flat	1/2_in	Not_Br	BOLT3
18	Yes_Thread	CYLINDER	SLIT	flat	1/2_in	Not_Br	BOLT4
19	Yes_Thread	CYLINDER	SLIT	flat	1/2_in	Not_Br	BOLT5
20	Yes_Thread	CYLINDER	SLIT	flat	1/2_in	Not_Br	BOLT6
21	No_Thread	FLAT	NONE	sharp	1/2_in	YES_Br	TACK1
22	No_Thread	FLAT	NONE	sharp	1/2_in	YES_Br	TACK2
23	No_Thread	FLAT	NONE	sharp	1/2_in	YES_Br	NAILB
24	Yes_Thread	CONE	SLIT	sharp	1/2_in	YES_Br	SCREWB

이들 데이터에 대한 변수명과 각 변수가 취한 범주는 <표 5.1>과 같다. <그림 5.2>는 철물에 대한 시각적 이해를 도울 것이다.

<표 5.1> 변수와 범주 설명

변수명	변수설명	범주
thread	나사산(Thread)	Yes_thread, No_thread
head	나사모양(Head form)	Flat, Cup, Cone, Round, Cylinder
indhead	톱니모양 (Indentation of head)	None, Star, Slit
bottom	바닥모양 (Bottom shape)	sharp, flat
length	길이 (Length in half inches)	1/2_in, 1_in, 1_1/2_in, 2_in, 2_1/2_in
brass	놋쇠(Brass)	Yes_Br, Not_Br
object	개체(Object)	tack, nail1, nail2, nail3, nail4, nail5, nail6, nail7, nail8, screw1, screw2, screw3, screw4, screw5, bolt1, bolt2, bolt3, bolt4, bolt5, bolt6, tack1, tack2, nailb, screwb

<그림 5.2> 철물의 종류

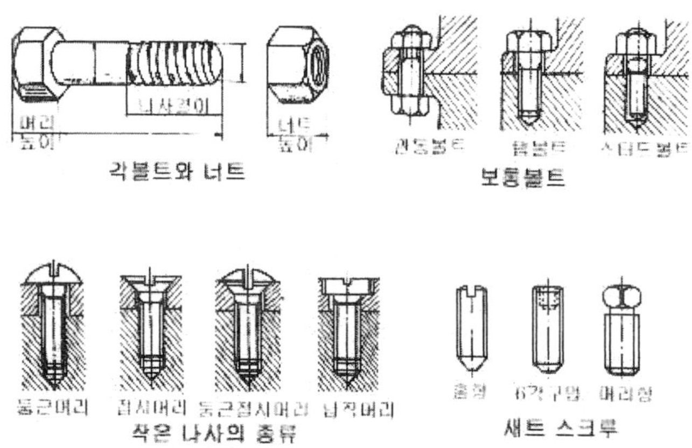

5.2.2 중대응분석 절차

'중대응분석'을 위해서는 주 메뉴에서 최적척도화 메뉴를 선택하도록 한다.

Analyze ▶ Data Reduction

▷ Optimal Scaling

그리고 <그림 5.3>과 같이 지정하여 HOMALS 분석을 시도한다.

<그림 5.4>의 변수지정 과정에서는 범주들을 수치형으로 변환시킨 변수 threadn, headn, indheadn, bottomn, brassn, lengthn를 지정한다. 또한 각 변수의 범주값을 입력하고 개체플롯을 작성하기 위해서 Label Object Scores Plot(s) by 에서 threadl, headl, brassl, lengthl 변수를 지정한다. 마찬가지로 해당 범주의 범위도 설정한다. 그리고 <그림 5.4>의 우측 하단에 보이는 옵션 탭에서는 <그림 5.5>와 같이 Discrimination measure를 지정하도록 하자.

<그림 5.3>
중대응분석을 위한 대화상자

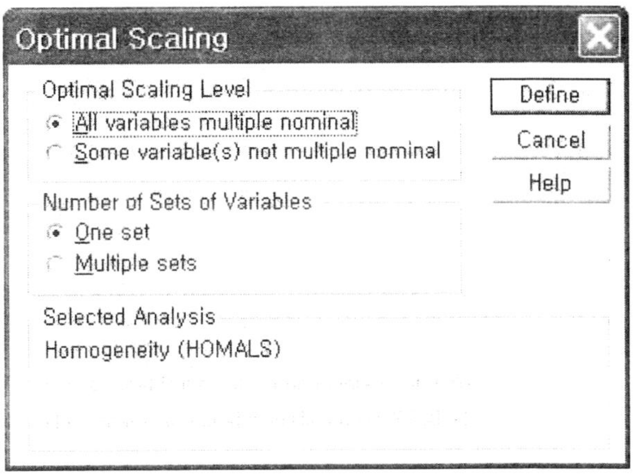

<그림 5.4>
변수설정

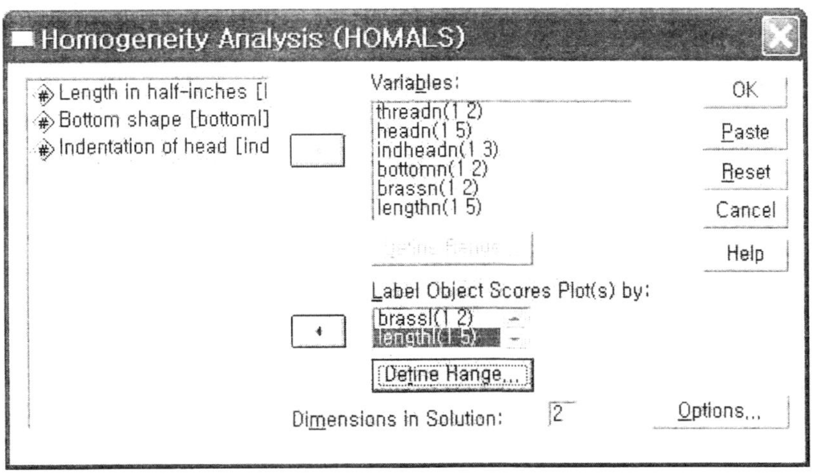

<그림 5.5>
옵션의 선택

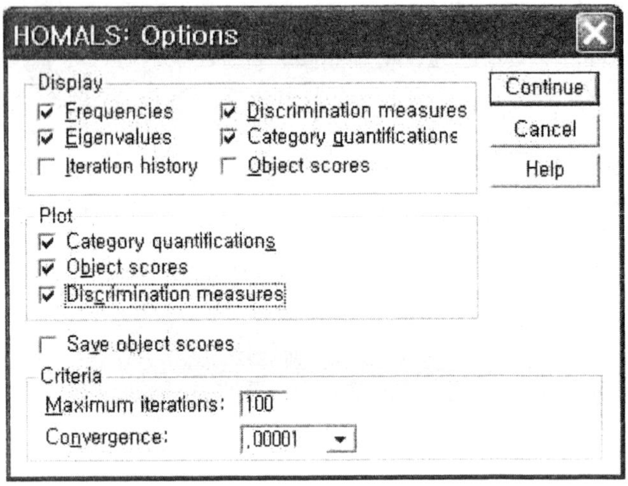

5.2.3 분석결과의 이해

중대응분석은 여러 차원에 대한 단일 해를 제공할 수 있다. 이때 최대 차원은 결측이 없는 경우

min(범주수-변수개수, 관측수-1)

이다. 그러나 중대응분석에서 최대차원을 이용하는 경우는 거의 없다. 왜냐하면 차원을 축소해서 해석하는 것이 보다 쉽게 이해되기 때문이다. 또한 특정차원 이후의 차원들이 가지고 있는 정보는 무시해도 될 정도로 경미해지는 경우가 많기 때문이다. 따라서 보통은 1,2,3차원 정도로 해를 구하는 것이 일반적이다. 이는 차원축소를 통해 정보를 이끌어내는 최적척도화 방법들 대부분에서 적용된다. 이때 각 차원이 전체 분산 설명량 중 얼마나 설명하고 있는지에 대한 정보를 담고 있는 것이 바로 <표 5.2>의 고유값이다. 각 차원에 대한 수량화 값들이 차이가 나기 때문에 설명되는 전체 분산량은 각 차원에 대한 수량화 변수들의 서로 다른 셋으로 정의한다.

한편, 2차원의 좌표평면은 차이를 만들어 만약 어떤 한 변수가 판별이 매우 잘 되면 관측개체들은 그들이 속한 범주에 유사하게 묶이게 될 것이다. 이상적으로는 동일 범주에 있는 개체들은 서로 유사하게 될 것이고 서로 다른 변수의 범주들이 같은 개체에 속한다면 유사하게 될 것이다. 즉 한 변수에 대해서 유사한 점수를 가지는 두 개의 개체가 있을 경우 이들은 또한 다른 변수에 대해서도 서로 유사한 점수를 가지게 될 것이다.

<표 5.2>
고유값

Eigenvalues

Dimension	Eigenvalue
1	,621
2	,368

다음으로 특이치를 살펴보기 위해서는 개체점수 플롯을 살펴보아야 한다. <그림 5.6>에서 제2축을 기준으로 바닥에 놓여있는 개체의 경우 특이치로 생각할 수 있다. 나중에 왜 이 개체가 바닥에 놓이게 되었는지 생각해보도록 하자.

<그림 5.6>는 개체점수를 그룹화하여 해바라기 모양으로 나타내고 있다. 해바라기의 각 잎은 케이스의 수를 나타낸다. 이것은 많은 개체들이 서로 가까이 떨어져 있을 경우 윤곽 파악을 용이하게 한다.

<그림 5.6>
개체점수 플롯
(object score plot)

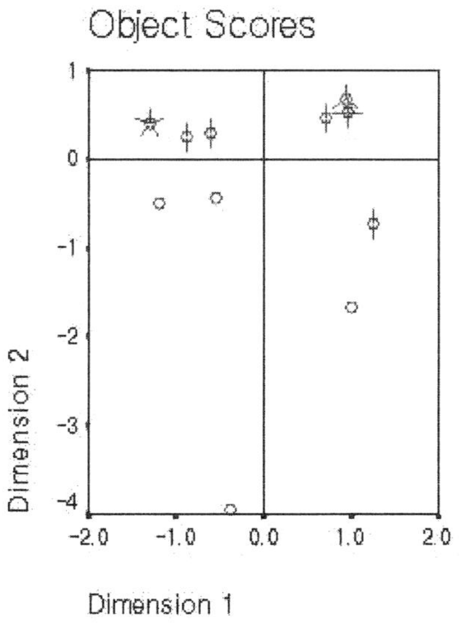

많은 잎을 가진 해바라기는 여러 케이스들이 그 영역에 속한다는 것을

나타내는 반면 소수의 잎을 가진 해바라기는 그 영역에 소수의 개체들이 속한다는 것을 나타낸다.

각 개체로부터 원점까지의 거리는 평균 반응패턴으로부터의 변동을 나타낸다. 평균 반응패턴은 각 변수에 대해서 가장 많은 빈도를 가진 범주에 대응된다. 따라서 가장 많은 빈도를 가진 범주에 대응하는 여러 가지 특성을 보이는 개체들은 원점 가까이 놓이게 된다. 이와는 달리, 평균반응 패턴과 상당히 다른 속성을 가진 개체들은 원점으로부터 먼 위치에 놓이게 된다.

이 예에서처럼 작은 규모의 데이터 셋일 경우, 정확하게 각 케이스가 플롯에서 어디에 위치하는 지를 정확히 파악할 수 있다. 만약 개체가 아주 많다면 각 개체들간의 특별한 관계를 살펴보는 일은 쉽지 않게 된다. 또한 개체플롯에서 변수들의 특성을 함께 설명해야 하므로 해당 변수들의 범주 수량화값 플롯과 연계해서 해석하도록 한다.

<그림 5.7>의 플롯에서 제 1축을 중심으로 nail, tacks가 screws, bolts와 분류되어짐을 알 수 있다. 따라서 보다 넓게 해석하면 제1축은 볼트와 같은 바닥이 평평한 철물과 그 밖의 다소 날카로운 철물로 분리되는 축이라 할 수 있다.

제2축은 screw1, nail6가 나머지 개체들과 분류된다고 보여진다. screw1와 nail6가 공통적으로 가지고 있는 사항은 length 변수와 관련 있다. 즉 이들은 여러 개의 철물 중 길이가 가장 긴 것에 해당된다. 더욱이 screw1은 원점으로부터 가장 멀리 떨어져 있어서 여러 철물들이 가지고 있는 특성을 공유하지 않고 있는 것으로 판단된다.

<그림 5.7>
개체점수

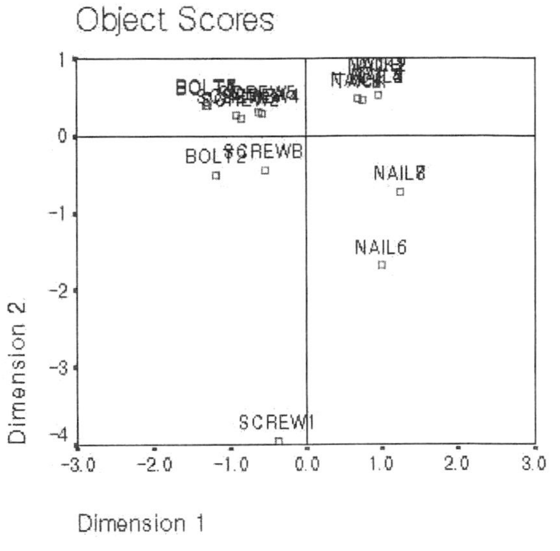

<그림 5.8>은 <표 5.3>에서 계산된 제곱 성분부하량(squared component loading)으로 각 변수에 대해 각 차원별로 계산된 결과를 좌표평면상에 나타낸 결과이다. <표 5.3>에서 보이는 수치는 각 차원에 있어서 수량화된 변수의 분산을 나타내기도 한다. 개체점수들이 상호 배반적인 그룹에 속하고 한 범주에 있는 모든 개체점수들이 동일할 때 <표 5.3>의 값이 1이 된다. 따라서 수치가 클수록 변수의 범주들간에 산포가 크게 되며 결과적으로 해당 차원에서 한 변수의 범주들간의 판별력이 높게 된다.

어떤 차원이든지 판별 측도의 평균은 해당차원의 고유값과 같다. 결과적으로 차원들은 판별을 평균화함에 의해 정렬되어질 수 있다. 가장 큰 평균 판별력을 가지는 차원이 1이고 그 다음으로 큰 평균 판별력을 가지는 차원이 제2차원이 되는 것이다.

개체점수 플롯에서와 마찬가지로 <그림 5.8>의 판별 플롯에서 제 1축은 thread와 bottom간의 관계를 나타낸다. 이들 변수들은 차원1을 기준으로 가장 큰 판별력을 보이며 제2축 기준으로는 가장 작은 판별점수를 보인다. 따라서 이들 변수 두 개는 범주들이 제1축에 의해서만 분별된다고 할 수 있다. 변수 length는 제 2축을 기준으로 큰 값을 보이고 있고 제 1축을 기준으로는 작은 값을 나타낸다. 결과적으로 length는 제2축과 가장 가까우며 개체점수 플롯으로부터 관측된 것들은 제2축에서 나머지 것들과 가장 멀리 떨어져 있으므로 구별된다는 것이다.

또한 indhead와 head는 두 차원 모두에 대해서 상대적으로 큰 값을 가지는데 제1축과 제2축에 대해 양 차원에서 모두 판별된다는 것을 나타낸다.

<그림 5.8>
판별측도 플롯

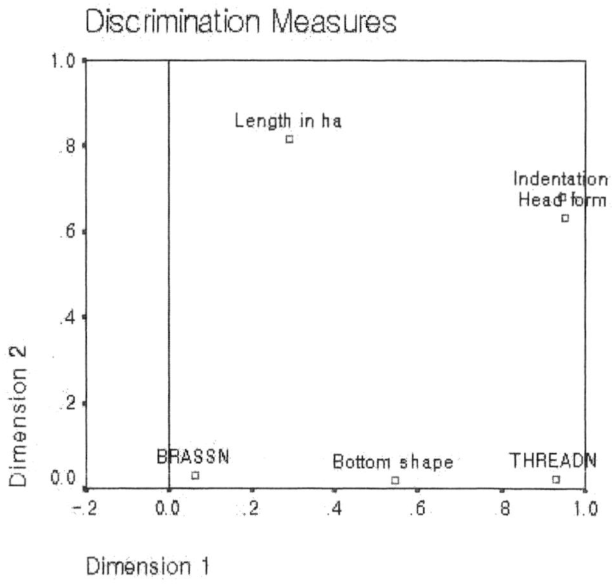

<표 5.3>
판별측도

Discrimination Measures

	Dimension	
	1	2
THREADN	,930	,024
Head form	,951	,634
Indentation of head	,945	,682
Bottom shape	,546	,020
BRASSN	,064	,030
Length in half-inches	,292	,818

<그림 5.8>에서 원점에 가까이 놓여있는 brass는 양 차원에서 모두 판별력이 없는 변수라고 할 수 있다. 더욱이 length는 제2차원에서만 판별력을 지니고 있다.

이제 범주의 수량화에 대해서 살펴보자. 위에서 살펴본 판별측도(discrimination measure)는 차원별 수량화된 변수의 분산을 나타낸다고 했다. 판별측도 플롯(discrimination measures plot)은 이들 분산들을 반영하고 있으므로 변수들이 차원별로 어떻게 분류되느냐를 알 수 있다. 그러나 모든 변수에 대해서 범주들이 상당히 멀리 떨어져 있거나 거의 대부분은 모여있고 일부만 떨어져 있을 경우 판별측도 플롯으로부터 그와 같은 상세한 차이까지 구별해낼 수는 없다.

범주 수량화 플롯은 범주들간의 관계를 구별해줄 수 있는 변수들의 판별을 보여주는 대안적인 방법으로 제시된다. 이 플롯에서 각 차원별로 각 범주의 좌표가 표시되는데 결과적으로 각 변수들에 대해서 어떤 범주들이 유사한지 여부를 파악할 수 있게 해준다.

<그림 5.9>의 범주 수량화 플롯을 살펴보도록 하자.

<그림 5.9>
범주 수량화 플롯

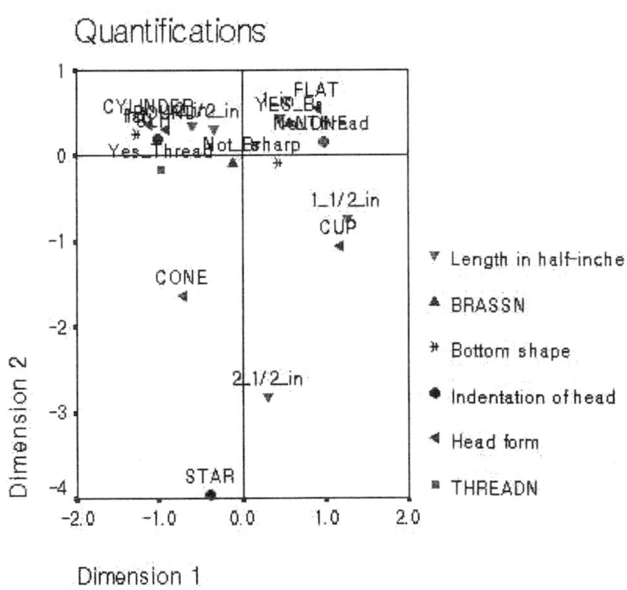

변수 length는 5개의 범주를 가진다. 그중 3개는 <그림 5.9>의 상단 부분에 몰려있다. 나머지 두 개 범주인 '1_1/2_in'과 '2_1/2_n'은 플롯의 4사분면에 놓여 있다.

제2축에 대하여 변수 length에 대한 커다란 판별력은 한 범주와 나머지 범주들을 구별해준다는 점이다. 이와 유사하게 head에 대해서도 범주 star는 나머지 범주들과 달리 멀리 떨어져 위치하고 있다. 이와 같은 패턴들은 판별측도 플롯에서만 설명되어질 수 있는 것은 아니다.

범주 수량화 플롯에서 특정 변수의 산포는 분산을 반영한 것이며 따라서 그 변수에 의해 각 차원이 얼마나 잘 판별되는지를 알려준다. 제 1축을 중심으로 살펴보면 thread의 범주들은 상당히 멀리 떨어져 있다. 그러나 2축을 중심으로 이들 범주들은 매우 가까이 놓여있다. 따라서 thread 변수는 2축보다는 1축에서 더 잘 판별된다고 할 수 있다. 반대로 head 변수의 범주는 양쪽 차원에서 모두 멀리 떨어져 있다. 따라서 이 변수는 두 차원에서 모두 판별력이 좋다고 할 수 있다.

범주 수량화 플롯은 특정 변수에 따른 해당 차원의 판별력도 설명하면서 아울러 다른 변수와 비교도 가능하다. 범주들이 멀리 떨어져 있는 변수가 범주들이 몰려있는 변수보다 판별력이 좋은 것이다.

참고로 <그림 5.9>의 범주 수량화 플롯은 <표 5.4>의 범주 수량화값에 기초한 결과이다.

<표 5.4> 범주 수량화값

THREADN

	Marginal Frequency	Category Quantifications Dimension 1	Category Quantifications Dimension 2
No_Thread	12	,964	,154
Yes_Thread	12	-,964	-,154
Missing	0		

<표 5.4>
(계속)
범주 수량화 값

Head form

	Marginal Frequency	Category Quantifications Dimension 1	Category Quantifications Dimension 2
FLAT	9	,897	,556
CONE	3	-,705	-1,639
ROUND	3	-,912	,299
CUP	3	1,165	-1,053
CYLINDER	6	-1,120	,363
Missing	0		

Indentation of head

	Marginal Frequency	Category Quantifications Dimension 1	Category Quantifications Dimension 2
SLIT	11	-1,017	,193
NONE	12	,964	,154
STAR	1	-,385	-3,961
Missing	0		

Bottom shape

	Marginal Frequency	Category Quantifications Dimension 1	Category Quantifications Dimension 2
flat	6	-1,279	,246
sharp	18	,426	-,082
Missing	0		

BRASSN

	Marginal Frequency	Category Quantifications Dimension 1	Category Quantifications Dimension 2
Not_Br	20	-,113	-,078
YES_Br	4	,564	,389
Missing	0		

데이터를 좀더 면밀히 살펴보기 위해서는 각 변수에 대한 개체 점수 플롯이 필요하다. 유사한 개체들끼리는 하나의 그룹을 형성할 것이기 때문이다. <그림 5.10>에서 <그림 5.13>은 이에 대한 개체점수 플롯들이다.

<그림 5.10> 범주 수량화 플롯 (thread)

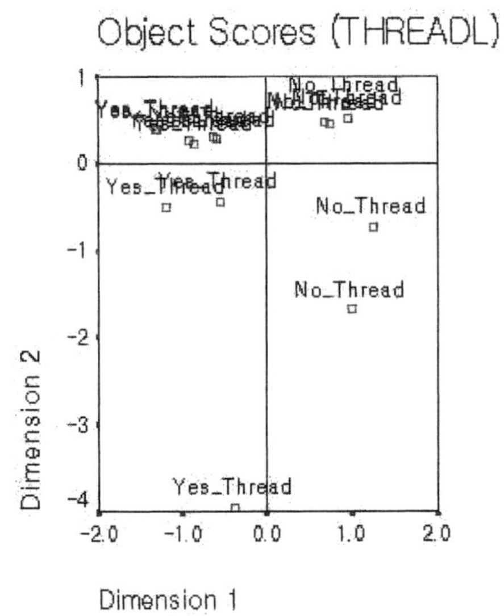

<그림 5.11> 범주 수량화 플롯 (head form)

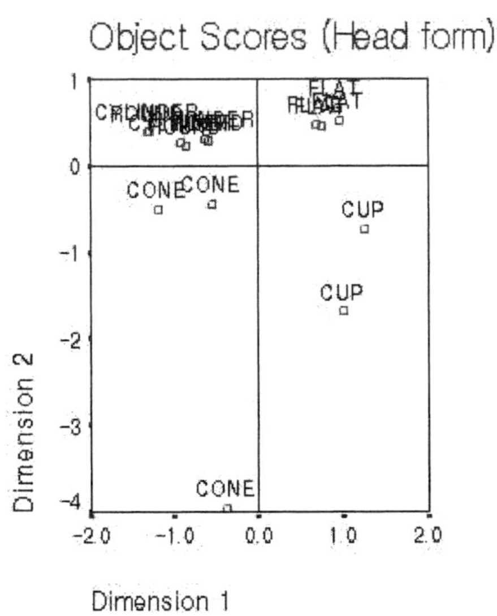

<그림 5.12>
범주 수량화
플롯
(length)

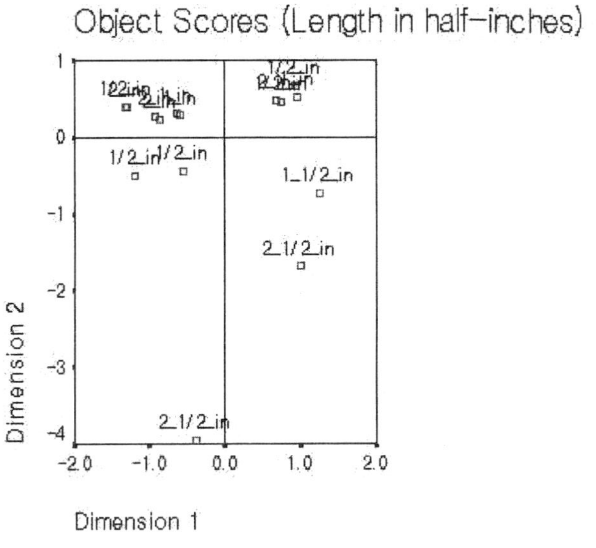

<그림 5.13>
범주 수량화
플롯
(brass)

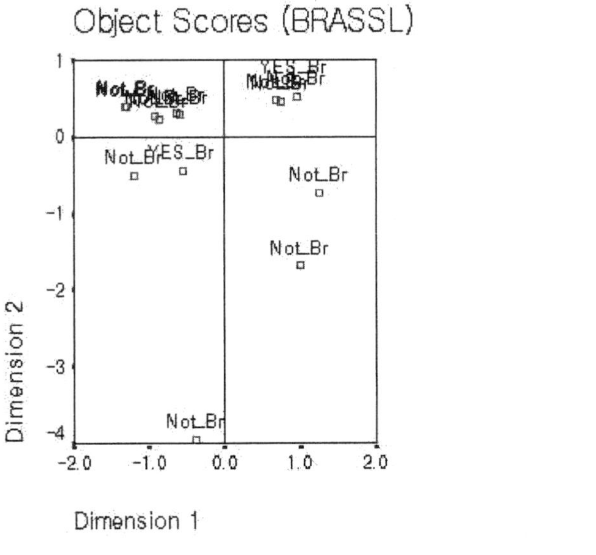

<그림 5.10>에서는 제1축을 중심으로 'yes-thread'와 'no_thread'가 분리되는 특징을 보인다. 비록 두 개의 범주로 갈려지는 것이 완벽하지는 않지만 그래도 잘 분류되고 있다고 할 수 있겠다.

<그림 5.11>은 변수 head에 대한 것으로 제1축과 제2축 모두에 대해서 판별력이 대체로 좋다. 1사분면에는 평평한(flat) 개체들이 놓이고 반대로 3사분면에는 콘(cone)모양의 개체들이 위치하고 있다. 원통(cylinder)모양의 개체와 둥근(round) 개체는 명확하게 분류되는 것은 아니지만 2사분면에 위치하고 있다.

<그림 5.12>의 length는 제1축에서 판별이 잘 되지 못하고 있다. 그러나 제2축에 대해서는 잘 판별되고 있다. 길이가 짧은 철물은 1,2사분면에 대체로 위치하고 있고 길이가 긴 철물은 3,4분면에 대체로 위치하고 있기 때문이다.

<그림 5.13>의 변수 brass는 제1축과 제2축 모두에서 잘 판별되지 못하고 있다.

이제 <그림 5.7>에서 다른 개체들과 달리 멀리 떨어져 있었던 screw1 개체를 제거하고 중대응분석을 다시 시도해보자. 그러기 위해서는 <그림 5.14>와 같은 방법으로 16번째 관측을 분석에서 제외시키도록 한다.

Data

Select Cases....

◎ If condition is satisfied

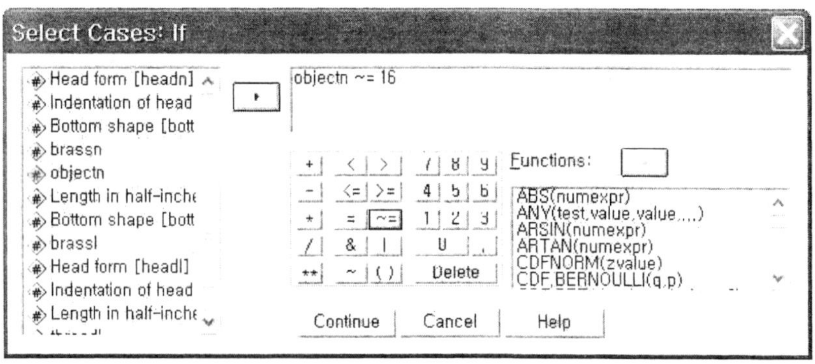

<그림 5.14> 16번째 개체 제거

그리고 대응분석을 위한 대화상자를 달리 불러온 후

Label Object Scores Plot(s) by : brss_lab, ind_lab

를 재설정하고 다시 프로그램을 수행시키도록 한다. 이에 따라 수행된 결과는 다음과 같다.

<표 5.5>로부터 모든 데이터를 분석했던 <표 5.2>의 결과보다 각 축에 대한 고유값이 미미하지만 증가했음을 알 수 있다.

<그림 5.15>의 판별플롯으로부터 indhead는 2축을 판별해주지 못하며 반면에 양 축에 대해 판별력이 없었던 brass 변수는 제2축에서 판별되고 있음을 알 수 있다. 그리고 나머지 변수들은 16번째 개체 제거 이전과 달라지지 않았다.

<표 5.5> 고유값 (16번째 개체 제거 후)

Eigenvalues

Dimension	Eigenvalue
1	,636
2	,347

<그림 5.15> 판별측도플롯

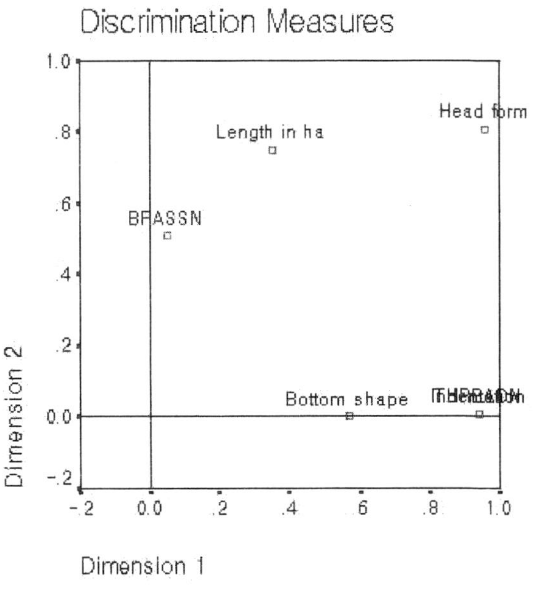

변수 brass에 대해 작성된 <그림 5.16>의 개체점수플롯은 제2축에서 판별력을 보이면서 4개의 개체가 플롯의 바닥에 놓여있다.(중복표현됨)

<그림 5.16>
개체점수플롯
(brass)

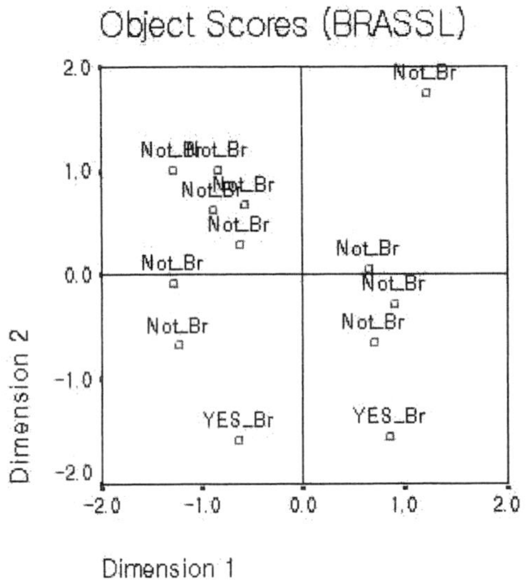

<그림 5.17>
개체점수플롯
(indentation)

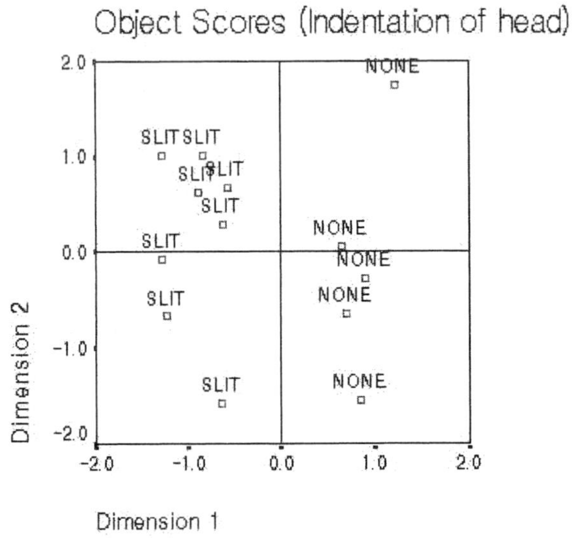

변수 indhead에 대한 개체점수플롯 <그림 5.17>은 제 1축에 대해서 완벽하게 분류되고 있다. 따라서 별 모양의 나사인 screw1이 분석에 포함되었는지 여부가 제2축을 해석하는데 영향을 미치고 있음을 알 수 있다.

5.3 사례분석2: 세계 6개 국가의 시민의식 비교

5.3.1 데이터

미국, 영국, 독일, 일본 등에서 거주하는 시민들의 의식은 어떠할까? 또 한국인은 어떻게 평가받고 있을까?

<그림 5.18>의 데이터는 97년 세계 6개 국가의 국민들을 대상으로 공동체의식, 준법의식, 참여의식, 탈권위 의식, 대화/타협의식, 소비의식, 직업의식, 부에 대한 의식, 인류애(세계화)의식, 약자에 대한 보호 의식, 환경의식, 시민의식 전반을 조사한 결과이다.[1] 질문은 "각 부문별로 어느 나라가 시민의식이 가장 앞선다고 생각하느냐?"로 이루어졌다.

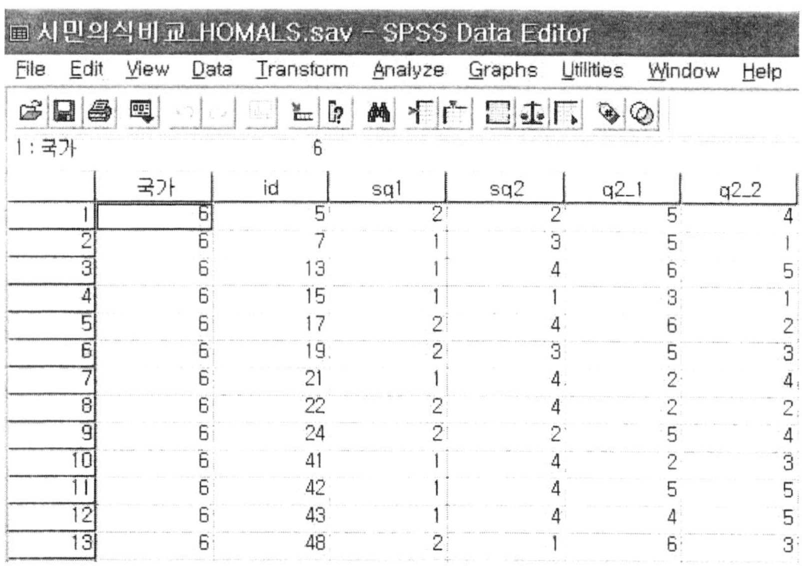

	국가	id	sq1	sq2	q2_1	q2_2
1	6	5	2	2	5	4
2	6	7	1	3	5	1
3	6	13	1	4	6	5
4	6	15	1	1	3	1
5	6	17	2	4	6	2
6	6	19	2	3	5	3
7	6	21	1	4	2	4
8	6	22	2	4	2	2
9	6	24	2	2	5	4
10	6	41	1	4	2	3
11	6	42	1	4	5	5
12	6	43	1	4	4	5
13	6	48	2	1	6	3

<그림 5.18> 시민의식 조사 데이터

각 국가별로 조사된 인원은 <표 5.6>과 같이 독일인이 26.2%, 일본인이 22.6% 조사되었으며 미국인이 10.6%로 제일 적게 조사되었고 한국이나 영국, 이태리에서는 약 10%대의 사람들이 조사되었다.

1) KSDC에서 제공하는 설문조사 데이터의 일부이다. (출처: www.spss.co.kr)

<그림 5.18>의 데이터를 쉽게 이해하는 방법은 각 국가별로 6개 국가의 국민들이 어떻게 응답했는지 설문 문항들을 살펴보는 것이다.

<표 5.7>은 첫 번째 문항인 공동체 의식에 대한 질문에 6개 국가 국민들이 어떻게 응답했는지 그 양상을 보여주는 결과이다. <표 5.6>과 <표 5.7>의 국가별 빈도에 차이가 있는 것은 분석에서 결측이 제외되었기 때문이다. 여기서 한국인은 일본인의 공동체의식이 가장 높다고 42.7%의 사람들이 응답했고 일본인의 경우 43.8%가 미국인을 꼽았으며 영국인의 경우 자국과 일본을 27.1%씩 선택했다. 한편 독일인의 경우에는 자국을 가장 높게 꼽았으며 근소한 차이이나 일본과 영국 국민의 공동체 의식도 높게 평가하고 있다. 미국인의 경우 48.2%가 미국인의 공동체 의식이 가장 높다고 응답했으며 이태리 사람들은 독일이 가장 높다고 응답하는 양상을 나타내고 있다.

<표 5.6>
국가별 응답자 비율

		Frequency	Percent	Valid Percent	Cumulative Percent
Valid	한국	103	12,9	12,9	12,9
	일본	181	22,6	22,6	35,5
	영국	108	13,5	13,5	48,9
	독일	210	26,2	26,2	75,2
	미국	85	10,6	10,6	85,8
	이태리	114	14,2	14,2	100,0
	Total	801	100,0	100,0	

<표 5.7>
공동체의식에 대한 분할표

국가 * 공동체 의식 Crosstabulation

		공동체 의식						Total
		한국	미국	일본	영국	독일	이태리	
국가	한국	3	32	44	6	17	1	103
		2,9%	31,1%	42,7%	5,8%	16,5%	1,0%	100,0%
	일본	19	63	11	16	33	2	144
		13,2%	43,8%	7,6%	11,1%	22,9%	1,4%	100,0%
	영국	1	15	23	23	6	17	85
		1,2%	17,6%	27,1%	27,1%	7,1%	20,0%	100,0%
	독일	3	31	51	44	56	25	210
		1,4%	14,8%	24,3%	21,0%	26,7%	11,9%	100,0%
	미국	5	41	20	7	10	2	85
		5,9%	48,2%	23,5%	8,2%	11,8%	2,4%	100,0%
	이태리	0	28	21	20	36	8	113
		,0%	24,8%	18,6%	17,7%	31,9%	7,1%	100,0%
Total		31	210	170	116	158	55	740
		4,2%	28,4%	23,0%	15,7%	21,4%	7,4%	100,0%

5.3.2 중대응분석 절차

모든 문항에 대하여 <표 5.7>과 같은 테이블을 만들어서 총체적으로 분석하는 것은 한계가 있다. 각 국의 사람들이 6개 범주 중 하나에 응답할 수 있도록 구성된 13개의 문항에 대한 데이터이므로 5.2절에서와 같이 중대응분석 대화상자를 선택하여 <그림 5.19>와 같이 모든 변수의 범주들을 정의하자.

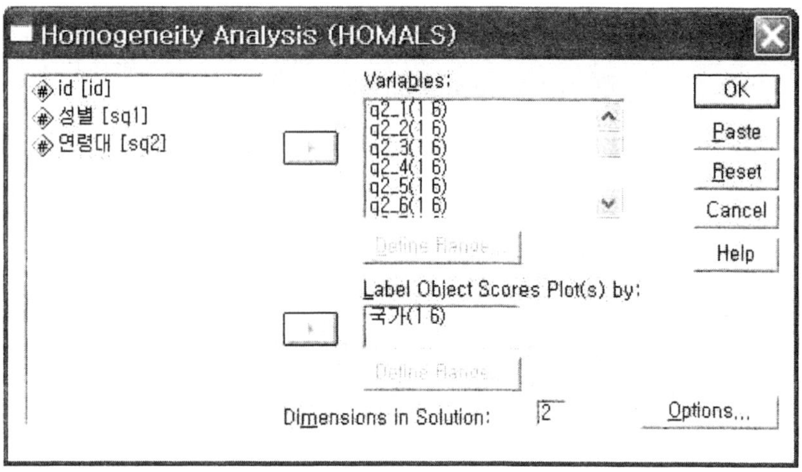

<그림 5.19> 중대응분석 대화상자

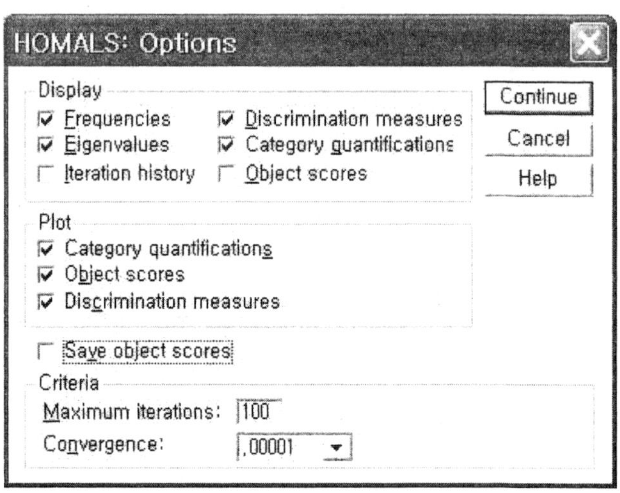

<그림 5.20> 통계량 선택

5.3.3 분석결과의 이해

<표 5.8>에서 중대응분석 결과 HOMALS 알고리즘을 18회 반복했고 이때 적합된 값은 0.506임을 알 수 있다. 차원별 고유값은 차원1에 대한 고유값이 0.298이고 차원2에 대한 고유값은 0.208이다. 따라서 고려된 2차원에서 제 1축에 의해서는 약 59%(0.298/0.506=0.5889)가 설명되며 제 2축에 의해서는 약 41%(0.208/0.506=0.411)가 설명된다. 한편 13개 설문 문항에 대한 차원별 판별측도를 살펴보면 <표 5.9>와 같다.

<표 5.8>
고유값

Iteration History

Iteration	Fit	Difference from the Previous Iteration
18[a]	,506033	,000009

a. The iteration process stopped because the convergence test value was reached.

Eigenvalues

Dimension	Eigenvalue
1	,298
2	,208

<표 5.9>
판별측도

Discrimination Measures

	Dimension	
	1	2
공동체 의식	,330	,186
준법 의식	,221	,142
참여 의식	,290	,197
탈 권위 의식	,166	,071
권리 의식	,262	,171
대화/타협 의식	,275	,157
소비 의식	,155	,255
직업 의식	,204	,136
부에 대한 의식	,226	,115
인류애(세계화 의식)	,410	,276
약자에 대한 보호 의식	,396	,233
환경 의식	,351	,336
시민의식 전반	,591	,427

<표 5.9>에서 소비의식만 제2축에 의해 좀 더 판별되며 나머지 항목들은 모두 제2축보다는 제1축에 의해 상대적으로 잘 판별되고 있다. <그림 5.21>은 <표 5.9>의 판별측도를 2차원 좌표평면상에 나타낸 플롯이다.

<그림 5.21>
판별 플롯

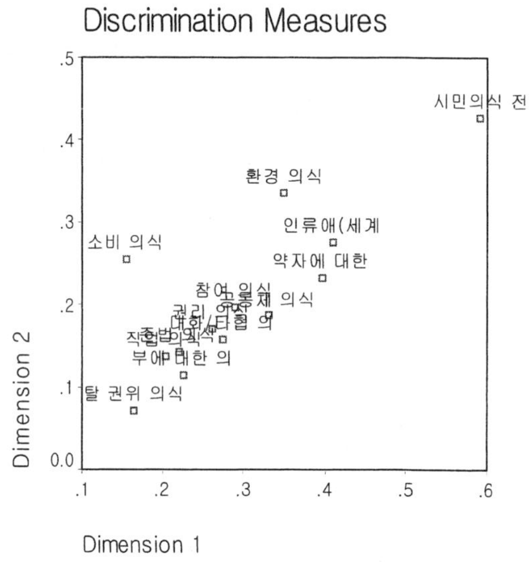

이제 700여명의 사람들이 어떻게 응답하였는지 그 양상을 살펴보아야 하나 표본수가 커서 개체플롯을 작성하면 <그림 5.22>와 같이 작성된다. 따라서 개별국가의 사람들이 13개의 질문문항에 대해 어떻게 평가하고 있는지 상세히 파악하기 어렵다. 그러나 크게는 3개의 그룹으로 반응이 분류되는 것을 짐작할 수 있다.

<그림 5.21>의 각 문항 특성과 국가별 특성을 어떻게 연결하여 설명할 수 있을까?

<그림 5.22>
개체점수 플롯

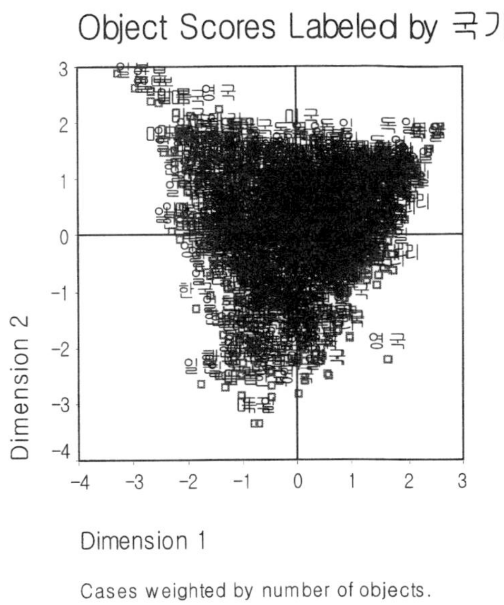

먼저 공동체의식과 준법의식에 대한 분할표를 아래와 같이 작성하였다.

공동체 의식 * 준법 의식 Crosstabulation

		준법 의식						
		한국	미국	일본	영국	독일	이태리	Total
공동체 의식	한국	3	5	13	5	3	1	30
		10.0%	16.7%	43.3%	16.7%	10.0%	3.3%	100.0%
	미국	10	52	77	26	35	2	202
		5.0%	25.7%	38.1%	12.9%	17.3%	1.0%	100.0%
	일본	12	19	68	26	44	1	170
		7.1%	11.2%	40.0%	15.3%	25.9%	.6%	100.0%
	영국	7	12	34	36	24	2	115
		6.1%	10.4%	29.6%	31.3%	20.9%	1.7%	100.0%
	독일	7	16	38	26	65	3	155
		4.5%	10.3%	24.5%	16.8%	41.9%	1.9%	100.0%
	이태리	3	6	15	9	18	3	54
		5.6%	11.1%	27.8%	16.7%	33.3%	5.6%	100.0%
Total		42	110	245	128	189	12	726
		5.8%	15.2%	33.7%	17.6%	26.0%	1.7%	100.0%

이 분할표에서 행별 백분율을 비교하여 보면 공동체의식이 가장 좋은 국가로 한국, 미국, 일본을 선택한 사람들은 준법의식이 가장 높은 나라로 일본을 가장 많이 지지하고 있다. 그런데 반해 공동체 의식이 가장 높은 국

가로 영국을 선택한 사람들은 준법의식은 영국과 일본을 매우 근소한 비율로 유사하게 선택하고 있다. 독일을 공동체의식이 발달한 국가로 선택한 사람들은 준법의식도 독일이 가장 높다고 선택하고 있으나 일본을 선택한 사람의 비율도 아주 저조한 편은 아니다. 이에 반해 공동체의식이 가장 높은 국가로 이태리를 선택한 사람들은 준법의식이 가장 높은 국가로 독일을 선택하고 있다.

공동체의식과 참여의식에 대한 분할표를 살펴보자.

공동체 의식 * 참여 의식 Crosstabulation

		참여 의식						Total
		한국	미국	일본	영국	독일	이태리	
공동체 의식	한국	8	13	1	4	5	0	31
		25.8%	41.9%	3.2%	12.9%	16.1%	.0%	100.0%
	미국	8	96	28	36	28	6	202
		4.0%	47.5%	13.9%	17.8%	13.9%	3.0%	100.0%
	일본	7	47	36	25	39	8	162
		4.3%	29.0%	22.2%	15.4%	24.1%	4.9%	100.0%
	영국	5	41	14	26	18	7	111
		4.5%	36.9%	12.6%	23.4%	16.2%	6.3%	100.0%
	독일	9	49	21	22	48	8	157
		5.7%	31.2%	13.4%	14.0%	30.6%	5.1%	100.0%
	이태리	1	16	4	9	13	7	50
		2.0%	32.0%	8.0%	18.0%	26.0%	14.0%	100.0%
Total		38	262	104	122	151	36	713
		5.3%	36.7%	14.6%	17.1%	21.2%	5.0%	100.0%

공동체의식이 가장 좋은 나라로 한국과 미국을 선택한 사람들은 참여의식이 가장 좋은 국가로 미국을 가장 많이 선택하고 있다. 공동체의식이 가장 높은 나라로 일본과 영국을 선택한 사람들은 참여의식이 높은 국가로 각각 미국과 일본, 미국과 영국을 뽑고 있다. 독일과 이태리를 공동체 의식이 가장 높은 나라로 선택한 사람들은 근소한 차이를 가지고 참여의식이 높은 나라로 미국과 독일을 선택하고 있다.

그렇다면 준법의식과 참여의식간에는 어떤 반응양상이 있을까? 마찬가지로 분할표를 작성하여 살펴보겠다. 준법의식이 좋은 국가로 한국 미국 일본을 선택한 사람들은 참여의식이 좋은 나라로 미국을 가장 많이 지지하고 있다. 특히 미국과 일본을 선택한 사람들의 반응양상은 매우 유사하다. 반면에 준법의식이 좋은 국가로 영국과 독일을 선택한 사람들은 참여의식이 좋은 국가로 미국을 많이 선택하고 있으나 두 번째로 독일도 많이 선택하고 있다. 따라서 영국과 독일에 대해서 준법의식이 높은 국가로 선택한 사람들이 참여의식에 대해서 나타낸 반응 양상이 비슷하다. 한편 이태리를 준법의식이 높은 국가로 선택한 사람들은 빈도수가 작아서 좀 확대해석하기 곤란하나 참여의식에 대해서 50% 이상의 사람들이 미국을 지지하고 있다.

준법 의식 * 참여 의식 Crosstabulation

		참여 의식						
		한국	미국	일본	영국	독일	이태리	Total
준법 의식	한국	7 17.5%	12 30.0%	6 15.0%	8 20.0%	6 15.0%	1 2.5%	40 100.0%
	미국	5 4.6%	49 45.0%	16 14.7%	20 18.3%	16 14.7%	3 2.8%	109 100.0%
	일본	13 5.3%	100 40.7%	40 16.3%	37 15.0%	42 17.1%	14 5.7%	246 100.0%
	영국	10 7.8%	41 32.0%	16 12.5%	22 17.2%	34 26.6%	5 3.9%	128 100.0%
	독일	4 2.1%	58 31.0%	23 12.3%	37 19.8%	54 28.9%	11 5.9%	187 100.0%
	이태리	0 .0%	6 54.5%	1 9.1%	0 .0%	2 18.2%	2 18.2%	11 100.0%
Total		39 5.4%	266 36.9%	102 14.1%	124 17.2%	154 21.4%	36 5.0%	721 100.0%

이와 같은 전반적인 양상은 <표 5.10>의 범주 수량화 값에서도 나타난다. 그 결과를 살펴보면 두 차원 모두에 대해서 한국과 일본이 대체로 유사한 범주 수량화값을 가지고 있다. 영국과 이태리가 유사하며 미국과 독일은 각각 차이가 나는 범주 수량화 값으로 최적척도화되고 있음을 알 수 있다.

<표 5.10>
범주 수량화값

공동체 의식

	Marginal Frequency	Category Quantifications Dimension 1	Category Quantifications Dimension 2
한국	31	-,454	-,559
미국	210	-,789	,493
일본	170	-,073	-,585
영국	116	,311	-,308
독일	158	,686	,345
이태리	55	,864	-,109
Missing	61		

준법 의식

	Marginal Frequency	Category Quantifications Dimension 1	Category Quantifications Dimension 2
한국	43	-,188	-,771
미국	112	-,613	,572
일본	258	-,321	-,121
영국	131	,153	-,461
독일	193	,731	,315
이태리	12	,183	-,217
Missing	52		

참여 의식

	Marginal Frequency	Category Quantifications Dimension 1	Category Quantifications Dimension 2
한국	39	-,419	-,704
미국	271	-,526	,386
일본	105	-,374	-,836
영국	125	,330	-,121
독일	156	,812	,329
이태리	36	,728	-,420
Missing	69		

모든 문항에 대한 범주 수량화값을 이용하여 <그림 5.23>의 수량화 플롯이 작성되었다. 이 플롯으로부터 13개 문항에 대해 6개 국가들이 어떻게 평가받고 있는지 총체적으로 파악할 수 있다.

<그림 5.23>
수량화 플롯

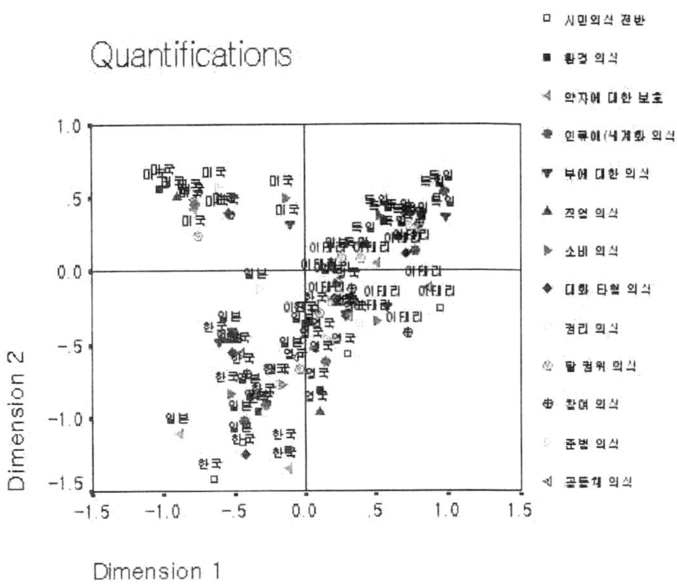

각 국가의 응답자들은 어떤 응답분포를 보였을까? 2차원에 대한 개체점수를 각 국가별로 나누어 살펴보면 <그림 5.24>와 같다. 개체들의 쏠림 정도를 살펴보면 일본국민이 매우 두드러진 특성을 나타낸다. 즉, <그림 5.23>에서 미국과 일본, 독일이 위치한 쪽으로 방향성을 보이고 있다. 한국사람들은 일본인들처럼 뚜렷한 방향은 없으며 유럽국가보다 친숙한 미국이나 일본을 지지한 사례가 많을 것으로 예상된다.

<그림 5.24>
국가별
개체점수 플롯

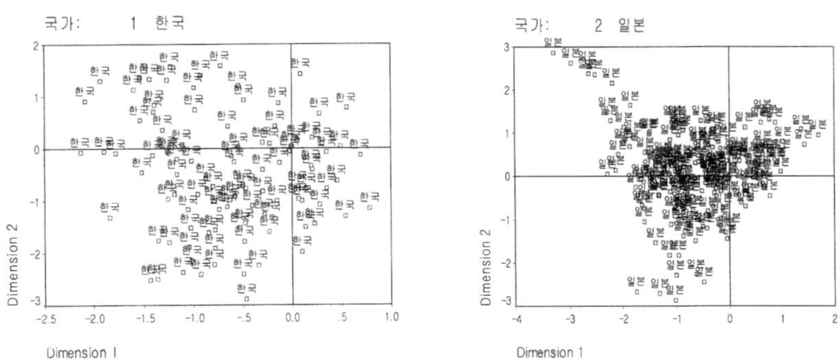

<그림 5.24>
(계속)
국가별
개체점수 플롯

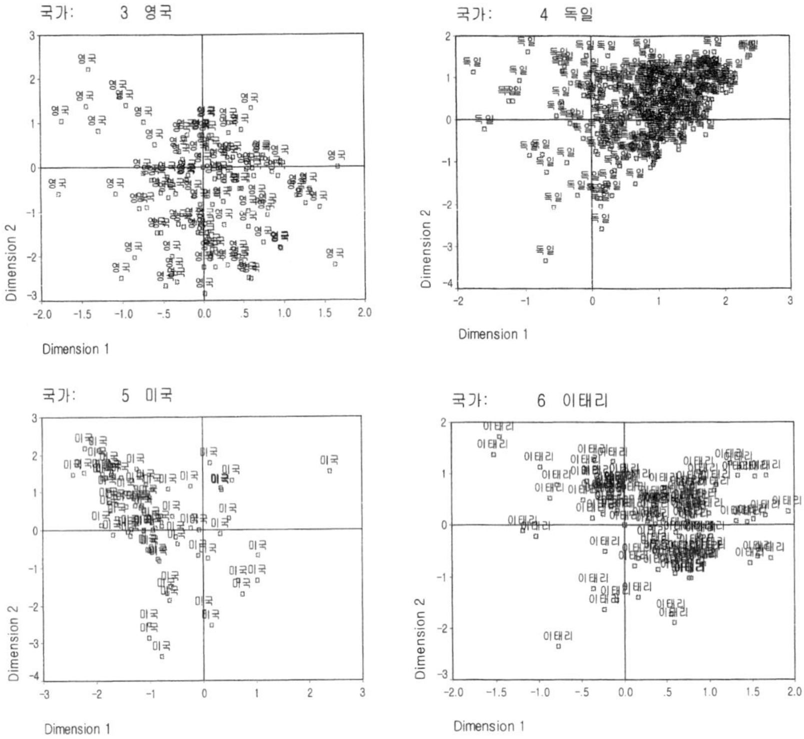

독일인과 이태리 사람들은 독일과 미국이 위치한 방향 쪽에 많이 집중되어 있고 일본쪽에 약간 산포하고 있다. 미국인은 절대적으로 미국을 지지하는 쪽으로 쏠려있으며 일부 개체들이 일본쪽에 위치하고 있다. 이에 반해 영국인은 영국이 위치한 원점 가까이에 집중되어 있으며 미국, 일본 방향 등으로 산재하고 있다.

실제로 각 국의 사람들은 13개의 문항에 대해 어떤 응답양상을 보이고 있었을까? 분할표를 통해 살펴보도록 하자. 여기서는 <표 5.11>과 같이 처음 3개 문항에 대한 분할표만 제시하도록 한다.

그런데 실제 13개 문항에 대한 분할표를 모두 살펴보면 우리나라 사람들은 13개 문항중 어느 한 문항에 대해서도 우리나라의 국민들이 가장 우수한 의식을 가지고 있다고 응답하지 못하고 있다.

<표 5.11>
각국의 반응에 대한 분할표

국가 * 공동체 의식 Crosstabulation

% within 국가

		공동체 의식						Total
		한국	미국	일본	영국	독일	이태리	
국가	한국	2.9%	31.1%	42.7%	5.8%	16.5%	1.0%	100.0%
	일본	13.2%	43.8%	7.6%	11.1%	22.9%	1.4%	100.0%
	영국	1.2%	17.6%	27.1%	27.1%	7.1%	20.0%	100.0%
	독일	1.4%	14.8%	24.3%	21.0%	26.7%	11.9%	100.0%
	미국	5.9%	48.2%	23.5%	8.2%	11.8%	2.4%	100.0%
	이태리		24.8%	18.6%	17.7%	31.9%	7.1%	100.0%
Total		4.2%	28.4%	23.0%	15.7%	21.4%	7.4%	100.0%

국가 * 준법 의식 Crosstabulation

% within 국가

		준법 의식						Total
		한국	미국	일본	영국	독일	이태리	
국가	한국	6.8%	29.1%	30.1%	16.5%	17.5%		100.0%
	일본	6.9%	16.0%	45.8%	16.0%	13.9%	1.4%	100.0%
	영국	10.4%	3.1%	46.9%	20.8%	17.7%	1.0%	100.0%
	독일	4.8%	14.3%	28.1%	15.7%	35.2%	1.9%	100.0%
	미국	3.6%	25.0%	39.3%	10.7%	16.7%	4.8%	100.0%
	이태리	2.7%	4.5%	21.4%	25.9%	44.6%	.9%	100.0%
Total		5.7%	15.0%	34.4%	17.5%	25.8%	1.6%	100.0%

국가 * 참여 의식 Crosstabulation

% within 국가

		참여 의식						Total
		한국	미국	일본	영국	독일	이태리	
국가	한국	11.8%	30.4%	36.3%	8.8%	11.8%	1.0%	100.0%
	일본	4.8%	56.8%	8.2%	13.0%	15.1%	2.1%	100.0%
	영국	4.9%	24.7%	9.9%	35.8%	16.0%	8.6%	100.0%
	독일	1.9%	23.3%	5.7%	20.5%	42.9%	5.7%	100.0%
	미국	7.1%	59.5%	15.5%	6.0%	8.3%	3.6%	100.0%
	이태리	5.5%	34.9%	21.1%	18.3%	11.0%	9.2%	100.0%
Total		5.3%	37.0%	14.3%	17.1%	21.3%	4.9%	100.0%

일본인의 경우, 자국민이 가장 우수하다고 응답한 항목들은 준법의식, 대화와 타협의식, 직업의식, 부에 대한 인식이었다. 미국인의 경우에는 공동체의식, 참여의식, 권리의식, 대화와 타협의식, 소비의식, 직업의식, 부에 대한 의식, 인류애, 약자에 대한 보호, 환경의식에 대해서 가장 높게 지지하고 있고 시민의식 전반에 대한 마지막 문항에 대해서도 가장 높게 평가하였다.

영국과 독일도 이보다 적은 항목이나 자국민이 우수하다는 의식을 가지고 있는 것으로 분석되었다. 그러나 안타깝게도 우리나라 사람의 경우 어느 한 항목에 대해서도 높은 점수를 주지 못하고 있는 것으로 분석되었다.

한편, 총 13개 문항에 대한 종합적인 응답결과는 <표 5.12>와 같이 정리된다. 그런데 만약 데이터의 측정 특성을 고려하지 않고 <표 5.12>의 분할표 자료에 대해서 단순대응분석을 하면 어떤 결과를 초래할까?

<표 5.12>는 우선 응답자가 13개 문항에서 보이는 변수들간의 다양한 관계를 나타내지 못한다. 왜냐하면 피조사자들의 응답양상에 대한 정보를 상실하게 되기 때문이다. 다만 13개 문항과 반응양상간의 연관관계만을 파악할 수 있을 뿐이다. <그림 5.25>는 단순대응분석에 의한 행과 열 플롯이다. 중대응분석으로 살펴보았던 <그림 5.21>, <그림 5.23>와 비교해 보라.

<표 5.12>
13개 문항별 응답에 대한 분할표

	한국	미국	일본	영국	독일	이탈리아
공동체의식	31	210	170	116	158	55
준법의식	43	112	258	131	193	12
참여의식	39	271	105	125	156	36
탈 권위의식	62	160	274	87	135	28
권리 의식	52	269	92	173	133	24
대화/타협 의식	22	222	118	148	89	133
소비 의식	48	215	136	64	209	50
직업 의식	57	151	317	59	128	24
부에 대한 의식	61	296	151	98	92	46
인류애	39	245	57	139	69	163
약자보호 의식	23	219	39	145	206	72
환경 의식	12	159	83	129	329	21
시민의식 전반	17	230	101	105	209	39

<그림 5.25>
행과 열 플롯

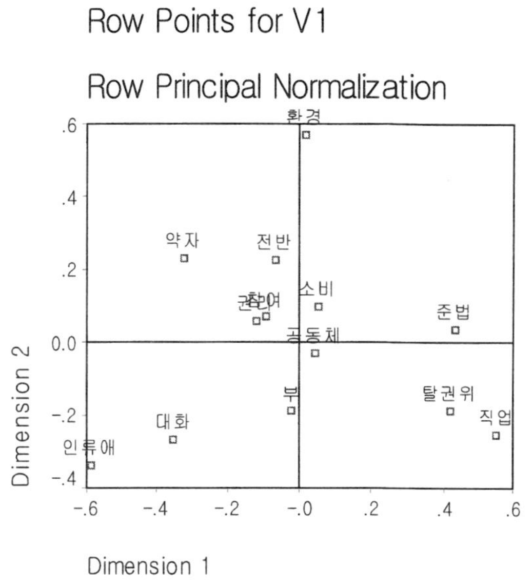
Row Points for V1
Row Principal Normalization
환경
약자
전반
참여
권한
소비
준법
공동체
부
탈권위
직업
대화
인류애
Dimension 2
Dimension 1

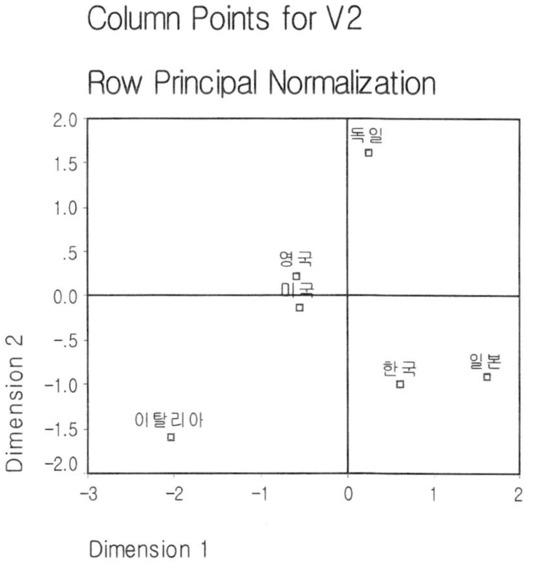
Column Points for V2
Row Principal Normalization
독일
영국
미국
한국
일본
이탈리아
Dimension 2
Dimension 1

5.4 이론적 고찰

넓은 의미에서 'homogeneity analysis'란 범주형 데이터에 대한 분석방법으로 특히 손실함수를 가지고서 최적 해를 구하는 분석기법 모두를 총칭한다.

가령 $h_1, \cdots, h_m$을 확률변수라고 하자. 물론 기대값은 0이고 분산은 1임을 가정한다. 그리고 x를 모든 h_j를 대신할 수 있는 후보라고 생각해보자. 우리가 회귀분석에서 오차의 제곱합을 이용해서 y의 후보로 $\hat{y}$를 생각하는 것과 같은 맥락이다. 이때 손실함수는

$$\sigma(x) \equiv m^{-1} \sum_j SSQ(x - h_j)$$

이다. 이 손실함수값이 가장 최소가 될 때는 $x = h_j$일 때이며 이때 $\sigma(x) = 0$이다. 이것은 모든 h_j가 동일하다는 것을 의미한다. 만약 모든 h_j의 평균을 $h_+ = m^{-1} \sum_j h_j$ 로 표기하고 $x = h_+$ 인 경우를 생각하면 손실함수의 최소값은

$$1 - SSQ(h_+) = 1 - r_{++}$$

이다. 여기서 r_{++}는 모든 h_j간의 평균상관(average correlation)을 표기한다.

이번에는 가중치를 고려해서 다음과 같은 손실함수를 고려해 보자.

$$\sigma(x, a) = m^{-1} \sum_j SSQ(x - a_j h_j)$$

자명한 해(trivial solution)을 제외하고 $x^t x = c$가 되도록 x를 정규화시키면 x는 행렬 H의 주성분이 된다. 반복 알고리즘을 적용하면 다음과 같이 나누어서 생각해볼 수 있다.

- <u>주성분 점수의 정규화</u>

데이터 행렬 $H = K \Lambda L^t$와 같이 분해되고 $x^t x = 1$이라고 하자. (여기서 $H^t H = R$이다.)

① 점수의 갱신 : $\tilde{x} \leftarrow H\tilde{a}/m$

② 정규화 : $x^{+} \leftarrow \tilde{x}(\tilde{x}^{t}\tilde{x})^{-1/2}$

③ 가중치의 갱신 : $a^{+} \leftarrow H^{t}x^{+}$

④ 수렴여부 확인 : 수렴조건이 충족되지 않을 경우 ①로 돌아가 반복.

▪ <u>가중치의 정규화</u>

데이터 행렬 $H = K\Lambda L^{t}$이고 $a^{t}a = 1$ 이라고 하자.

① 점수의 갱신 : $\tilde{a} \leftarrow H\tilde{x}/m$

② 정규화 : $a^{+} \leftarrow \tilde{a}(\tilde{a}^{t}\tilde{a})^{-1/2}$

③ 가중치의 갱신 : $x^{+} \leftarrow H^{t}a^{+}$

④ 수렴여부 확인: 수렴조건이 충족되지 않을 경우 ①로 돌아가 반복.

이번에는 다중 해(multiple solution)를 고려한 알고리즘을 생각해보자. 손실함수를 다차원 버전으로 바꾸면

$$\sigma(X, A) \equiv m^{-1}\sum_{j} SSQ(X - h_{j}a_{j}^{t})$$

이다. 마찬가지로 $H^{t}H = R$, $H = K\Lambda L^{t}$, $X^{t}X = I$ 라고 하자.

그러면 알고리즘은 다음과 같다.

① 점수의 갱신 : $\tilde{X} \leftarrow H\tilde{A}/m$

② 정규화 : $X^{+} \leftarrow \tilde{X}(\tilde{X}^{t}\tilde{X})^{-1/2}$

③ 가중치의 갱신 : $A^{+} \leftarrow H^{t}X^{+}$

④ 수렴여부 확인: 수렴조건이 충족되지 않을 경우 ①로 돌아가 반복.

이제 보다 일반화하여 다음과 같은 손실함수를 최소화시켜보자.

$$\sigma(x; a; \phi) \equiv m^{-1}\sum_{j} SSQ(x - a_{j}\phi(h_{j})) \equiv m^{-1}\sum_{j} SSQ(x - \phi_{j}(h_{j}))$$

제약은 $x^{t}x = 1$(또는 $SSQ(\phi_{j}(h_{j})) = 1$)이다. 그리고 G_{j}를 각 변수 h_{j}에 대한 지표행렬이라고 하자. 여기서 G_{j}의 열의 수는 k_{j}이며 이는 n보다는 훨씬 작은 수치가 된다. 또한 G_{j}가 수량화값 벡터 y_{j}에 대해서 $\phi_{j}(h_{j}) = G_{j}y_{j}$을 만족한다고 하자. 그러면 위의 손실함수는 2장에서 다룬 비선형 주성분 분석의 손실함수처럼 다중 해를 고려할 경우 다음과 같이 HOMALS 손실

함수로 표현된다.

$$\sigma(X;Y) = m^{-1}\sum_j SSQ(X - G_j Y_j)$$

여기서 Y_j에는 제약이 없고 X는 $X^t X = nI, 1^t X = 0$을 가정한다.

이처럼 'homogeneity analysis'는 매우 폭넓은 의미를 가지고 있다. Gifi(1990)는 'homogeneity'를 위한 손실함수를 다음과 같이 요약하였다.

손실함수	내용
$\sigma(x) = m^{-1}\sum_j SSQ(x - h_j)$	평균화(averaging)
$\sigma(x; a) = m^{-1}\sum_j SSQ(x - a_j h_j)$	선형 PCA
$\sigma(X;A) = m^{-1}\sum_j SSQ(X - h_j a_j')$	PCA (다중 해 고려)
$\sigma(x;a;\psi) = m^{-1}\sum_j SSQ(x - a_j \psi_j(h_j))$	Nonlinear PCA
$\sigma(x;\psi) = m^{-1}\sum_j SSQ(x - \psi_j(h_j))$	Nonliear PCA : 가중치 통합
$\sigma(x;y) = m^{-1}\sum_j SSQ(x - G_j y_j)$	HOMALS : 단일 해
$\sigma(X;Y) = m^{-1}\sum_j SSQ(X - G_j Y_j)$	HOMALS : 다중 해

위 테이블에서 HOMALS의 경우 단일해와 다중해로 구분하고 있는데 이는 단일 수량화(single quantification)와 다중 수량화(multiple quantification)를 의미한다. 단일 수량화는 n개의 관측개체들의 정보를 담고 있는 j번째 변수에 대한 변환을 크기 $k_j \times 1$의 벡터 y_j를 이용하여 $G_j y_j$로 변환시키는 것이다. 이는 축차적으로 해를 찾게 됨으로 명목형일 경우도 범주들이 일직선상에 위치하게 되는 속성을 지니게 된다. 다중수량화는 연구자가 고려한 p차원을 염두에 두고 최적척도화를 수행하는 것으로 크기 $k_j \times p$의 Y_j를 j번째 변수에 대한 다중(명목)수량화라고 부르며 행렬 $G_j Y_j$ 는 개체에 대한 다중수량화값을 나타낸다. 이것은 p차원을 축차적으로(successively) 고려한 것이 아니고 동시에(simultaneously) 고려한 것이다.

일반적으로 사용되는 'homogeneity analysis'는 범주형 데이터에 대한 좁은 의미의 '중대응분석', '동질성분석'을 일컫는다. 그렇다면 이장에서 의미하는 중대응분석을 뜻하는 'homogeneity analysis'는 어떻게 이해할 수 있을까? 먼저 그 개념과 의미를 살펴보자.

기본적으로 'homogeneity analysis'은 개체(object)와 변수(variable) 모두를 결합된 공간(join space)에 위치시키는 것을 목적으로 한다. 즉, 유사한 프로파일을 가지고 있는 개체끼리는 좀 더 가까이 위치시키며, 유사한 속성들로 이루어진 범주들을 또한 가까이 위치시키도록 하는 것이다.

먼저 n개의 개체에 대한 개체점수(object score)를 X라고 두자. 그리고 j번째 변수가 가지고 있는 k_j개의 범주에 대한 수량화값을 Y_j라고 하자. X와 Y_j의 행들은 R^p공간에서의 좌표점이 된다. 여기서 p는 연구자가 고려한 차원을 나타낸다.

이제 $P_j \equiv G_j(G_j^t G_j)^{-1} G_j^t$라고 하자. 행렬 P_j는 $n \times n$크기의 직교행렬(orthogonal projector)이다. 따라서 대칭행렬이며 멱등행렬로 대각원소의 합은 계수(rank)와 같다. 만약 변수 j의 동일한 범주에 있는 개체들이 동일한 개체점수를 가진다면 즉, 범주내 분산이 0이라면 $X = P_j X$가 된다. 이것은 또한 $P_j X = G_j \overline{X}_j$로 표현되며 여기서 $\overline{X}_j = D_j^{-1} G_j^t X$이다. 즉, $\overline{X}_j$는 범주들의 평균 또는 범주들의 중심이 된다. 따라서 $P_j X$는 j번째 변수의 범주중심에 의한 개체점수로 대체된다. 만약 G_j가 비정칙 행렬이라면, 즉 일부 범주가 주변빈도 0을 가지고 있다면

$$P_j \equiv G_j G_j^-$$

로 정의할 수 있다. G_j^-는 일반화 역행렬(generalized inverse)을 나타낸다. 여기서 다음의 경우를 생각해볼 수 있다.

① 만약 $G_i Y_i = G_j Y_j \ (i \neq j = 1, \cdots, m)$이면 범주 수량화값 Y_j는 완벽하게 동질적인 것을 나타낸다.

② 만약 $X = P_i X = P_j X \ (i \neq j = 1, \cdots, m)$이면 개체 수량화값 X는 완벽하게 판별된다는 것을 나타낸다.

③ 만약 $X = G_i Y_i = G_j Y_j \ (i \neq j = 1, \cdots, m)$이면 개체 수량화값과 범주 수

량화값은 완벽하게 일치한다.

즉, 개체 점수가 완벽하게 구별(판별)되고 범주 수량화값이 완벽하게 동질적일 경우에만 개체 점수와 범주 수량화값이 완벽하게 일치하게 되는 것이다. 따라서 손실함수를 완벽하게 적합되는 경우와 얼마나 떨어져 있는가로서 결측이 없는 경우

$$\begin{aligned}\sigma(X; Y_1, Y_2, \cdots, Y_m) &= \frac{1}{m}\sum_{j=1}^{m} SSQ(X - G_j Y_j) \\ &= \frac{1}{m}\sum_{j=1}^{m} tr(X - G_j Y_j)^t (X - G_j Y_j)\end{aligned}$$

로 정의할 수 있다. SSQ(.)은 행렬원소에 대한 제곱합을 나타낸다. 그리고 자명한 해를 피하기 위해 다음과 같은 정규화제약을 둔다.

$$X^t X = nI_p$$

$$1_n^t X = 0$$

이 손실함수를 최소화시키는 해를 찾는 것은 가능하다면 범주형 변수들을 하나의 수량화벡터($p=1$)로 얼마나 잘 표현할 수 있는가가 관건인 것이다.

교대최소제곱법을 이용하여 이 손실함수를 최소화시키는 해를 찾는 과정은 크게 다음과 같은 3단계의 과정을 밟는 것이다.

첫째, 고정된 X에 대해 손실함수를 최소화시키는 Y_j를 찾는다. 즉, 다음의 다변량 선형모형에 데이터를 적합시킨다.

$$X = G_j Y_j + \text{오차} \ (j = 1, 2, \cdots, m)$$

이를 만족시키는 해는

$$\hat{Y}_j = D_j^{-1} G_j^t X$$

이다. 여기서 $D_j = G_j^t G_j$이다.

둘째, 고정된 Y_j에 대해 손실함수를 최소화시키는 X를 찾는다. 이때의 최적해 X는 다음과 같이 계산된다.

$$\hat{X} = \frac{1}{m}\sum_{j=1}^{m} G_j Y_j$$

셋째, 손실함수에 대한 제약조건이 만족되도록 개체점수 X를 중심화하

고 정규직교화시킨다. 해가 수렴할 때까지 이 세 단계를 반복한다.

일단 알고리즘이 수렴하면

$$\hat{Y}_j^t D_j Y_j = \hat{Y}_j^t D_j (D_j^{-1} G_j^t X) = Y_j G_j^t X$$

을 이용하여 손실함수는 다음과 같이 표현된다.

$$\frac{1}{m}\sum_{j=1}^{m} tr(X - G_j Y_j)^t (X - G_j Y_j) = \frac{1}{m}\sum_{j=1}^{m} tr(\hat{X}^t X + Y_j D_j Y_j - 2\hat{Y}_j^t D_j Y_j)$$

$$= \frac{1}{m}\sum_{j=1}^{m} tr(nI_p - \hat{Y}_j^t D_j Y_j) = np - \frac{1}{m}\sum_{j=1}^{m} tr(\hat{Y}_j^t D_j Y_j)$$

여기서 행렬 $\hat{Y}_j^t D_j Y_j$의 대각원소의 합을 적합(fit)이라고 부른다. 더욱이 차원 s에서 j번째 변수의 판별측도를 다음과 같이 정의한다.

$$\eta_{js}^2 \equiv \hat{Y}_j^t(\,.,\, s) D_j \hat{Y}_j^t(\,.,\, s)/n, \quad (j = 1, 2, \cdots, m;\ s = 1, 2, \cdots, p)$$

이 판별측도는 p차원 공간에서의 원점에 대한 범주 수량화값간의 제곱거리의 평균을 나타낸다. 따라서 범주값들이 넓게 퍼져있으면 해당 변수는 판별이 잘 되는 것이고 개체들도 더욱 잘 분리시키게 된다.

만약 어떤 개체가 유일한 프로파일을 가지고 있다면 결합공간에서 원점으로부터 멀리 떨어져 위치하게 된다. 반면 평균점과 유사한 프로파일을 가지고 있는 개체들은 원점 가까이 모여있게 된다.

데이터에 결측이 없다면 판별측도는 각 차원별로 최적 척도화된 변수들간의 제곱상관과 일치한다. 따라서 손실함수는 다음과 같이 재표현될 수 있다.

$$n(p - \frac{1}{m}\sum_{j=1}^{m}\sum_{s=1}^{p}\eta_{js}^2) = n(p - \sum_{s=1}^{p}\gamma_s)$$

여기서 $\gamma_s = m^{-1}\sum_{j=1}^{m}\eta_{js}^2$ 는 고유값으로 판별측도의 평균을 나타낸다. 즉, s차원에서의 적합도를 나타낸다.(Michailidis, G. and De Leeuw, J. 1998)

중대응분석은 범주형 변수들에 대한 변수행렬에서의 개체, 다지선택 데이터에서의 개체, 다차원 분할표에서의 개체를 분석하는 것으로 어떤 경우든지 범주와 개체를 척도화하게 된다. 따라서 동질성을 최대화시킨 변수들의 범주에 대해 변환된 값, 즉 수량화값을 계산하게 된다.

HOMALS 손실함수의 x에 대한 편미분값이 0이고 y_j에 대한 편미분값이 0이라고 둔 후 두 연립방정식을 만족시키도록 하면 다음과 같은 해를 구하게 된다.

$$x \propto m^{-1}\sum_j G_j y_j \;\Leftrightarrow\; x \propto Gy/m$$

$$y_j \propto D_j^{-1}G_j^t x \;\Leftrightarrow\; y \propto D^{-1}G^t x$$

알고리즘의 주요 절차는 다음과 같다.

① 점수의 갱신 : $\tilde{x} \leftarrow G\tilde{y}/m$

② 정규화 : $x^+ \leftarrow \sqrt{n}\tilde{x}(\tilde{x}^t\tilde{x})^{-1/2}$

③ 가중치의 갱신 : $y^+ \leftarrow D^{-1}G^t x^+$

④ 수렴여부 확인: 수렴조건이 충족되지 않을 경우 ①로 돌아가 반복.

여기서 $G=(G_1, G_2, \cdots, G_j, \cdots, G_m)$는 각 변수들에 대한 지표행렬을 나타내고 $y^t=(y_1^t, \cdots, y_j^t, \cdots, y_m^t)$는 범주 수량화벡터를 표기한 것이다.

결측정보까지 고려하면 HOMALS 알고리즘의 목적은 식 (5.1)을 최소화시키는 개체점수 X와 크기 $\sum_j k_j \times p$의 범주수량화행렬 Y를 찾는 것이다.

$$\sigma(X:Y) \equiv \frac{1}{m}\sum_j tr\big((X-G_jY_j)^t M_j (X-G_jY_j)\big) \tag{5.1}$$

이때 제약조건은 $X^tM_*X = mnI_p$ 이고 여기서 $1_n^tM_*X=0$, $M_*=\sum_j M_j$ 이다. M_j 는 결측에 대한 정보를 담고 있는 크기 $n\times n$의 대각행렬로 원소 $m_{(j)ii}$는 [1, k_j]범위 안에 i 번째 관측이 있으면 1 그렇지 않으면 0으로 표기된다. 그리고 모든 변수들에 대한 결측정보를 합한 것을 M_*로 표기하였다.

SPSS에서 적용하고 있는 알고리즘은 다음과 같다.

▶ HOMALS 알고리즘

- **단계1** : 초기화

임의의 수로 X를 채운다

$$X \leftarrow 1_n^t M_* X = 0 \ \& \ X^t M_* X = mnI_p$$

$$Y_j = D_j^{-1} G_j^t X$$

- **<u>단계2</u>** : 개체점수의 갱신

$$Z \leftarrow \sum_j M_j G_j Y_j$$

M_*에 대해 이를 중심화시킨다.

$$Z \leftarrow \{M_* - (M_* 1_n 1_n^t M_* / 1_n^t M_* 1_n)\} Z$$

- **<u>단계3</u>** : 직교 정규화(orthonormalization)

$$X^+ \leftarrow m^{1/2} M_*^{-1/2} GRAM(M_*^{-1/2} Z)$$

여기서 $GRAM$은 그람-슈미트(GRAM-Schmidt)변환을 나타낸다.

- **<u>단계4</u>** : 범주 수량화값의 갱신

$$Y_j^+ = D_j^{-1} G_j^t X, \quad j = 1, 2, \cdots, m$$

- **<u>단계5</u>** : 수렴여부의 확인

$\sigma(X:Y) - \sigma(X^+:Y^+)$가 수렴조건을 만족할 때까지 단계2-단계4를 반복한다.

- **<u>단계6</u>** : 회전

X, Y의 회전에도 $\sigma(X:Y)$가 불변성을 지녀야 하는데 5단계에서 구한 해가 그런 성질을 만족하는 것은 아니다. 따라서

$$(1/m) \sum_j Y_j' D_j Y_j$$

행렬로부터 고유벡터를 계산하고 대응되는 고유값을 산출하여 회전에도 불변한 해를 계산한다.

이상의 중대응분석 결과로부터 2차원을 고려할 경우, 범주 수량화값은 좌표평면상에 위치하게 되는데 이때 해당 범주 위치와 원점간의 길이가 범주의 중요도(importance of the category)를 나타낸다. 그리고 좌표평면상에 위치한 각 범주는 해당 범주에 속한 개체들의 중심을 나타낸다. 만약 해당

범주에 개체가 하나만 있는 경우 그 범주좌표는 개체좌표와 일치한다. 따라서 손실에 기여하지 않게 된다. 또한 원래 목적대로 동일한 프로파일을 가지는 개체들은 좌표평면상에서 동일한 점에 위치하게 되며 주변빈도가 작은 범주들은 (즉 반응이 저조한) 플롯의 원점으로부터 멀리 위치하려는 경향을 지닌다. 이항범주를 가지는 변수들은 원점을 통과하는 직선 위에 범주값들이 위치하며 주변 빈도에 의해 거리가 결정된다. 또한 범주수가 많은 변수들이 대체로 판별측도도 큰 경향이 있다.

이제 2장에서 다룬 비선형 주성분분석과의 관계를 살펴보자. 먼저 HOMALS는 고려한 모든 변수들이 명목형인 경우를 고려한 것이고 비선형 주성분분석은 일부 변수가 순서형이거나 수치형인 경우 동질성 분석을 적용시킨 것으로 이해할 수 있다.

한편 비선형 주성분을 위한 손실함수는 다음과 같이 분할된다.

$$\begin{aligned}\sigma(X;Y) &\equiv \sum_{j}^{m} SSQ(X-G_jY_j)\\ &= \sum_{j=1}^{m} tr(X-G_j[\tilde{Y}_j+Y_j-\tilde{Y}_j])^t(X-G_j[\tilde{Y}_j+Y_j-\tilde{Y}_j])\\ &= \sum_{j=1}^{m} tr(X-G_j\tilde{Y}_j)+\sum_{j}^{m} tr(\tilde{Y}_j-Y_j)^tD_j(\tilde{Y}_j-Y_j)\end{aligned}$$

여기서 $\tilde{Y}_j=D_j^{-1}G_j^tX$ 이고 계수 1 제약을 가하면

$$\sum_{j=1}^{m} tr(y_ja_j^t-\tilde{Y}_j)^tD_j(y_ja_j^t-\tilde{Y}_j)$$

를 최소화하는 문제로 남게된다. 따라서 교대최소제곱법으로 고정된 y_j 에 대해

$$\widehat{a}_j=(\tilde{Y}_j^tD_jy_j)/(y_j^tD_jy_j),\quad (j=1,2,\cdots,m)$$

을 구하고 고정된 a_j 에 대해

$$\widehat{y}_j=\tilde{Y}_ja_j/(a_j^ta_j),\quad (j=1,2,\cdots,m)$$

을 구하게 된다.

2장에서 설명한 것처럼 Gifi의 손실함수는 다음과 같이 두 부분으로 나누어질 수 있다.

$$\sum_{j=1}^{m} tr(X - G_j \Upsilon_j)^t (X - G_j \Upsilon_j) + \sum_{j=1}^{m} tr(\widehat{y}_j \widehat{a}_j^t - \Upsilon_j)^t D_j (\widehat{y}_j \widehat{a}_j^t - \Upsilon_j)$$

여기서 첫 번째 항은 판별측도를 이용하여 표현하면

$$n(p - \sum_{j=1}^{m} \sum_{s=1}^{p} \eta_{js}^2)$$

으로 이를 다중손실(multiple loss)라고 부른다. 결국 판별측도는 s차원에서의 j번째 변수의 다중적합(multiple fit)을 나타낸다.

정규화제약($y_j^t D_j y_j = n$)과 $\widehat{\Upsilon}_j^t D_j y_j a_j^t = n a_j a_j^t$을 이용하면 두 번째 항은

$$\sum_{j=1}^{m} tr(\Upsilon_j D_j \Upsilon_j - n a_j a_j^t) = n(\sum_{j=1}^{m} \sum_{s=1}^{p} (\eta_{js}^2 - a_{js}^2))$$

이며 이를 단일손실(single loss)이라고 부른다. 성분부하량의 제곱값인 a_{js}^2을 단일적합(single fit)이라고 한다.

변환과정에서 두고 있는 $rank(Y_j) = 1$ 제약은 $Y_j = y_j a_j^t$을 의미한다. 즉, p차원 공간에서 수량화값은 서로가 비례적(proportional)이 된다. 이것은 기하적으로는 범주 수량화값들이 원점을 통과하는 a_j 방향의 직선 위에 위치하게 된다는 것이다. 한편 두 범주 좌표점의 방향은 상관관계와 관련있고 비슷한 방향에 위치하면 양의 상관관계를 나타내며 반대방향은 음의 상관을 나타낸다.

3장에서 다룬 OVERALS 알고리즘과 비교해보면 HOMALS는 OVERALS의 특별한 경우에 해당된다. OVERALS에서 모든 변수가 수치형이고 변수그룹이 2개일 경우는 통상적인 정준상관분석과 일치한다.

4장에서 다룬 대응분석과의 관계는 대응분석은 2차원 분할표의 행과 열 범주들에 대하여 각각 수량화값을 구하고 그 결과를 플롯하기 때문에 동질성 분석에서 변수 수 m=2인 경우와 마찬가지라고 할 수 있다. 구체적으로 적용되는 알고리즘은 HOMALS와 다르나 실제 자료분석에서는 비슷한 결과를 산출한다.

한편 중대응분석은 버트의 분할표(Burt's contingency table)를 대상으로 분석되기도 하는데 버트의 분할표는 지표행렬과 다음과 같은 관계를 가진다.

$$B = G^t G$$

버트의 분할표를 대상으로 한 중대응분석과 지표행렬을 대상으로 한 중대응분석은 완전히 일치하지 않지만 유사한 결과를 낳는다. 그러나 변수가 2개일 경우, 4장에서 다룬 대응분석과 HOMALS 알고리즘을 이용한 결과가 개체를 저차원공간에서 시각적으로 파악할 수 있는지 여부에 있어서 차이를 보였듯이 3개 이상의 변수에 대해 버트의 분할표를 이용한 중대응분석과 HOMALS 결과도 마찬가지 차이가 있다.

6장. 다차원척도법
(Multidimensional Scaling)

6.1 다차원척도법이란?

다차원척도법은 개체들간의 유사성 또는 비유사성 거리를 토대로 저차원 공간에 개체들을 위치시키는 것이 목적이다. 따라서 원래의 다차원 공간에서의 개체간 유사성 거리와 저차원공간에 위치된 개체들간의 유클리드 거리간 분산 최소화를 꾀하게 된다. 물론 저차원 공간상에 개체를 위치시키는 일은 개체들간의 관계를 명쾌히 밝혀내기 위함이다. 최적 해를 구하기 위해서 가하는 제약식은 독립변수들의 선형결합으로 표현된다는 것이고 이들 변수들을 가지고 해당 차원을 설명할 수 있게 된다.

다차원척도법은 1952년 Togerson이 처음 제안하여 Messick와 Abelson에 의해 일반화되었다. 이들이 고려한 것은 개체들간의 유클리드 거리였다. 그 후 Attneave에 의해 시티-블록 거리가 제안 되었고 1960년대에는 비계량형 다차원 척도법들이 연구되었다. 1960년대에 주로 연구된 것은 정방행렬 형태의 비유사성 행렬에 대해서였다. 그러다 1970년대에 와서는 보다 고차원 테이블에 대한 다차원척도법에 대한 연구가 진행되었다. 특히 Carroll과 Chang의 INDSCAL(individual differences scaling)은 가중치를 고려한 가중 유클리드 거리를 비유사성으로 하는 것이었다. 이 알고리즘은 후에 Takene 등에 의해 ALSCAL(alternating least squares scaling)로 수정 보완되었다. 1980년대 와서는 Ramsay에 의해 최대우도 다차원척도법이 개발되었다. 이를 위한 알고리즘은 MLSCALE(maximum likelihood scaling)이다. 1993년 Commandeur와 Heiser는 근접성 데이터(proximity data)에 대한 다차원척도법으로 PROXSCAL을 수리적으로 유도하였다. 이 알고리즘의 장점은 다양한 모형이나 여러 가지의 제약아래에서 계량형이나 비계량형 또는 선택적으로 변환된 데이터에 대해 단조적으로 수렴하는 해를 보장한다는 것이다.

SPSS에서 사용하는 알고리즘은 ALSCAL와 PROXSCAL이다. 6.2절과 6.3절에서 다루는 두 개의 사례분석은 ALSCAL과 PROXSCAL을 이용하여 분석될 것이다. 6.4절에서는 ALSCAL과 PROXSCAL 알고리즘에 대한 개괄적인 이해 위주로 기술하였다.

6.2 사례분석1:아미노산 서열에 따른 생물의 유사성 분석

6.2.1 데이터

이 세상에 존재하는 생물들이 다양해지는 이유 가운데 하나는 변이의 원인을 들 수 있다. 개체군에서의 변이는 돌연변이와 유전자 재조합에 의해 이루어진다. 두 번째 이유는 자연 선택적으로 생물들이 불리한 유전자형을 제거함으로써 개체군을 유전적으로 균일하게 만드는 경향이 있다는 것이다. 셋째는 우세한 조건에 대해 가장 잘 적응한 유전자형이 환경에 의해 선택되는 과정을 그 이유로 들 수 있다. 얼룩나방은 그 좋은 예이다.

이처럼 모든 생물이 진화한다는 단적인 증거로는 여러 가지가 있지만 그 중에 아미노산의 비교생화학을 들 수 있다. 시토크롬(Cytochrome)[1] C는 철을 가지고 있는 단백질로서 세포호흡시 전자전달계에서 운반체로 작용하는 단백질이다. 그런데 이 시토크롬 C의 분자구조는 동물집단에 따라 약간의 차이가 난다. 예를 들면, 포유류와 파충류의 시토크롬 C 아미노산 서열에서는 15개의 수적 차이가 나타나는데 이는 포유류와 파충류가 고생대인 2억 6500만 년 전에 나뉘어진 것을 염두에 두면 약 1700만년에 한 번꼴로 돌연변이가 일어났음을 의미한다고 한다.

또 다른 증거로는 뉴클레오티드의 비교생화학을 들 수 있다. 일반적으로 단백질의 변화, 즉 유전적 변화는 각 진화 계열마다 비슷한 속도로 일어난다. DNA의 뉴클레오티드 서열은 유전적 유사성을 알려준다. 즉, 두 생물체의 DNA를 한 가닥씩 썩어 혼성화(hydridize)시킨 다음 각 염기쌍이 짝을 이루는 정도로부터 유전적 유사성을 알아낼 수 있다. 만약 형태는 유사하면서도 DNA 서열이 큰 차이를 보일 경우, 이것은 이들이 서로 다른 방향에서 진화하여 나중에 외형이 유사하게 되었다는 것을 의미한다.

이처럼 모든 종(species)은 단백질 분자(protein molecule), 시토크롬 C를

1) 생체세포 내에 존재하는 헴단백질 중에서 헤모글로빈 ·미오글로빈 ·페르옥시다아제 ·카탈라아제를 제외한 것의 총칭

가지고 있지만 모두 다르다. 그러면서 또한 모든 종에게서 매우 유사한 기능을 가지고 있다.

2만종이 넘는 단백질 분자는 여러 개의 아미노 산(amino acids)으로 구성된 길다란 사슬(chain)이라고 할 수 있다. 이 길다란 사슬에는 단지 몇 개의 아미노산만이 있는데 서로 다른 단백질 분자들은 사슬의 각 위치에 있는 다양한 아미노산의 위치에 의해 만들어진다. 서로 다른 아미노산의 수많은 위치로 두 종간의 거리를 측정하게 된다. 예를 들면, 시토크롬 c에 있는 아미노산의 경우 두 종에 있어 위치는 다음과 같이 관측된다.

나방(Moth)	XXYVPLY ....SEXI
파리(Screwworm fly)[2)]	XXYVPLY ....LSEI

여기서 전체 사슬 길이는 110이 되며 각 문자는 특정한 아미노산을 나타낸다. 서로 간의 차이가 돌연변이 길이(mutation distances)에 기여하게 되는 것이다. 그런데 돌연변이 길이는 하나를 변환시키는데 필요한 뉴클레오타이드(nucleotides)[3)]의 최소 개수에 의해 영향을 받는다.

<그림 6.1>은 사람을 포함한 20개 종에 대하여 돌연변이 길이를 측정한 것이다. 수치가 클수록 상호 종간의 유사성이 작은 것을 나타낸다.

6.2.2 ALSCAL 알고리즘을 이용한 분석 절차

이 데이터 구조는 대각원소가 0이고 이를 제외한 하삼각부분에 데이터가 채워진 정방행렬 형태이다. 따라서 2원(two-way) 형태의 대칭 행렬 데이터에 ALSCAL알고리즘으로 적합시킨 SPSS의 다차원척도법을 적용할 수 있다. 이를 위해서는 SPSS 주메뉴에서

Analyze ▶ Scale
▷ Multidimensional Scale

로 들어가 <그림 6.2>와 같이 분석대상이 되는 변수들을 지정하도록 한다.

---

2) 금속성 푸른빛을 나타내는 파리를 가르킴.
3) 핵산을 구성하는 기본 단위

또한 개체간의 거리행렬이 정방행렬이면서 대칭형태임을 <그림 6.3>과 같이 지정하도록 한다.

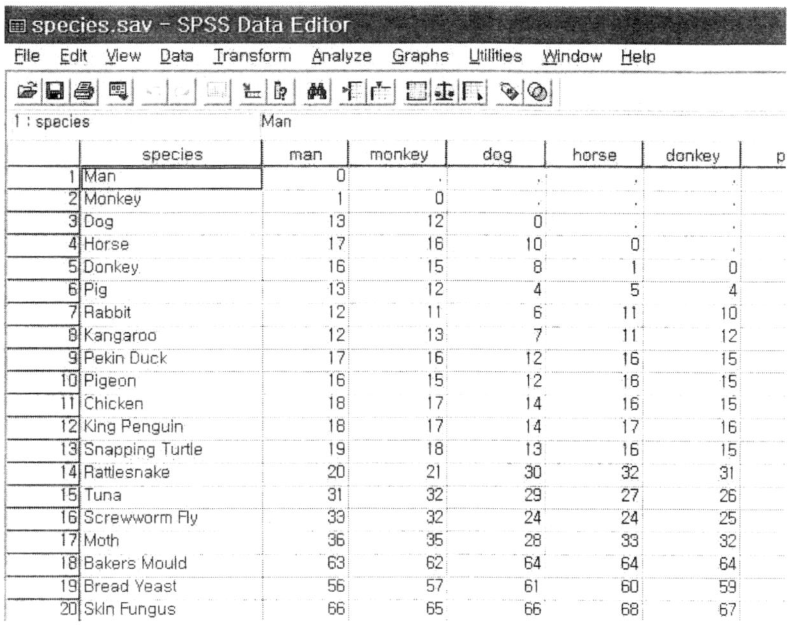

	species	man	monkey	dog	horse	donkey
1	Man	0	.	.	.	.
2	Monkey	1	0	.	.	.
3	Dog	13	12	0	.	.
4	Horse	17	16	10	0	.
5	Donkey	16	15	8	1	0
6	Pig	13	12	4	5	4
7	Rabbit	12	11	6	11	10
8	Kangaroo	12	13	7	11	12
9	Pekin Duck	17	16	12	16	15
10	Pigeon	16	15	12	16	15
11	Chicken	18	17	14	16	15
12	King Penguin	18	17	14	17	16
13	Snapping Turtle	19	18	13	16	15
14	Rattlesnake	20	21	30	32	31
15	Tuna	31	32	29	27	26
16	Screwworm Fly	33	32	24	24	25
17	Moth	36	35	28	33	32
18	Bakers Mould	63	62	64	64	64
19	Bread Yeast	56	57	61	60	59
20	Skin Fungus	66	65	66	68	67

<그림 6.1> 데이터 (species.sav)

참고로 부연설명하면 <그림 6.2>와 <그림 6.3>의 대화상자에서 알 수 있듯이 Multidimensional Scaling 메뉴는 2원 형태의 데이터 행렬에 대한 다차원척도법을 제공하며 이때 가능한 행렬 형태는 대칭정방이나 비대칭 정방행렬이 가능하다. 또한 유사성이나 비유사성 거리로 계산되지 않은 원 데이터의 경우 <그림 6.2> 대화상자에서 직접 계산이 가능하다. 만약 원 데이터가 정방행렬이 아닐 경우 <그림 6.3>에서

- Rectangular : Number of __

를 선택하고 행렬을 분류하는 기준이 되는 개체(또는 그룹)의 개수를 입력한다. 여기서 가능한 숫자의 범위는 4이상이다. 이 경우에는 3원 형태의 데이터에 대한 다차원분석을 할 수 있게 된다.

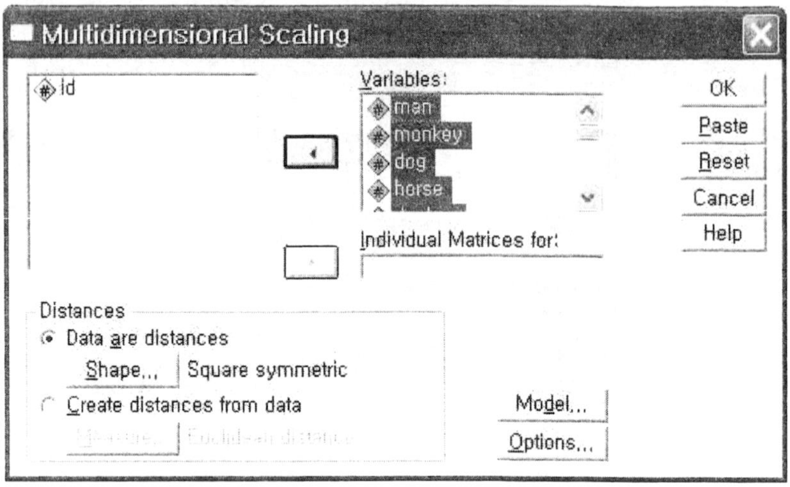

<그림 6.2> 변수의 지정

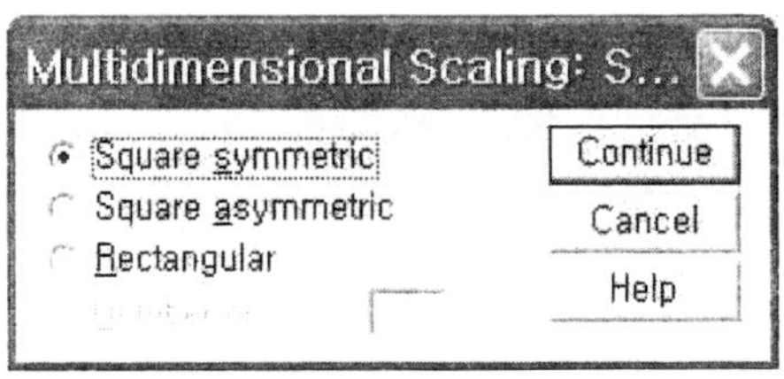

<그림 6.3> 데이터 행렬의 형태 지정

이제 지정한 데이터에 다차원척도법을 이용하여 축소된 공간에 돌연변이 거리에 의한 20개 종의 위치를 나타내보도록 하자. 이를 위해서는 <그림 6.4>의 모형지정 메뉴에서 적합시키는 측정수준을 지정해야 한다. 먼저 <그림 6.4>와 같이 'Ratio' 측도에 적합시켜보자.

<그림 6.4>
모형선택

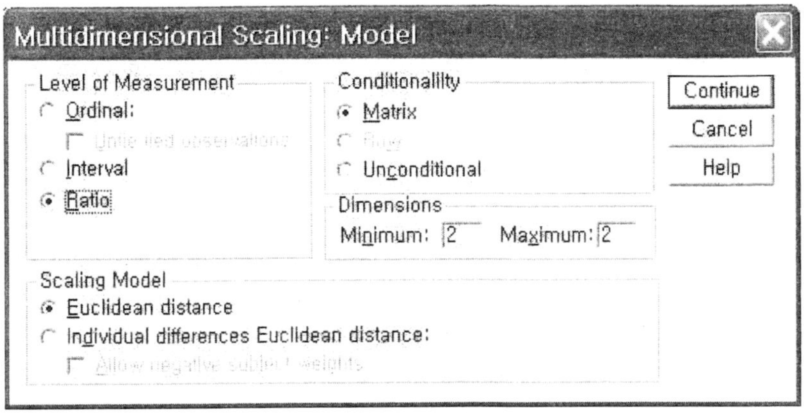

<그림 6.5>
옵션 선택

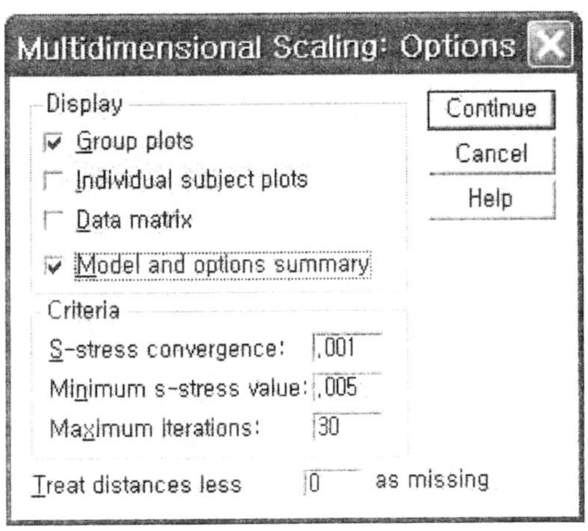

다차원 척도법 중 PROXSCAL 알고리즘이 아닌 교대최소제곱법(ALS)을 이용한 이 메뉴는 반복된 다차원척도법(RMDS) 모형에 적합이 가능하며 개인차모형(INDSCAL) 적합도 가능하다.

6.2.3 분석결과의 이해

이제 다차원척도법을 수행한 결과를 살펴보자.

<표 6.1>
부적합도

```
Young's S-stress formula 1 is used.
  Iteration      S-stress      Improvement
      1           .21657
      2           .16999          .04658
      3           .16343          .00656
      4           .16333          .00011
Stress and squared correlation (RSQ) in distances
 Stress values are Kruskal's stress formula 1.
For  matrix
Stress  =   .20383      RSQ  =  .94525
```

<표 6.2>
2차원
공간에서의
좌표값

Stimulus Number	Stimulus Name	Dimension	
		1	2
1	man	.4675	-.3716
2	monkey	.4419	-.2778
3	dog	.5861	-.1153
4	horse	.6332	-.2268
5	donkey	.5801	-.2653
6	pig	.5773	-.2414
7	rabbit	.5274	-.0262
8	kangaroo	.6186	-.3086
9	pekin duck	.4959	.1833
10	pigeon	.4962	.1775
11	chicken	.5519	.0348
12	king penguin	.5257	-.0743
13	turtle	.7174	-.1756
14	rattlesnake	.3475	1.0902
15	tuna	.8427	-1.1063
16	screwworm fly	.1376	1.0660
17	moth	-.2467	1.2464
18	bakers mould	-2.5454	1.8075
19	bread yeast	-2.6816	-1.2286
20	skin fungus	-3.0732	-1.1881

<표 6.1>은 영(Young)의 S-스트레스1에 의해 적합된 결과를 나타내고 있다. 4회 알고리즘을 반복하다 종결되었으며 이때 계산된 영(Young)의 S-스트레스1값은 0.163이다. 그리고 그 아래 결과는 크루스칼의 스트레스 공식에 의해 계산된 부적합도와 제곱상관(RSQ; squared correlation)계수이다. 제곱상관계수는 척도화된 데이터의 분산비를 나타낸다.

<표 6.2>는 2차원으로 축소된 공간에서의 20개 종의 좌표값을 나타낸다. 이를 축소된 공간에 나타낸 플롯이 <그림 6.6>이다. 차원1을 기준으로 사람, 돼지, 참치(man, pig, tuna) 등이 우측에 위치하고 있고 좌측으로 곰팡이, 진균류, 효모균(mould, fungus, yeast)이 위치하고 있다. 제2축 기준으로는 2사분면에 곰팡이, 나방(mould, moth)이 있으며 3사분면에 진균류, 효모균(fungus, yeast)이 있다. <그림 6.6>은 시토크롬 c에 있는 아미노산의 위치에 의한 돌연변이 길이를 가지고 다차원분석한 결과이다. 각 차원에 대한 의미는 실제 아미노산의 위치 등을 살펴보고 해석하는게 옳을 것이다.

<그림 6.7>은 비율 척도로 적합시킨 산점도 결과인데 '순서형 척도'에 적합시켜 보는 것이 필요할 것으로 판단된다.

<그림 6.6>
2차원 좌표 플롯

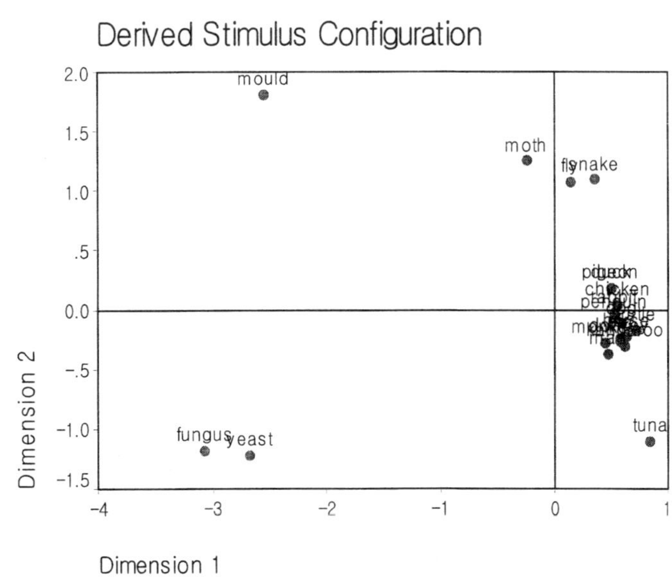

<그림 6.7>
적합도 플롯

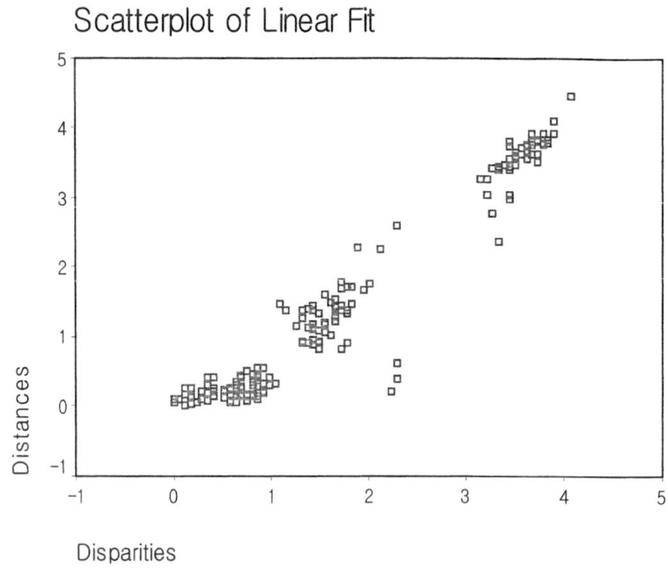

이번에는 동일자료를 순서형 측도로 적합시켜보자. <그림 6.8>과 같이 모형설정 대화상자에서 'ordinal' 측도를 선택한다.

<그림 6.8>
순서형 측도에 모형 적합

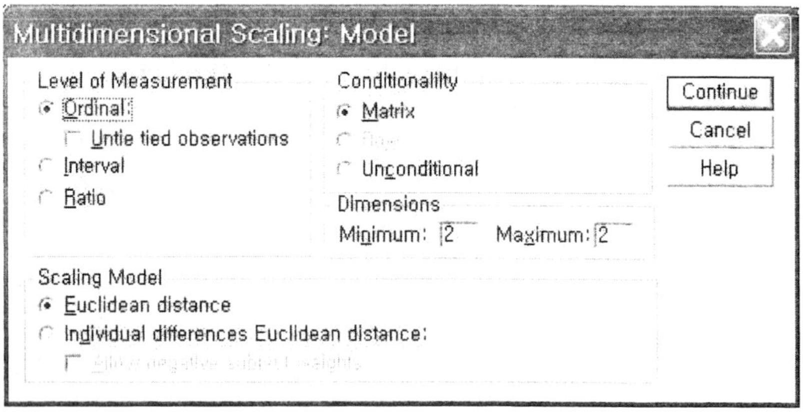

<표 6.3>의 분석결과를 살펴보면 <표 6.1>의 비율측도로 적합시킨 결과보다 영의 부적합도나 크루스칼의 부적합도값이 더 작아져 순서형 측도로 적합시키는 것이 데이터에 더 잘 부합함을 알 수 있다.

<표 6.3>
부적합도

```
Young's S-stress formula 1 is used.
 Iteration      S-stress      Improvement
     1          .08264
     2          .03909           .04355
     3          .03028           .00882
  (중략)
    10          .01390           .00103
    11          .01299           .00091
Stress and squared correlation (RSQ) in distances
 Stress values are Kruskal's stress formula 1.
 For  matrix
 Stress  =   .03932      RSQ  =  .99780
```

<표 6.4>
2차원
공간에서의
좌표값

Stimulus Number	Stimulus Name	Dimension	
		1	2
1	man	.4813	.0276
2	monkey	.4813	.0276
3	dog	.5289	-.0080
4	horse	.5042	-.0384
5	donkey	.5043	-.0387
6	pig	.5043	-.0389
7	rabbit	.4813	.0275
8	kangaroo	.5477	-.1714
9	pekin duck	.4775	.1318
10	pigeon	.4775	.1318
11	chicken	.5055	.0581
12	king penguin	.5055	.0581
13	turtle	.5953	-.1175
14	rattlesnake	.5611	.1305
15	tuna	.7670	-.2256
16	screwwrom fly	.4766	.1356
17	moth	.3807	.0191
18	bakers mould	-2.4681	2.4333
19	bread yeast	-3.0521	-1.2518
20	skin fungus	-3.2599	-1.2907

<그림 6.9>는 마찬가지로 <표 6.4>의 2차원 좌표값을 좌표평면상에 나타낸 플롯이다. <그림 6.6>에서 1,4사분면에 좀 떨어져 있던 참치, 뱀, 파리(tuna, snake, fly) 등이 구별되지 않고 모두 우측 중앙에 몰려 있게 되었음을 알 수 있다. 또한 <그림 6.10>의 적합도 플롯으로부터 20개의 종이 돌연변이 거리에 의해서는 크게는 두 개의 그룹으로 나뉘어져 있는 것을 알 수 있다.

<그림 6.9>의 플롯에 대해서도 보다 상세한 해석을 위해서는 아미노산 서열정보를 이용해서 부연설명이 필요할 것이다. 그러나 여기에서 사용된 데이터에는 그러한 부가정보가 포함되어 있지 않으므로 플롯에 대한 해석은 이정도 선에서 생략하도록 한다.

그런데 이 데이터를 가지고 군집분석을 하면 어떤 결과가 나올까? 다차원척도법을 적용시켜서 적합을 잘 시켰으나 크게 상세한 설명을 덧붙히기 어려우므로 군집분석을 시도하여 보았다. 이에 대한 댄드로그램은 <그림 6.11>과 같다. 인간과 원숭이가 같은 무리로 묶이고 있으며 다차원분석 결과에서 살펴본 곰팡이, 효모균, 진균류(mould, yeast, fungus) 등이 맨 아래에서 또 하나의 무리를 이루고 있다.

<그림 6.9>
차원축소 플롯

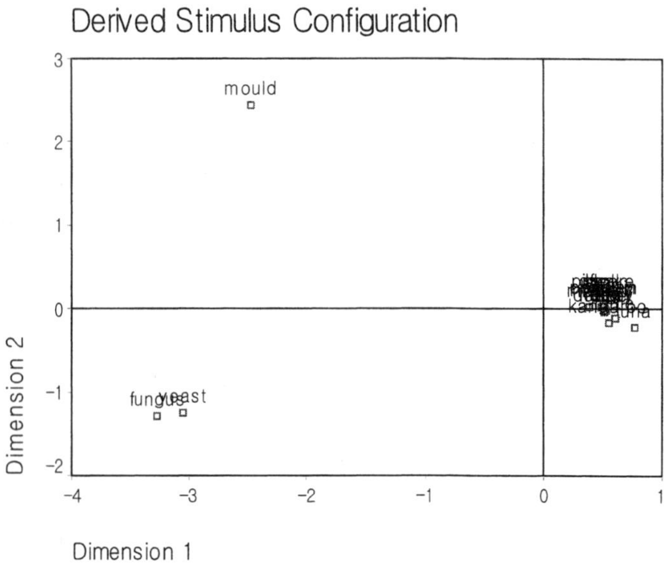

<그림 6.10>
적합도 플롯

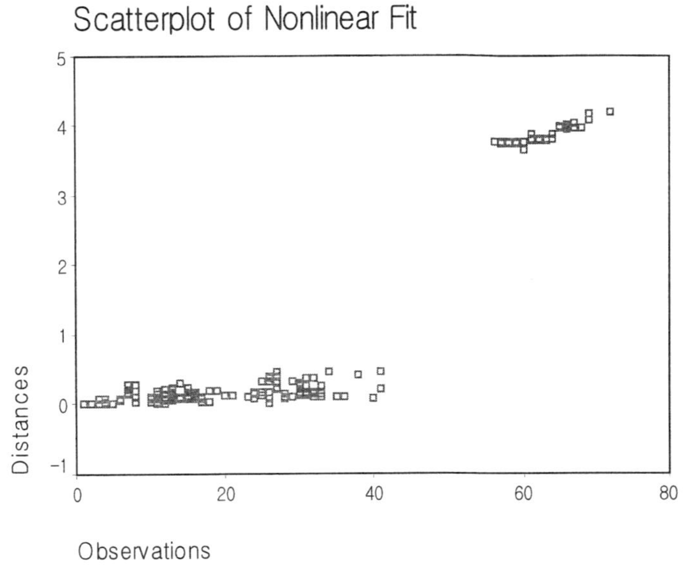

<그림 6.11>
군집분석결과
(댄드로그램)

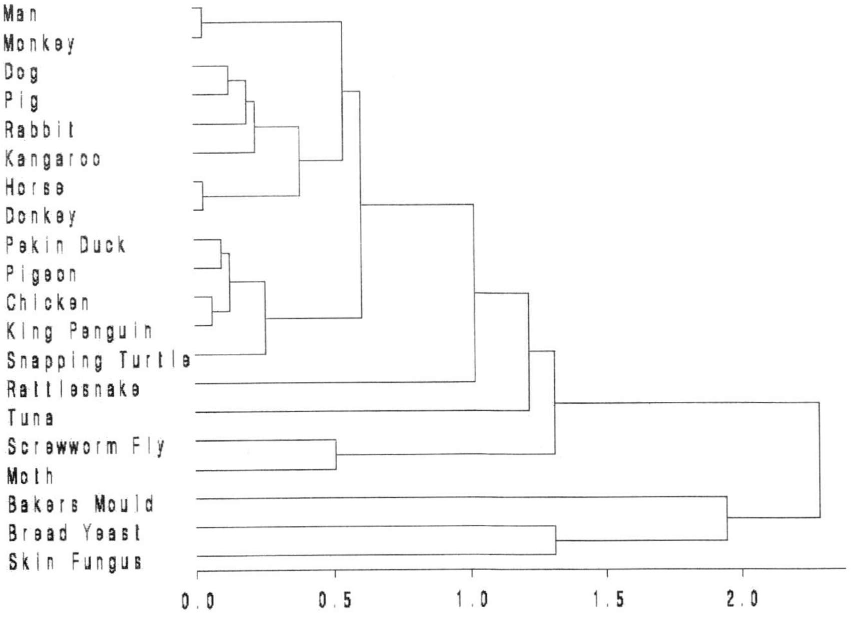

6.3 사례분석2 : 친인척 용어 분석

6.3.1 데이터

사람들이 지각하고 있는 친인척 용어는 어떤 관계를 가지고 있을까? Rosenberg와 Kim(1975)은 숙모, 오빠, 조카, 딸 아버지, 손녀, 삼촌 등과 같은 15개의 친인척 용어를 분석하였다. 4개 그룹으로 나뉜 대학생들에게는 유사성을 근거로 이들 용어들을 나열하도록 하였는데 이들 중 두 그룹은 서로 다른 기준에 의해서 2번 나열하도록 조사하였다. 따라서 데이터 출처와 조사된 표본크기는 다음과 같다.

데이터출처	성별	조건	표본크기
1	여학생	단일기준	85
2	남학생	단일기준	85
3	여학생	첫 번째 기준	80
4	여학생	두 번째 기준	80
5	남학생	첫 번째 기준	80
6	남학생	두 번째 기준	80

각각의 데이터 출처로부터 크기가 15인 유사성 거리행렬을 계산할 수 있다. 각 셀은 해당 데이터 소스의 조사된 사람수에서 개체들이 함께 분리된 회수를 빼면 된다. 이와 같은 속성으로 정리된 데이터 파일이 <그림 6.12>의 'kinship.sav' 이다. <그림 6.12>의 2행 1열에 있는 83이라는 수치는 결국 85명의 사람들 중에서 aunt와 brother간에 유사하다고 묶은 경우가 2번 있었기 때문에 85-2=83이 나온 것이다. 5행 4열에 보이는 43이라는 숫자는 85명중 daughter와 father를 유사하다고 묶은 사람이 42명이 있었다는 것을 내포하고 있다. 따라서 숫자가 작을수록 유사성이 큰 것이고 숫자가 클수록 비유사성이 크다는 것을 나타낸다.

<그림 6.12>
데이터
(kinship.sav)

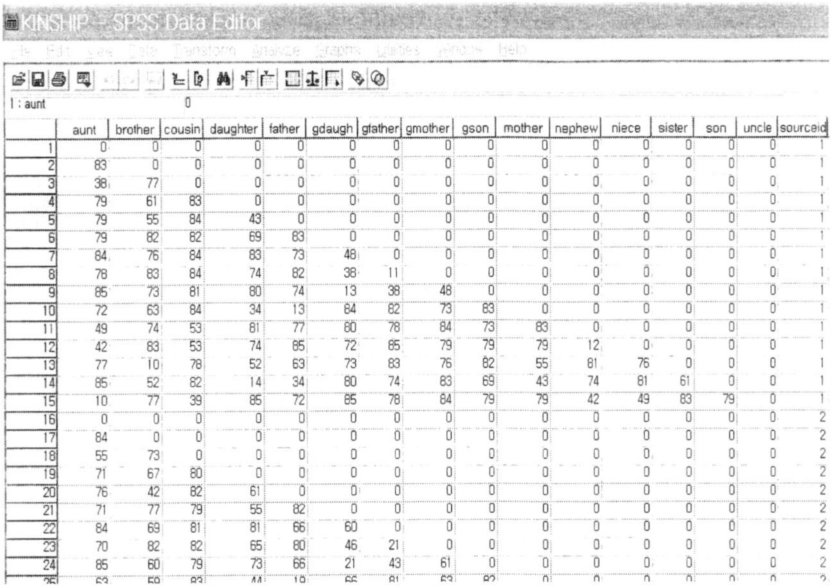

KINSHIP - SPSS Data Editor

1 : aunt 0

	aunt	brother	cousin	daughter	father	gdaugh	gfather	gmother	gson	mother	nephew	niece	sister	son	uncle	sourceid
1	0	0	0	0	0	0	0	0	0	0	0	0	0	0	0	1
2	83	0	0	0	0	0	0	0	0	0	0	0	0	0	0	1
3	38	77	0	0	0	0	0	0	0	0	0	0	0	0	0	1
4	79	61	83	0	0	0	0	0	0	0	0	0	0	0	0	1
5	79	55	84	43	0	0	0	0	0	0	0	0	0	0	0	1
6	79	82	82	69	83	0	0	0	0	0	0	0	0	0	0	1
7	84	76	84	83	73	48	0	0	0	0	0	0	0	0	0	1
8	78	83	84	74	82	38	11	0	0	0	0	0	0	0	0	1
9	85	73	81	80	74	13	38	48	0	0	0	0	0	0	0	1
10	72	63	84	34	13	84	82	73	83	0	0	0	0	0	0	1
11	49	74	53	81	77	80	78	84	73	83	0	0	0	0	0	1
12	42	83	53	74	85	72	85	79	79	79	12	0	0	0	0	1
13	77	10	78	52	63	73	83	76	82	55	81	76	0	0	0	1
14	85	52	82	14	34	80	74	83	69	43	74	81	61	0	0	1
15	10	77	39	85	72	85	78	84	79	79	42	49	83	79	0	1
16	0	0	0	0	0	0	0	0	0	0	0	0	0	0	0	2
17	84	0	0	0	0	0	0	0	0	0	0	0	0	0	0	2
18	55	73	0	0	0	0	0	0	0	0	0	0	0	0	0	2
19	71	67	80	0	0	0	0	0	0	0	0	0	0	0	0	2
20	76	42	82	61	0	0	0	0	0	0	0	0	0	0	0	2
21	71	77	79	55	82	0	0	0	0	0	0	0	0	0	0	2
22	84	69	81	81	66	60	0	0	0	0	0	0	0	0	0	2
23	70	82	82	65	80	46	21	0	0	0	0	0	0	0	0	2
24	85	60	79	73	66	21	43	61	0	0	0	0	0	0	0	2

6.3.2 PROXSCAL 알고리즘을 이용한 분석절차

<그림 6.12>와 같이 여러 데이터 소스가 묶여 있는 경우, SPSS에서 일반적으로 사용되는 다차원척도법(Multidimensional Scaling)으로도 분석이 가능하지만 이번 사례는 다음과 같이 다차원척도법의 PROXSCAL 모듈을 이용하도록 하겠다.

Analyze ▶ Scale

▷ Multidimensional Scaling (PROXSCAL)...

이 PROXSCAL 모듈은 근접성(proximity) 데이터에 대한 다차원척도법을 수행하며 여러 소스로 구성되어 있는 데이터에 대한 개인차 모형(individual differences model)도 가능하다. 이 알고리즘은 다양한 모형과 제약 아래 변환된 계량형이나 비계량형 데이터에 대해서 단조수렴하는 성질을 가진다.

이제 분석하고자 하는 데이터가 6개의 데이터 출처에 따라 비유사성 거리가 세로로 쌓여져 있으므로 <그림 6.13>과 같이

Multiple Sources

◉ The proximities are in stacked matrices across columns 를 선택하도록 한다.

<그림 6.13>
데이터 유형

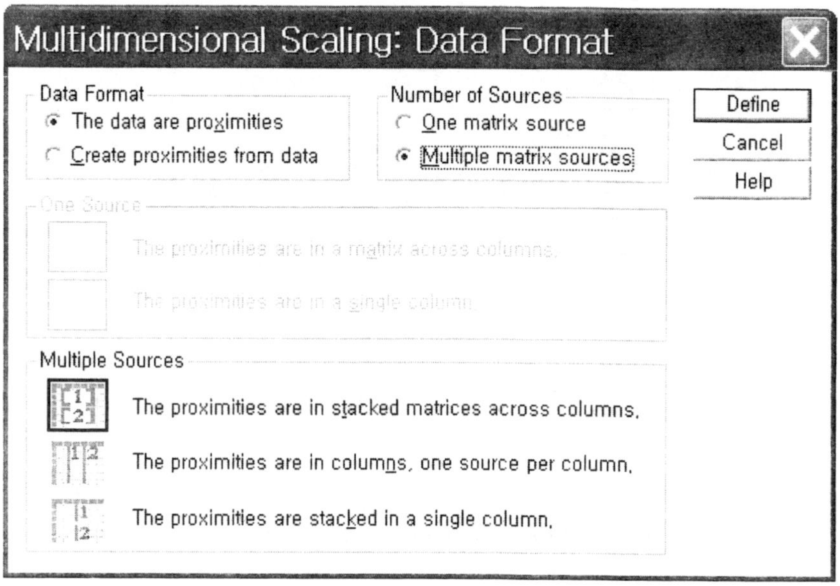

<그림 6.14>의 'Proximities'에서 다차원척도법에 적용된 변수들을 지정하도록 한다. 여기서 지정할 변수들은 다음과 같다.

Proximities : aunt, brother, cousin, daughter, father, gdaugh, gfather, gmother, gson, mother, nephew, niece, sister, son, uncle

그리고 <그림 6.15>에서 축소할 최대차원을 10으로 정한다.

<그림 6.14>
변수 지정

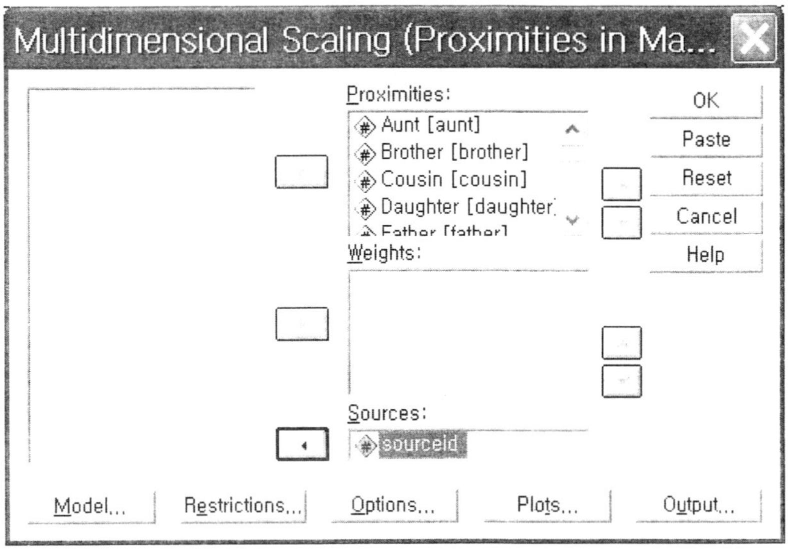

<그림 6.15>
모형 설정

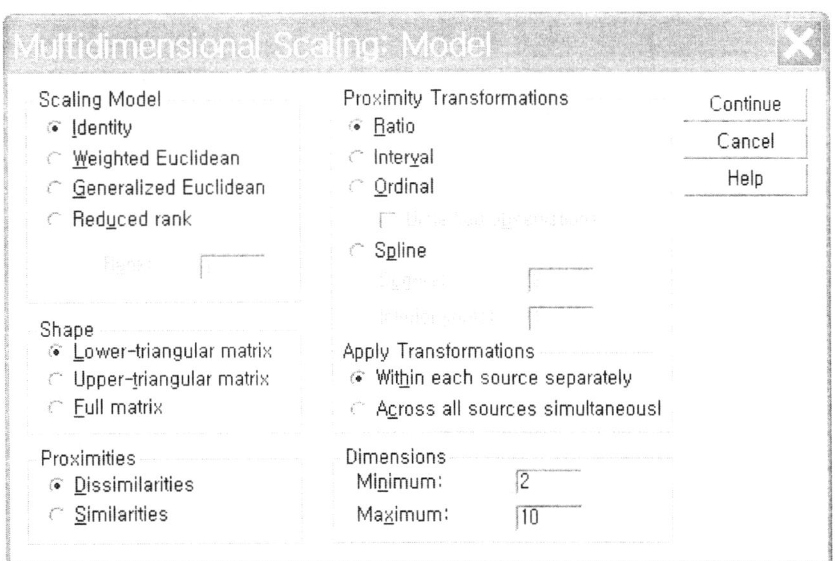

모형에 대한 제약식은 <그림 6.16>의 대화상자에서 지정할 수 있다. 여기서는

Restrictions on Common Space

◉ Linear combination of independent variables

을 지정하고

Restriction Variables

Read variables from : kinship_var.sav

Selected: gender, gener, degree

와 같이 선택하도록 하자.

<그림 6.16>
모형에 대한 제약

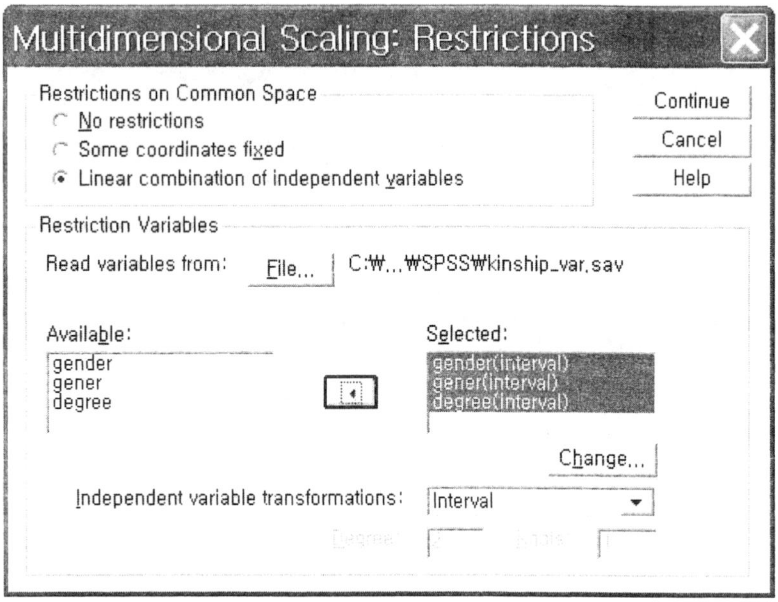

<그림 6.14>의 하단에 있는 플롯(plots)과 출력결과(Output)에서는 다음과 같이 지정하거나 이미 지정되어 있는 것을 없애도록 한다.

Plots...

- ☑ Stress
- ☐ Common space
- ☐ Individual space weights
- ☐ Variable and dimension correlations

Output...

- ☐ Common space coordinates
- ☐ Individual space weights
- ☐ Multiple stress measures
- ☐ Transformed independent variables

6.3.3 분석결과의 이해

자, 이제 출력결과를 살펴보도록 하자.

<그림 6.17>
스크리 플롯

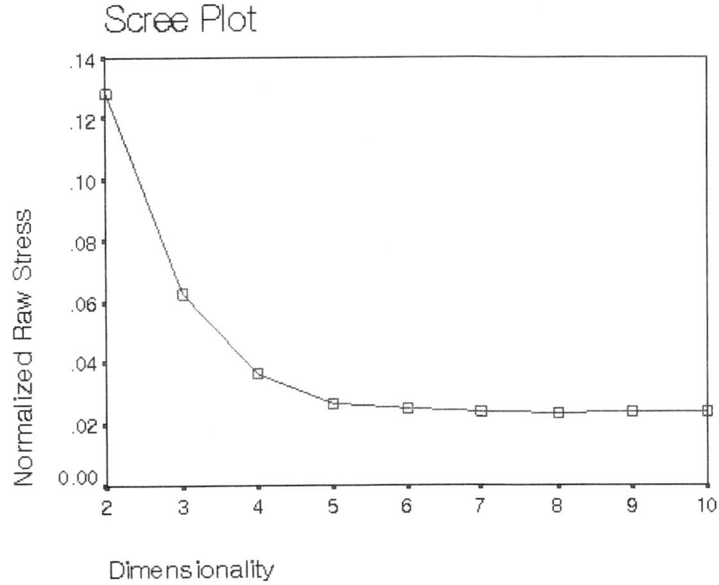

<그림 6.17>의 스크리 플롯에서 4차원 이상에서는 설명되는 분산량이 작으므로 3차원까지 차원축소를 하는 것이 타당하다고 하겠다. 그런데 앞에서 설정한 독립변수들은 gender, gener, degree로 차원을 잘 설명하기 위해 구성된 것이다. gender는 성별로 1=남, 2=여, 9=결측(cousin)으로 표시되었다. gener는 숫자가 작을수록 오래된 세대를 나타내도록 구성하였다. 예를 들어 할아버지는 -2, 손자 손녀는 2, 자식은 0으로 하였다. degree는 가계도

(family tree)에서 분지된 정도를 나타낸 숫자로 촌수를 가르킨다. 부모와 자식간에는 1, 사촌간에는 4, 나를 중심으로 할아버지와는 2와 같이 표시되었다. 이렇게 구성한 파일은 <표 6.5>와 같다.

<표 6.5>
독립변수

Independent Variables

	Variable		
	gender[a]	generation[a]	degree[a]
Aunt	2,000	-1,000	3,000
Brother	1,000	,000	2,000
Cousin	.	,000	4,000
Daughter	2,000	1,000	1,000
Father	1,000	-1,000	1,000
Granddaughter	2,000	2,000	2,000
Grandfather	1,000	-2,000	2,000
Grandmother	2,000	-2,000	2,000
Grandson	1,000	2,000	2,000
Mother	2,000	-1,000	1,000
Nephew	1,000	1,000	3,000
Niece	2,000	1,000	3,000
Sister	2,000	,000	2,000
Son	1,000	1,000	1,000
Uncle	1,000	-1,000	3,000

Treatment of missing values: Active.
a. Optimal scaling level: interval.

이제 한번 수행된 결과로부터 생성된 초기값이 저장되어 있는 'kinship_ini.sav'을 이용하여 3차원 공간에 적합시켜 보도록 하자. 그러기 위해서는 <그림 6.14>의 하단에 있는 Model(모형)에서 다음과 같이 차원을 수정해야 한다.

Model....

Dimensions

Minimum: 3

Maximum: 3

그리고 <표 6.6>의 3차원에 대한 초기값 파일을 이용하는데 이는 <그림

6.18>에서와 같이 'kinship_ini.sav' 파일이 저장된 경로를 지정하면 된다.

<표 6.6>
kinship_ini

Initial Coordinates

	Dimension		
	DIM01	DIM02	DIM03
Aunt	-,962	1,132	,828
Brother	1,004	-,350	-,088
Cousin	,245	1,883	,313
Daughter	-1,120	-1,042	-,869
Father	,959	-1,278	,375
Granddaughter	-1,081	-,085	-1,597
Grandfather	1,030	-,539	1,692
Grandmother	-1,033	-,440	1,745
Grandson	,982	-,185	-1,651
Mother	-1,104	-1,179	,429
Nephew	1,081	1,171	-,523
Niece	-,982	1,270	-,470
Sister	-1,059	-,250	-,035
Son	,943	-1,141	-,922
Uncle	1,101	1,032	,774

<그림 6.18>
옵션 대화상자

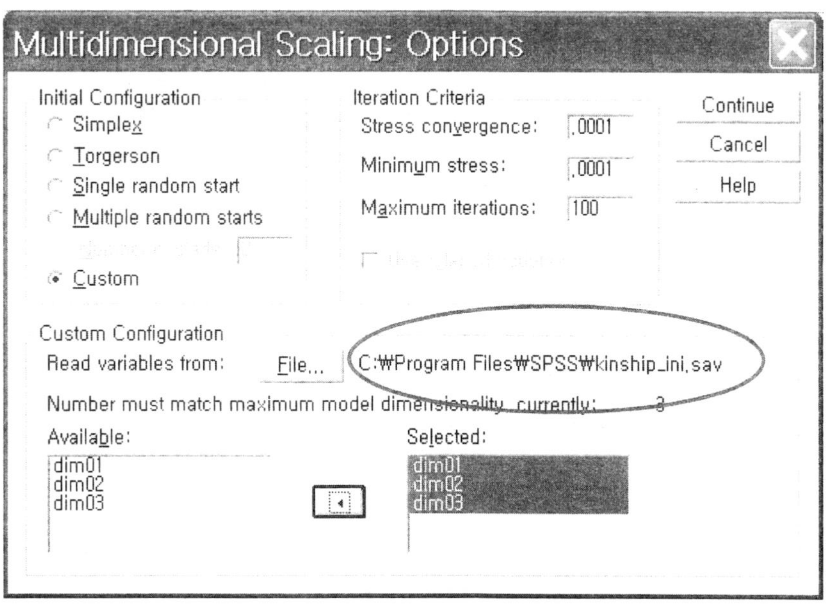

플롯과 출력결과에 대한 선택항목도 <그림 6.19>, <그림 6.20>과 같이 설정하도록 하자.

<그림 6.19> 플롯 대화상자

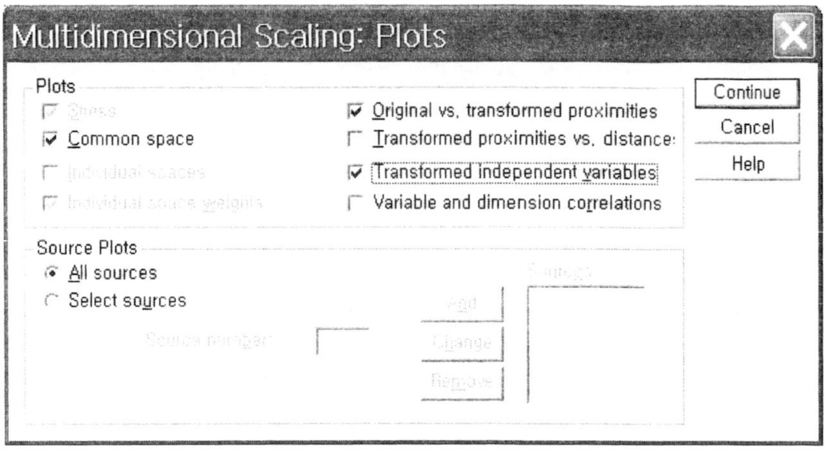

<그림 6.20> 출력결과 대화상자

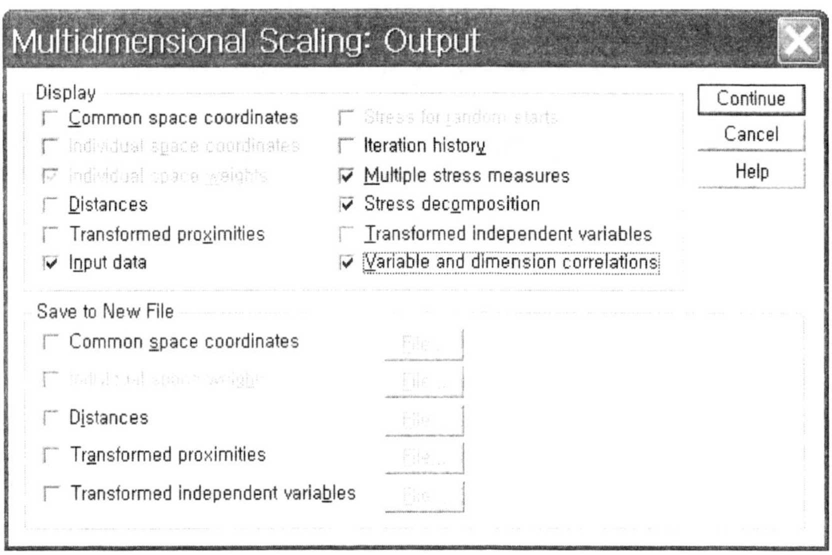

메뉴를 실행시켜 얻은 결과를 살펴보도록 하자. <표 6.7>의 스트레스와 적합도 통계량은 축소된 차원에서 전체 공간상에서의 거리를 얼마나 잘 근사시켰는지를 나타낸다. 4가지 스트레스는 데이터에 대한 부적합도(misfit)를 나타낸다. 반면에 D.A.F.와 Tucker의 일치도 계수(coefficient of congruence)는 적합도를 나타내는 통계량이다. 스트레스가 낮을수록 그리고 적합도 통

계량값이 높을수록 축소된 차원에서 적합이 잘 되었다고 평가할 수 있다. 한편 <표 6.8>은 데이터 소스별로 스트레스가 어떻게 분해되었는지를 보여주는 테이블이다. 데이터 소스 1에서 평균 스트레스가 0.1035이므로 다른 파일에 비해 상대적으로 많이 발생했다는 것을 알 수 있다.

<표 6.7> 스트레스(Stress)와 적합도 통계량

Stress and Fit Measures

Normalized Raw Stress	,06234
Stress-I	,24968[a]
Stress-II	,87849[a]
S-Stress	,14716[b]
Dispersion Accounted For (D.A.F.)	,93766
Tucker's Coefficient of Congruence	,96833

PROXSCAL minimizes Normalized Raw Stress.
a. Optimal scaling factor = 1,066.
b. Optimal scaling factor = ,984.

<표 6.8> 데이터 소스별 스트레스 분해

Decomposition of Normalized Raw Stress

		Source						
		SRC_1	SRC_2	SRC_3	SRC_4	SRC_5	SRC_6	Mean
Object	Aunt	,0991	,0754	,0629	,0468	,0391	,0489	,0620
	Brother	,1351	,0974	,0496	,0813	,0613	,0597	,0807
	Cousin	,0325	,0336	,0480	,0290	,0327	,0463	,0370
	Daughter	,0700	,0370	,0516	,0229	,0326	,0207	,0391
	Father	,0751	,0482	,0521	,0225	,0272	,0298	,0425
	Granddaughter	,1410	,0736	,0801	,0707	,0790	,0366	,0802
	Grandfather	,1549	,1057	,0858	,0821	,0851	,0576	,0952
	Grandmother	,1550	,0979	,0858	,0844	,0816	,0627	,0946
	Grandson	,1374	,0772	,0793	,0719	,0791	,0382	,0805
	Mother	,0813	,0482	,0526	,0229	,0260	,0227	,0423
	Nephew	,0843	,0619	,0580	,0375	,0317	,0273	,0501
	Niece	,0850	,0577	,0503	,0353	,0337	,0260	,0480
	Sister	,1361	,0946	,0496	,0816	,0629	,0588	,0806
	Son	,0689	,0373	,0456	,0242	,0337	,0253	,0392
	Uncle	,0977	,0761	,0678	,0489	,0383	,0498	,0631
Mean		,1035	,0681	,0613	,0508	,0496	,0407	,0623

유사성여부에 관한 항목 가운데에는 Grandmother, Grandfather, Brother, Sister, Granddaughter, Grandson에서 다른 항목에 비해 다소 높은 스트레스

를 보였다. 이들은 degree=2인 경우이다.

이제 공통 공간에서의 최종 개체 플롯을 살펴보도록 하자. <그림 6.21>-<그림 6.23>은 세밀히 살펴보기 위해 이를 2차원 좌표로 나눈 결과이다.

<그림 6.21>
공통공간 플롯
(차원1×차원2)

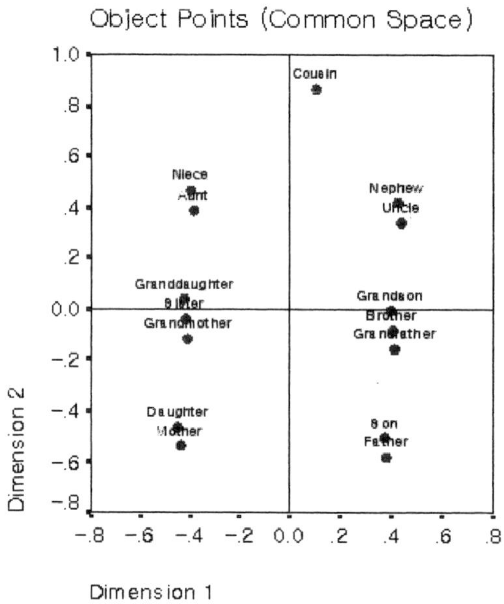

<그림 6.21>로부터 개체간의 유사성을 살펴볼 수 있다. 차원 1은 성별로 구분되며 차원 2는 독립변수 degree(촌수)로 구분될 수 있다. <그림 6.22>는 차원1과 차원3을 나타낸 플롯으로 차원3에 의해서는 변수 gener(세대)와 관련 있다고 할 수 있다. 따라서 차원3의 상단 부분에는 구세대가, 하단부분에는 신세대가 위치하고 있다. 단, cousin(사촌)은 예외적인 위치에 놓여있다.

<그림 6.23>은 차원2와 차원3을 표시한 플롯으로 거의 원형에 가깝게 놓여있다. 그러나 짝지어져서 위치하고 있으며 차원2는 마찬가지로 촌수를 나타내고 있다.

<그림 6.22>
공통공간 플롯
(차원3×차원1)

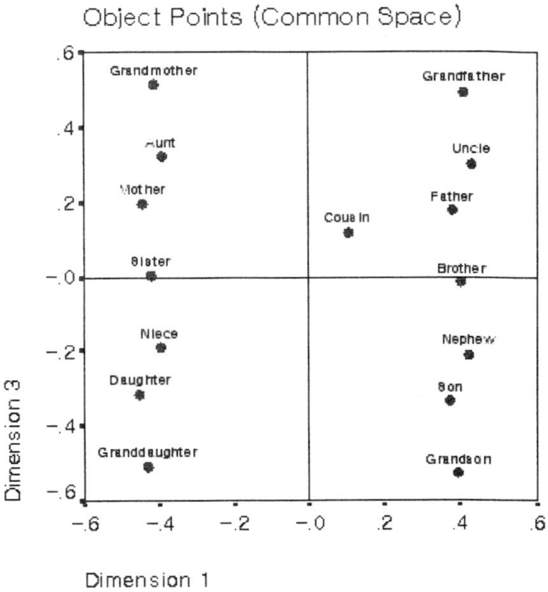

<그림 6.23>
공통공간 플롯
(차원3×차원2)

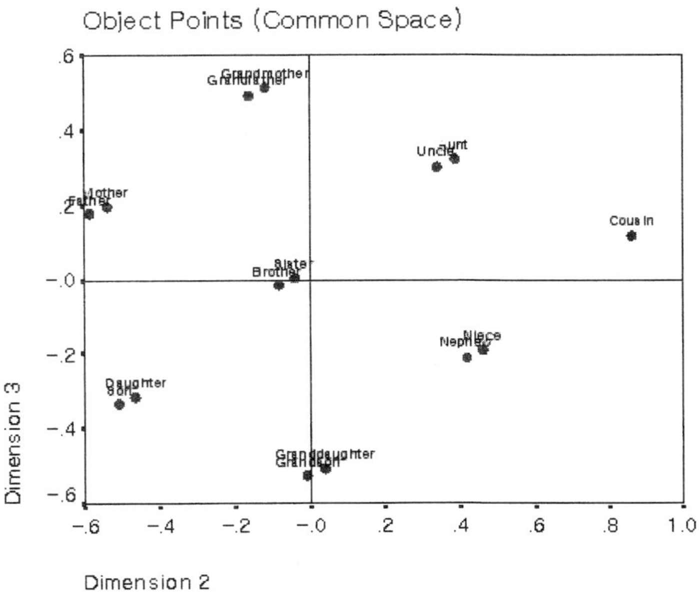

이제 변환된 독립변수들과 공통공간에서의 차원간의 상관계수를 살펴보도록 하자. <표 6.9>는 이들간의 상관계수를 표시한 것으로 차원 1은 성별

과, 차원2는 존수와, 차원3은 세대와 상관이 가장 높다. 이와 같은 관계는 위 플롯에서 이미 모두 얻은 결과이기도 하다.

<그림 6.24>는 변환된 비유사성거리를 나타낸 플롯으로 스트레스가 상대적으로 높았던 데이터 소스1과 소스2가 나머지 데이터 소스들 그룹에서 다소 벗어나 있음을 확인할 수 있다.

<표 6.9> 상관계수

Correlations

Variable	Dimension 1	2	3
gender	-.999	.062	.027
generation	-.013	.118	-.985
degree	.079	.992	.169

Correlations between the transformed independent variables and the dimensions of the common space.

<그림 6.24> 변환플롯

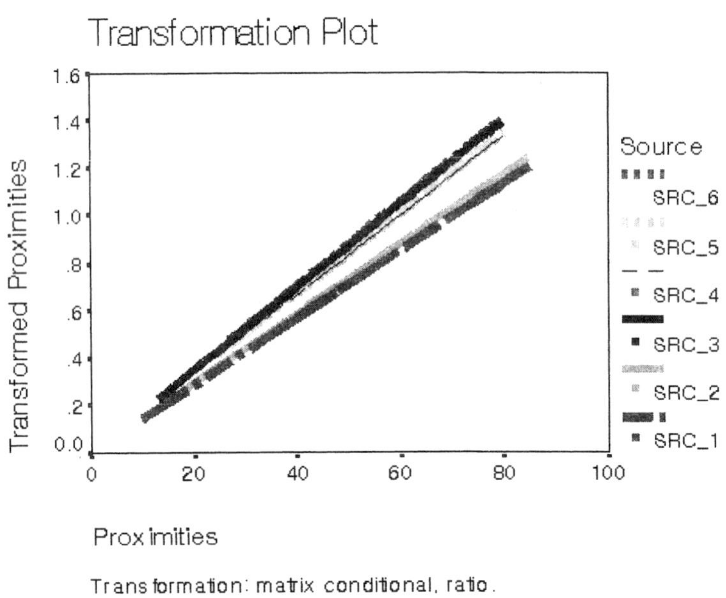

<그림 6.25>
변환된 플롯

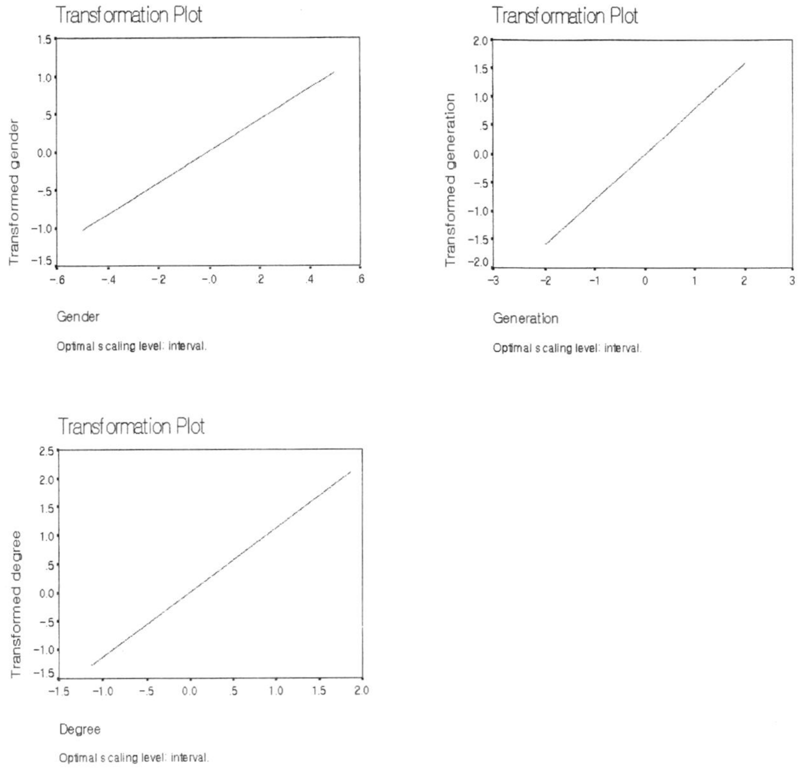

이상의 결과들은 독립변수에 대하여 구간변환(interval transformations)을 적용하고 유사성에 대해서는 디폴트인 비율변환(ratio transformations)을 적용시킨 결과이다. 이제 최선의 답이 되는 다른 변환방법이 있는지 탐색해보도록 하자.

<그림 6.26>과 같이 모형제약 메뉴에 들어가서 투입한 설명변수의 척도를 순서형으로 변환시킨 후 결과가 어떻게 바뀌는지 살펴보도록 하자. <표 6.10>의 스트레스와 적합도 통계량을 살펴보면 구간척도로 적합시킨 결과보다 순서형 척도로 적합시켰을 때 적합도 통계량값은 더 올라갔고 스트레스는 낮아졌음을 알 수 있다.

<그림 6.26> 공통공간의 제약사항에 관한 대화상자

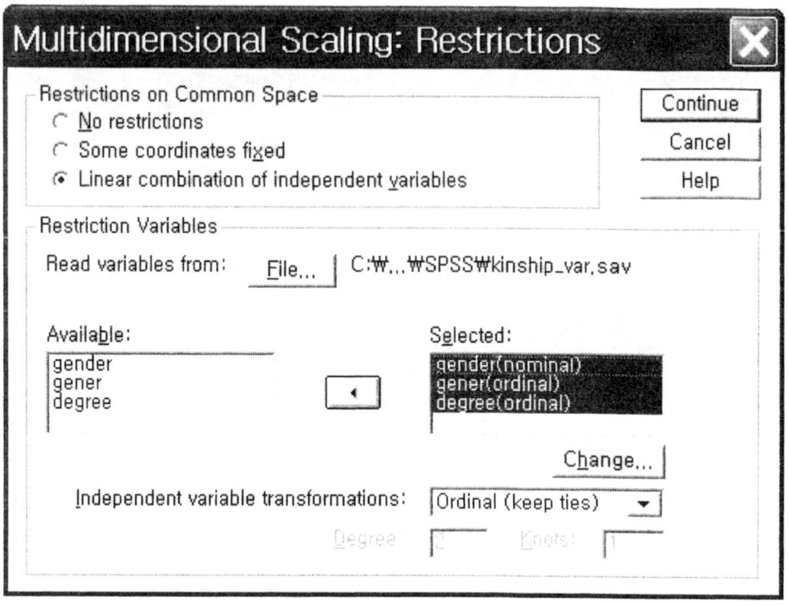

<표 6.10> 부적합도와 적합도

Stress and Fit Measures

Normalized Raw Stress	.03157
Stress-I	.17769[a]
Stress-II	.62320[a]
S-Stress	.08231[b]
Dispersion Accounted For (D.A.F.)	.96843
Tucker's Coefficient of Congruence	.98409

PROXSCAL minimizes Normalized Raw Stress.

a. Optimal scaling factor = 1.033.

b. Optimal scaling factor = .979.

<그림 6.27>의 변환 플롯에서 선형적인 플롯 양태를 보이지 않고 있으므로 순서형으로 변환시켰을 때 비유사성 거리가 더 잘 근사된다고 할 수 있다. 더욱이 <표 6.10>에서 스트레스는 감소되고 적합도 통계량값은 증가하였다.

<그림 6.27>
변환된 플롯
(순서형 척도에
적합시켰을 때)

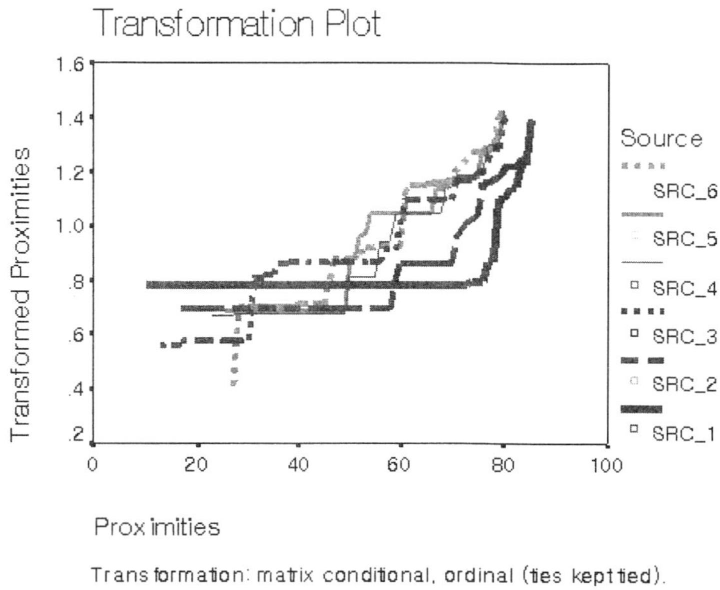

<그림 6.28>
3차원공간에서
의 플롯

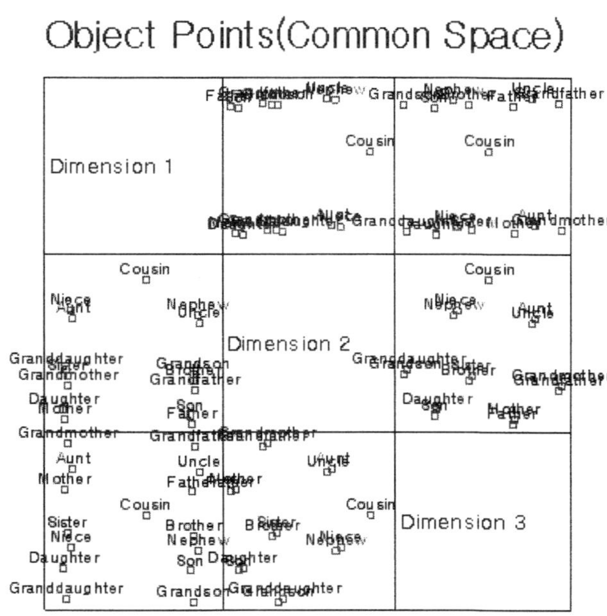

6.4 이론적 고찰

다차원척도법(Multidimensional Scaling)은 다차원 공간에 위치하고 있는 개체(object)간의 유사성 또는 비유사성(dissimilarity) 거리를 이용하여 저차원 공간에 기하적으로 개체들을 표현하려고 하는 탐색적 다변량 분석방법이다. 따라서 저차원 공간에서 개체들의 특성, 혹은 개체가 이루는 그룹별 차이를 총체적이고 가시적으로 파악할 수 있다. 이때 차원의 해석은 원 데이터에 대한 이해를 기반으로 가능하다.

결과적으로 다차원 척도법으로 데이터를 분석하면 기하적으로 개체들간의 관계를 드러내는 구조를 이해할 수 있게 된다. 따라서 범주형 데이터에 대한 다변량 자료분석에 포함되기도 한다.

다차원 척도법은 전통적으로 두 곳에 뿌리를 두고 있다. 그 한가지는 심리치료나 계량심리학(Quantitative Psychology) 분야에 근간을 두는 것이다. 영과 하우스홀더(Young and Householder)는 1941년 경 심리치료에서 필요한 여러 가지 특성들의 척도화에 관심을 두었다. 그리고 굿만(Guttman)은 1954년 평가 변수들간의 관계를 표현할 수 있는 인자분석 모형보다 제약이 덜 가해진 모형에 관심을 두었다. 그러한 관심들이 다차원 척도법 연구에 시발점이 된 것이다. 다른 한 줄기는 심리물리학(psychophysical) 쪽에서의 연구다. 이들 분야의 연구진들은 MDS라고 불리는 알고리즘 개발에 관심을 두었다. 요즘은 이 두 가지 관심사가 서로 통합되고 적용되는 추세이다.

이들 분야에서 사용되는 알고리즘으로는 기존의 ALSCAL 알고리즘과 최근에 개발된 PROXSCAL 알고리즘이 있다.

본 장에서 다룬 PROXSCAL은 저차원 공간에 있는 개체의 최소제곱 재표현을 발견하기 위해 유사성거리 데이터의 다차원척도를 수행한다. 이 알고리즘은 앞에서도 언급하였듯이 1993년에 Commandeur와 Heiser에 의해 개발되었다.

1) 유사성 거리

집단 형성의 기본 요소에는 근접성(proximity)과 유사성(similarity)이 있다. 근접성은 개체끼리 서로 가까이 있다는 것을 의미한다. 가까이 있다고 해서 서로 상호작용을 하고 있다고 말하기 어렵지만 상호작용으로 유사성이 높아지면 가까이 위치할 확률은 클 것으로 생각된다.

'proximity'는 일반적으로 개체간의 '근접성'을 지칭한다. 엄밀한 의미에서 근접성과 유사성은 다른 개념이지만 다차원분석에서는 거의 같은 개념으로 사용된다. 따라서 같은 그룹에 속한 개체간의 근접성과 다른 그룹에 속한 개체와의 근접성에 의해 개체의 특성이 평가될 수 있다.

간접적으로 근접성, 유사성과 같은 특성을 확보할 수 있는 다양한 방법들이 있는데 이는 데이터의 측도와 데이터 행렬의 형태에 따라 여러 방법으로 분석되어진다. 데이터 행렬의 형태는 차원수, 비유사성을 측정하는 문항 개수, 반복유무, 대칭유무에 따라 구분된다. 근접성의 대칭적 성질은 종종 정방행렬에 대한 다차원분석에서 가정된다.

m차원의 유클리드 공간에서 i번째 개체와 j번째 개체간의 유사성 거리를 다음과 같이 정의하자.

$$d_{ij} = \sqrt{\sum_{k=1}^{m} (x_{ik} - x_{jk})^2} \tag{6.1}$$

이 식을 일반화시키면 다음과 같이 표현할 수 있다.

$$d_{ij} = f(\delta_{ij}) \tag{6.2}$$

여기서 δ_{ij}는 $k(\leq m)$차원에서의 두 개체간의 유사성 척도를 나타내며 완벽히 다차원 공간에서의 유사성 거리가 축소된 공간에서 표현된 것을 의미한다. 만약 유사성 거리가 선형적으로 결합된다면

$$f(\delta_{ij}) = a + b\,\delta_{ij}$$

와 같이 표현될 것이다.

그렇지만 m차원에서의 유사성 거리가 저차원 공간에서 완벽히 표현되기 어려우므로 이때 발생하는 오차항 ε_{ij}와 측정수준(measurement level)에 따라 다음과 같이 적합될 수 있다.

$$d_{ij} = \delta_{ij} + \varepsilon_{ij} \qquad \text{(절대척도)}$$

$$d_{ij} = a + b\delta_{ij} + \varepsilon_{ij}, \quad b > 0 \qquad \text{(구간척도)}$$

$$d_{ij} = f^*(\delta_{ij}) + \varepsilon_{ij}, \quad f^*(\cdot)\text{: 단조함수} \qquad \text{(순서척도)}$$

여기서 척도와 관련된 것은 데이터의 측정수준이다. 이는 비율, 구간, 순서형, 명목형 측도로 나뉘는데 다차원척도법은 특히 순서형 데이터에 잘 적합된다. 그리고 다차원 척도법을 크게 계량형 MDS와 비계량형 MDS로 구분하는데 순서형이나 명목형 데이터에 적합시키는 경우를 비계량형 MDS라고 할 수 있고 비율이나 구간측도 자료에 적합시키는 경우를 계량형 MDS라고 한다.

2) 스트레스(stress)

다차원 척도법에는 오직 한 가지 방법만 사용되는 것은 아니다. 서로 다른 여러 알고리즘에 의해 유사성 거리의 기하적 재표현이 가능하다. 따라서 어떻게 적합시키는 것이 다차원공간에서의 유사성을 저차원 공간에서 잘 적합시키는 지를 판단할 수 있는 잣대가 필요하다. 이때 사용될 수 있는 통계량이 바로 스트레스이다. 다차원공간에서의 유사성 거리가 저차원 공간에서 $\hat{d}_{ij}(=f(\delta_{ij}))$로 추정되었다면 스트레스는 다음과 같이 여러 형태들로 나누어 살펴볼 수 있다.

- 원 스트레스(raw stress) $\sum_{i<j}(d_{ij} - \hat{d}_{ij})^2$

- 정규화된 스트레스(normalized stress) $\dfrac{\sum_{i<j}(d_{ij} - \hat{d}_{ij})^2}{\sum_{i<j}\hat{d}^2_{ij}}$

크루스칼과 위시(Kruscal and Wish)가 제안한 스트레스는 다음과 같다.

- 스트레스1(stress1) $\sqrt{\dfrac{\sum_{i<j}(d_{ij} - \hat{d}_{ij})^2}{\sum_{i<j}d^2_{ij}}}$

- 스트레스2(stress2) $\sqrt{\dfrac{\sum_{i<j}(d_{ij} - \hat{d}_{ij})^2}{\sum_{i<j}(d_{ij} - \bar{d})^2}}$

여기서 $\bar{d}$는 d_{ij}들의 평균을 나타낸다. 그리고 영(Young)이 제안한 스트레스는 다음과 같다.

- S-Stress1 $\sqrt{\frac{\sum_{i<j}(d_{ij}^2-\hat{d}_{ij}^2)^2}{\sum_{i<j}(d_{ij}^2)^2}}$

- S-Stress2 $\sqrt{\frac{\sum_{i<j}(d_{ij}^2-\hat{d}_{ij}^2)^2}{\sum_{i<j}(d_{ij}^2-\overline{d^2})^2}}$

SPSS의 ALSCAL 알고리즘에서는 Takane-Young-de Leeuw가 제안한 다음의 SStress를 기준으로 프로그램이 종료된다. 여기서 첨자 k는 여러 소스로 데이터가 나뉘어 있을 때 이를 나타내는 것이다.

- SStress(1) $\left(\frac{1}{m}\sum_{k=1}^{m}\left(\frac{\sum_i\sum_j(d_{ijk}^2-\hat{d}_{ijk}^2)^2}{\sum_i\sum_j\hat{d}_{ijk}^4}\right)\right)^{1/2}$

한편 PROXSCAL 알고리즘 적용시 계산되는 스트레스는 이보다 훨씬 더 복잡하다. PROXSCAL 알고리즘에서 계산되는 원 스트레스(raw stress)를 η^2 이라고 하면 SPSS에서 제공하는 2개의 적합도 통계량은 다음과 같다.

- D.A.F.(Dispersin Accounted For) : $1-\eta^2$
- Tucker's coefficient of congruence : $\sqrt{1-\eta^2}$

보통 스트레스는 0.1 이하이면 적합이 대체로 잘 된 것으로 평가하고 0.25 이상이면 잘 적합되지 않은 것으로 평가한다.

3) 계량형과 비계량형 다차원분석

다차원분석은 크게 계량형 다차원분석과 비계량형 다차원분석으로 나뉘는데 그 특성을 간략히 살펴보면 다음과 같다.

▪ 계량형 다차원분석 : 가령 데이터가 양적 데이터라고 하자. 이때 근접성에 대한 고전적인 척도법은 직접 거리를 가지고 비교하는 것이다. 그러나 (비)유사성 거리행렬 P는 행렬 형태로 사전에 작성되어야 한다. 이런 경우 두 가지 성질을 충족시켜야 하는데 그 하나는 $d_{ii}=0$이고 다른 하나는 $d_{ij}+d_{ik}\geq d_{jk}(\text{ for } i,j,k)$이다. 따라서 중심화된 비유사성 행렬은 다음을 만족

한다.

$$d_{ij}^2+\frac{\sum_j d_{ij}^2}{n}-\frac{\sum_i d_{ij}^2}{n}+\frac{\sum_i\sum_j d_{ij}^2}{n^2}=-2\sum_{k=1}^{m}x_{ik}x_{jk}$$

이때 우측의 상수곱의 합을 나타내는 행렬은

$$B=\frac{1}{2}[(I-\frac{1}{n}1_n1_n^t)\ D\ (I-\frac{1}{n}1_n1_n^t)]$$

이다. 여기서 I는 대각행렬을, 1_n은 모든 원소가 1로 채워진 $n\times 1$크기의 열벡터를 나타낸다. 이 때 행렬 B는 대칭이고 정칙행렬이다. 따라서 고유값 고유벡터 분해로부터

$$B=XX^t=V\Lambda V^t$$

이고 $X=V\Lambda^{1/2}$이다. 계량형 다차원분석은 이로부터 차원축소와 축소된 공간에 대한 적합도가 평가된다.

▪ 비계량형 다차원분석 : 순서형 데이터의 경우 계산된 근접성이 순서성을 지니고 있기를 희망한다. 순서성의 문제 해결을 시도한 사람은 1962년의 쉐퍼드(Shepard)이다. 그 이후 1964년에 크루스칼이 알고리즘을 수정하였다. 이는 반복알고리즘에 의한 스트레스라고 불리는 적합도를 최소화시키는 방법에 의해 수행된다. 이때 중요한 것은 최적 좌표의 결정(모수 추정)과 데이터에 대한 최적 단조 변환 함수의 결정(최적 척도화)이다.

반복 알고리즘은 다음의 4 단계를 밟는다.

단계1: 행렬에 대한 초기 좌표값 설정과 차원의 결정(초기화)

단계2: 최적 척도화(비계량형)

단계3: 모수 추정 (계량형)

단계4: 적합도 결정 (평가)

여기에 사용되는 가장 유명한 알고리즘이 ALSCAL이다.(Takane, Young and De Leeuw, 1977) 그리고 PROXSCAL은 그 다음으로 잘 사용되는 알고리즘으로 탄력적(flexible)인 특성을 지니고 있다.

ALSCAL과 PROXSCAL은 비계량형 단계에서 구별된다. 동순위(tie)를 고

려하여 ALSCAL에서는 측정 과정에서 모두 연속형으로 다루고 등식제약이 없다. 이에 반해 PROXSCAL은 이산측도(discrete measurement)로 간주하며 등식제약(equality restriction)을 둔다. 즉,

$$\delta_{ij} = \delta_{ik} (=> \hat{d}_{ij} < \text{ 또는 } = \text{ 또는 } > \hat{d}_{ik}) \quad \text{(ALSCAL)}$$

$$\delta_{ij} = \delta_{ik} (=> \hat{d}_{ij} = \hat{d}_{ik}) \quad \text{(PROXSCAL)}$$

이다. 따라서 SPSS에서 제공하는 PROXSCAL 알고리즘은 비계량형 단계에서 위와 같은 차이가 있음을 상기할 필요가 있다.

PROXSCAL의 목적은 다음의 손실함수를 최소화시키는 것이다.

$$m^{-1} \sum_{k=1}^{m} \sum_{i<j}^{n} w_{ijk} [\ \hat{d}_{ijk} - d_{ij}(X_k)]^2$$

즉, m개 소스(그룹)에 있는 n개 개체 거리와 변환된 근접성 거리간 오차제곱합의 가중평균을 최소화시키는 것이 목적이다. 근접성거리에 대한 변환함수는 변환된 근접성 거리 $\hat{d}_{ijk}$에 대하여 비음(nonnegative)이고 단조적으로 비감소하는 값을 제공한다. 그리고 근접성 거리 $d_{ij}(X_k)$는 해당 소스에서 관측된 개체간의 유클리드 거리를 나타낸다.

PROXSCAL 알고리즘의 주요 과정만 기술하면 다음과 같다.

- 단계1: X_k의 초기 좌표값을 계산하고 손실함수를 평가한다.
- 단계2: 근접성 거리 X_k에 대한 갱신 값을 찾는다. 이 단계에서 공통공간(common space)과 공간 가중치(space weights)를 갱신한다.
- 단계3: 변환된 근접성 거리 $\hat{d}_{ijk}$에 대한 갱신 값을 찾는다. 변환후 정규화한다.
- 단계4: 손실함수를 평가하여 일정 기준에 도달하면 알고리즘을 종료하고 그렇지 않을 경우 단계2로 되돌아가서 반복한다.

PROXSCAL에 대한 보다 상세한 알고리즘 과정은 SPSS 알고리즘을 참조하는 것이 좋겠다.

4) 다차원척도 모형의 종류

이제 다차원분석법의 여러 가지 모형에 대해서 살펴보도록 하자. 근접성을 정의하는 방식이 매우 다양하므로 그만큼 다차원 척도법에 대한 다양한 모형이 존재할 것임을 알 수 있다. 우선 크게는 계량형 다차원분석과 비계량형 다차원분석으로 구분이 가능하다. 그 다음 구분은 데이터 행렬이 정방행렬인지의 여부이다. 대부분의 다차원척도법은 정방행렬(square matrix)을 요구하며 직사각형 행렬(rectangular matrices)은 선호도모형(unfolding models)에서 일부 요구된다. 그리고 마지막 구분기준은 2원 설계의 반복 여부이다. 보통 비유사성 행렬을 2원행렬(two-way matrix)이라고 하고 2원행렬을 개인이나 소스(source), 그룹, 반복 등과 같은 주체(subject)를 기준으로 고려한 행렬을 3원행렬(three-way matrix)이라고 한다. 이들 기준에 의하면 다차원척도 모형은 다음과 같이 구분된다.

<표 6.11> 다차원척도 모형의 분류

직사각형 여부	설계 요인	반복 여부	대칭여부	모형
×	2		○	고전적 다차원분석
			×	비대칭 다차원분석
	3	○	○	반복된 다차원분석
			×	반복된 비대칭 다차원분석
		×	○	가중된 다차원분석
			×	가중된 비대칭 다차원분석
○	2			고전적 선호도 분석
	3	○		반복된 선호도 분석
		×		가중된 선호도 분석

이제 <표 6.11>에서 다룬 여러 가지 유형의 다차원척도 모형에 대해 간략히 살펴보자.

① 고전적 다차원분석(Classical Multidimensional Scaling) : 고전적인 다차원 척도법을 가르킨다. 분석에 사용되는 근접성 행렬은 2원행렬이며 대칭행렬이다. 유클리드 거리는 식 (6.1)로부터 계산된다. 계량형일 경우는 유클리드 거리를 이중 중심화행렬(double-centered matrix)의 고유값-고유벡터 분해에 기초해서 계산하며 비계량형일 경우 반복알고리즘을 이용한다.

② 반복된 다차원분석(Replicated Multidimensional Scaling) : 반복된 다차원 척도법을 가르킨다. 이 경우 근접성 행렬은 3원행렬이며 대칭행렬이다. 세 번째 요인은 보통 반복으로 구성된다. 반복된 다차원척도법은 반복별로 다차원분석을 수행하거나 반복된 행렬의 평균값 행렬을 이용하듯 서로 다른 부행렬(submatrices)들을 하나로 축소시킨 행렬에 대해 다차원분석을 수행한다.

③ 가중된 다차원분석(Weighted Multidimensional Scaling) : 가중된 다차원 척도법 분석을 가르킨다. 역시 분석에 사용되는 근접성 행렬은 3원행렬이며 대칭행렬이다. 그런데 행렬을 구성하는 세번째 요인이 단순히 반복만을 의미하지는 않는다. 관측된 근접성을 구별해줄 수 있는 변수들이 사용될 수 있다. 따라서 거리는 자연스럽게 (6.3)과 같은 가중 유클리드 거리(weighted Euclidean distance)로부터 계산된다.

$$d_{ijt}=\sqrt{\sum_{k=1}^{m} w_t(x_{ik}-x_{jk})^2} \tag{6.3}$$

여기서 t는 세 번째 요인의 첨자를 나타낸다.

이 모형은 일반화된 유클리드 거리에 기초하여 보다 일반화시킨 확장된 모형이라고 할 수 있다. 결과적으로는

$$X_t = GW_t$$

로 표현된다. W_t는 $m \times m$크기의 가중치 행렬이고 G는 그룹 공간에서의 좌표 행렬을 나타낸다.

사실 고전적 다차원분석이나 반복된 다차원분석은 가중된 다차원분석의 특별한 경우라고 할 수 있다. 예를 들어, 고전적 다차원분석의 경우 가중된 다차원분석에서 가중치행렬이 단위행렬로 주어진 경우라고 생각할 수 있다. 그리고 식 (6.3)에서 개인차모형(INDSCAL; individual differences scaling)을 고려할 수 있는데 이 경우는 각 주체(subject)에 대해 차원가중치를 다르게 적용할 수 있으며 W_t는 대각행렬이 된다. 개별차모형은 각 피실험자(또는 소스)별로 서로 다른 모수들을 적합시키는 것이다. 그리고 INDSCAL보다 더 일반화된 모형으로는 IDIOSCAL(individual differences in orientation scaling)이 있다.

④ 비대칭 다차원분석(Asymmetric Scaling) : 비대칭형 근접성 행렬에 대하여 여러 가지 유형의 분석방법이 제안되었는데 그 중 유용한 방법은 원 데이터를 두 부분으로 나누는 것이다. 즉, 대칭적인 성질을 지니고 있는 부분과 비대칭적인 성질을 지니고 있는 부분으로 나누는 것이다. 그러면

$$\Delta = M + N \tag{6.4}$$

$$M = \frac{1}{2}(\Delta + \Delta^t), \quad N = \frac{1}{2}(\Delta - \Delta^t)$$

이다. 식 (6.4)는 (6.5)와 같이 근접성 거리의 제곱의 합을 대칭적인 부분과 비대칭적인 부분에 대한 제곱합으로 분할시킨 것이다.

$$\sum_{i,j} \delta_{ij}^2 = \sum_{i,j} m_{ij}^2 + \sum_{i,j} n_{ij}^2 \tag{6.5}$$

여기서 M은 대칭형 데이터에 대한 다차원분석방법들을 적용하여 분석하고 반면에 N은 고유값 고유벡터 분해에 의해 다른 방법으로 다루어진다.

⑤ 반복된 비대칭 다차원분석(Replicated Asymmetric Multidimensional Scaling) : 반복된 근접성 행렬이 비대칭인 경우, 비대칭 다차원분석은 서로 다른 부행렬들을 하나의 혼합된 행렬에 대해 적용되거나 개별 부행렬에 적용된다.

⑥ 가중된 비대칭 다차원분석(Weighted Asymmetric Multidimensional Scaling) : 비대칭 근접성 행렬이 서로 다르게 반복된 경우 고려되며 이 경우 3원 행렬에 대한 선호도모형(unfolding model)을 적용하여 해결할 수 있다[4].

---

4) 다차원척도법은 유사성 모형과 선호도 모형으로 나누어진다. 선호도 모형은 응답자들의 선호도 평가자료를 이용하여 평가차원과 각 대상들의 좌표, 응답자의 이상점(ideal point)을 밝히는 것이다. 선호도 모형을 적용할 경우 평가자와 평가대상간의 관계를 지각도(perceptual map)에서 한꺼번에 알 수 있다. 선호도모형 중 기본이 되는 것은 이상점 모형(ideal point model)인데 “unfolding model”이라고도 불린다. 이상점 모형은 응답자가 가장 선호하는 대상의 위치를 밝혀주는 모형이라고 할 수 있다. 여기서, 이상점이란 응답자들로부터 선호도를 측정했을 때 응답자들이 가장 이상적이라고 생각하고 있는 대상(예를 들면, 제품)의 위치를 의미한다. 따라서 어떤 대상의 위치가 특정 응답자의 이상점과 일치하면 그 대상은 효

⑦ 고전적 선호도 모형(Classical Multidimensional Unfolding)[5] : 선호도 모형(unfolding model)은 직사각형 행렬에 적용한다. 여기서 대칭행렬이 아닌 직사각형 행렬에 적용한다는 것은 행과 열변수명이 동일하지 않다는 것을 나타내며 각 피조사자가 선호하는 목적물에 선호도 점수를 부여했다든지 아니면 각 목적물에 대해서 해당되는 속성들을 평가한 점수들을 이용하여 분석하는 경우를 말한다. 계량형 선호도모형과 비계량형 선호도모형이 있다. 선호도모형의 고전적인 데이터 셋은 선호도에 따라 서로 다른 개체를 순서화시킨 것이다. 선호도 모형의 목적은 선호도 순서에 따라 사람과 사물 간의 거리를 순서화시킨 공간에 이를 재표현하는 것이다. 이에 대한 방법은 불완전하게 구성된 정방행렬에 대해서 다차원척도법을 수행하게 된다.

⑧ 반복된 선호도 모형(Replicated Multidimensional Unfolding) : 반복된 다차원 선호도모형은 여러 개의 부행렬로 나뉠 수 있는 직사각형 행렬 각각에 고전적 선호도 모형을 적용하는 것이다.

⑨ 가중된 선호도 모형(Weighted Multidimensional Unfolding) : 가중된 다차원 선호도모형은 반복요인이 교환(exchangeable)이 불가능한 데이터에 적용된다. 이 문제는 결측이 있는 가중된 다차원분석으로 Stress2로 다루어진다.

⑩ 확증적 다차원분석(Confirmatory Multidimensional Scaling) : 확증적 다차원분석은 프로크러스티즈(Procrustes)분석에 의해 가능하다. 프로크러스티즈 통계량은 개체와 사물에 대한 축소된 공간에 위치한 각 포인트간의 제곱거리로서 이를 최소화시키는 것이 목적이 된다.

$$\text{프로크러스티즈 통계량 : } R^2 = \sum_i (y_i - x_i)^t (y_i - x_i)$$

식 (6.1)을 확장시킨 일반 유클리드 모형에 적용하면 거리계산은 다음과 같이 표현된다.

용을 극대화시켜주는 것이며, 멀리 있는 대상일수록 선호되지 않는 것으로 해석된다.

5) unfolding model은 표출모형이라고 불리기도 한다.

$$d_{ijk}^2 = (y_i - x_j) V_i W_k (y_i - x_j)^t \tag{6.6}$$

여기서 y_i, x_j는 대상개체(목적물)을 각각 나타낸 벡터이고 행렬 V_i는 목적물 가중치(stimulus weight)라고 하고 W_k는 근접성 행렬의 3차원에 해당되는 k행렬에 부가되는 가중치로 일반적으로 피험자 가중치(subject weight)를 나타낸다. 이 두 행렬은 모두 대칭인 정방행렬이다.

위에서 설명한 고전적 다차원분석은 일반 유클리드 모형에서의 거리계산식 (6.6)에서 $X=Y$이고 V, W가 모두 단위행렬인 경우에 해당된다. 각 모형별 조건을 정리하면 <표 6.12>와 같다.[6)]

<표 6.12> 일반유클리드 거리와 모형의 구분

모형	일반 유클리드 거리에서의 행렬 형태		
고전적 다차원분석	$X=Y$	V : 단위행렬	W : 단위행렬
비대칭 다차원분석	$X=Y$	V : 대각행렬	W : 단위행렬
반복된 다차원분석	$X=Y$	V : 단위행렬	W : 단위행렬
반복된 비대칭 다차원분석	$X=Y$	V : 대각행렬	W : 단위행렬
가중된 다차원분석	$X=Y$	V : 단위행렬	W : 대각행렬
가중된 비대칭 다차원분석	$X=Y$	V : 대각행렬	W : 대각행렬
고전적 선호도 분석	$X\neq Y$	V : 대각행렬	W : 단위행렬
반복된 선호도 분석	$X\neq Y$	V : 단위행렬	W : 단위행렬
가중된 선호도 분석	$X\neq Y$	V : 단위행렬	W : 대각행렬

5) 기타

2장과 4장에서 다룬 주성분 분석, 대응분석은 다차원분석과 매우 유사하다. 계량형의 전통적 다차원분석에서는 n개 개체간의 거리행렬이 주어지고 최소제곱법에 의해 가장 근사시킬 수 있는 저차원공간을 발견하는 것이다. 이때 개체간의 거리가 유클리드 거리일 경우 행렬 X에 포함된 좌표들은 행

6) SPSS 명령문과 모형간의 관계에 대한 상세한 설명은 SPSS SYNTAX 매뉴얼을 참고하기 바란다.

렬 A에 대한 주성분 분석으로부터 얻은 주성분좌표로 재표현된다. 이를 주좌표분석(principal coordinates analysis)이라고 한다.

대응분석은 행이 개체를, 열이 특성을 나타내는 항목일 경우 프로파일간의 거리를 카이제곱 거리로 상정한 다차원분석의 특별한 경우로 생각할 수 있다.

A. 부록

부록에서는 각 분석별 대화상자에서 선택할 수 있는 항목들의 내용을 정리하였다.

A1. 범주형 회귀분석
A2. 비선형 주성분분석
A3. 비선형 정준상관분석
A4. 대응분석
A5. 중대응분석
A6. 다차원척도법

A1. 범주형 회귀분석

1) 종속 변수와 독립변수의 지정

<그림 A1.1> 변수입력창

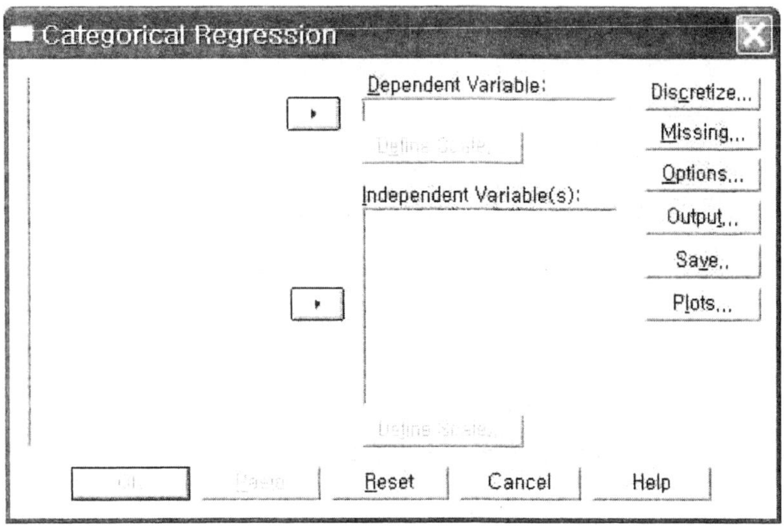

☐ Dependent Variable ; 종속변수를 지정하고 척도를 정의한다.

☐ Independent Variable : 독립변수를 지정하고 척도를 정의한다.

2) 척도정의(Define Scale) 대화상자

<그림 A1.2> 척도 정의

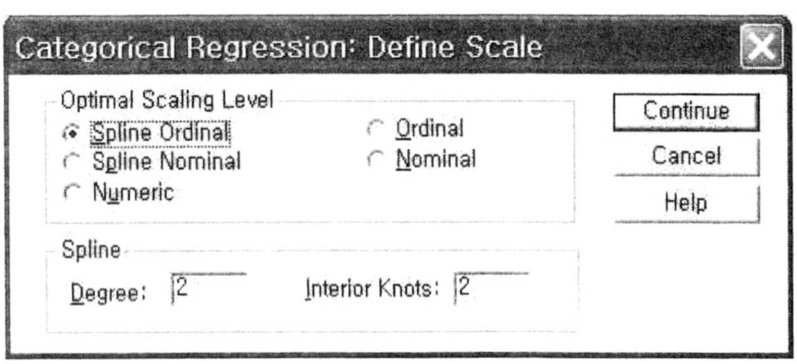

최적척도 수준에 대한 세부 옵션의 내용은 1장의 내용을 참조하라.

3) 이산화(Discretization) 대화상자

이 창은 일부 변수들의 코딩된 내용을 변경하는 대화상자이다. 특별한 지정이 없는 한 연속형 변수의 경우 정규분포로 근사되도록 7개의 범주로 나뉘어 코딩 변경된다.

<그림 A1.3> 변수의 이산화

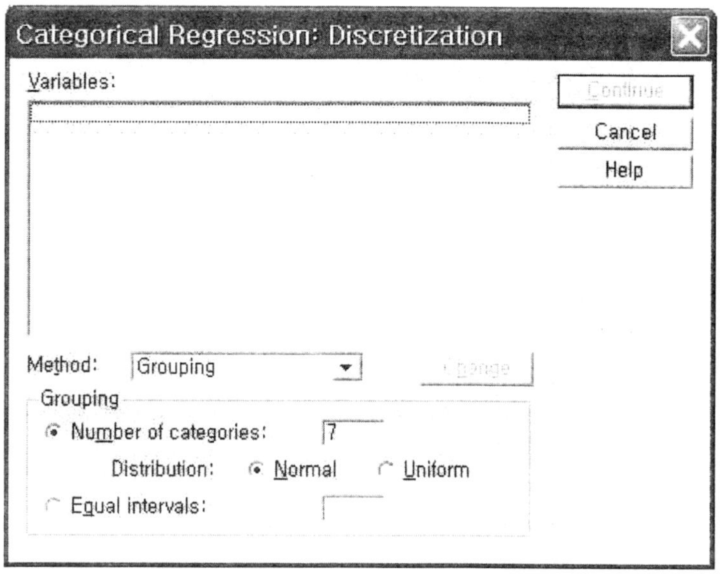

□ Method(방법)

- Grouping : 설정된 범주의 개수만큼 이산화된다.
- Ranking : 케이스의 순위에 의해 이산화된다.
- Multiplying : 변수의 현재값을 표준화시킨 후 10을 곱하고 반올림한 후 이산화시킨 값 중 최소값이 1이 되도록 재조정된다.

□ Grouping(그룹화)

- Number of categories : 해당변수의 값들이 정규분포나 균일분포에 근사되도록 범주개수를 설정하여 이산화시킴.
- Equal intervals : 구간의 길이를 설정하면 그 길이만큼 동일하게 나누어 이산화시킴.

4) 결측값(Missing Values) 대화상자

분석되는 변수들중 결측치가 있을 경우 이를 어떻게 처리할지를 결정하는 대화상자이다. 디폴트는 Exclude objects with missing values on this variable로 분석에서 배제시키는 것이다.

<그림 A1.4> 결측값 처리

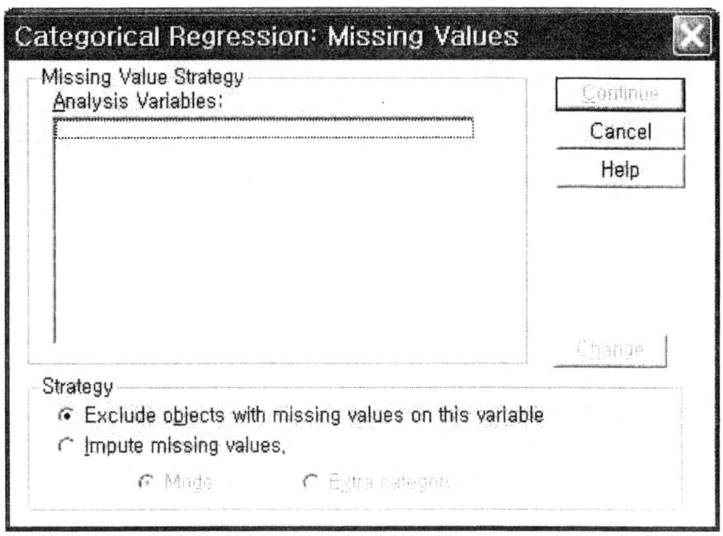

□ Impute missing values

- Mode : 결측빈도를 해당 변수중 최대빈도를 가지는 범주로 대체시킨다.
- Extra category : 결측이 발생한 것을 별도 범주로 다루어 이에 대한 수량화값으로 결측을 대체시킨다.

5) 옵션(Options) 대화상자

이 대화상자에서는 추가개체에 대한 설정, 초기값 설정, 수렴기준 설정들이 이루어진다.

□ Supplementary Objects : 특정 개체를 추가개체로 취급하여 분석하고자 하는 경우 추가개체에 속하는 케이스의 번호나 범위를 지정한다. 이때 분석에서는 추가개체에 대한 가중치는 0으로 취급된다.

□ Initial Configuration : 변수가 명목형으로 다루어지지 않는 이상 'numerical'로 이루어지고 적어도 하나의 변수가 명목형으로 분석될 경우에는 'random'이 적용된다.

□ Criteria : 수렴기준, 반복회수 등을 지정한다.

□ Label Plots By : 플롯에서 나타낼 변수라벨의 길이나 변수명 등을 지정한다.

<그림 A1.5>
옵션 대화상자

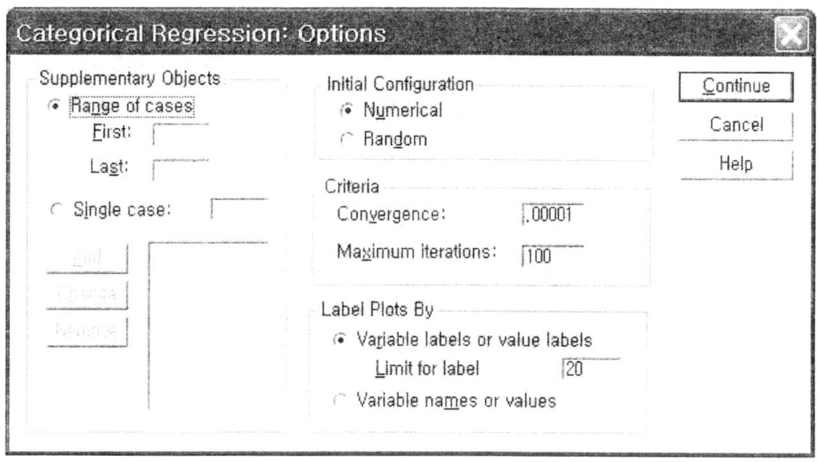

6) 출력결과(OUTPUT) 대화상자

<그림 A1.6>
출력시킬
통계량 선택

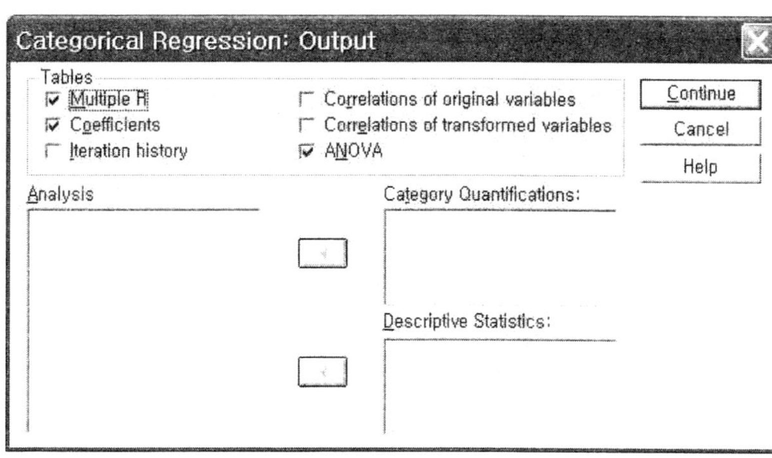

- Multiple R : 결정계수, 수저오딘 결정계수 등을 출력한다.
- Coefficients : 베타계수, 베타계수의 표준오차, t통계량값, 유의확률, 0차 상관계수, 편상관계수, 부분상관계수 등이 출력된다.
- Iteration history : 알고리즘에 적용된 초기값과 반복과정에서 계산되는 중상관 등이 출력된다.
- Correlation of original variables : 최적변환되기 전 변수들간의 상관계수행렬을 나타낸다.
- Correlation of transformed variables : 변환된 변수들간의 상관계수행렬을 나타낸다.
- ANOVA : 최적변환된 변수들의 회귀분석에 따른 분산분석표를 제공한다.

□ Category Quantifications : 설정한 변수들에 대한 최적변환된 수량화값을 출력시킨다.

□ Descriptive Statistics : 각 변수들의 빈도, 결측값, 최빈값등을 보여준다.

7) 저장(SAVE) 대화상자

현재 작업하는 파일에(Working file)에 변환된 변수, 예측값, 잔차 등을 저장할 수 있고 외부파일로는 이산화된 데이터, 변환된 변수를 저장할 수 있다.

<그림 A1.7>
저장 대화상자

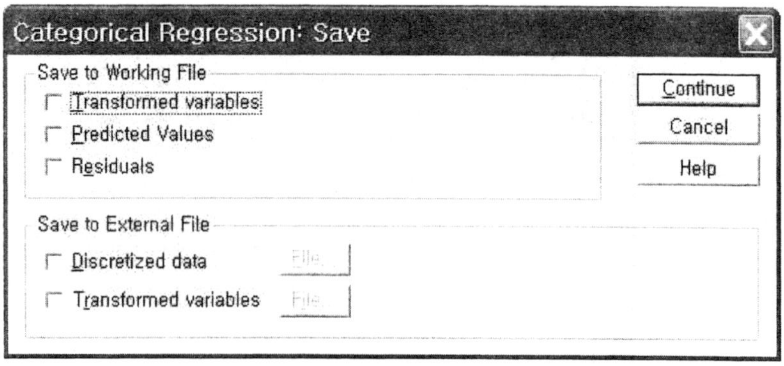

8) 플롯(Plots) 대화상자

□ Transformation Plots : 각 변수들에 대해서 원래 범주와 최적척도 변화된 값들에 대한 플롯을 제공한다. 해당범주에 대한 반응이 없는 경우 수평축에는 원래 범주가 나타나지만 계산에는 영향을 미치지 않는다.

□ Residual Plots : 각 변수들을 제외시키고 나머지 변수들에 대해서 범주형 회귀분석을 적용한 잔차플롯이 제공된다.

<그림 A1.8>
플롯 대화상자

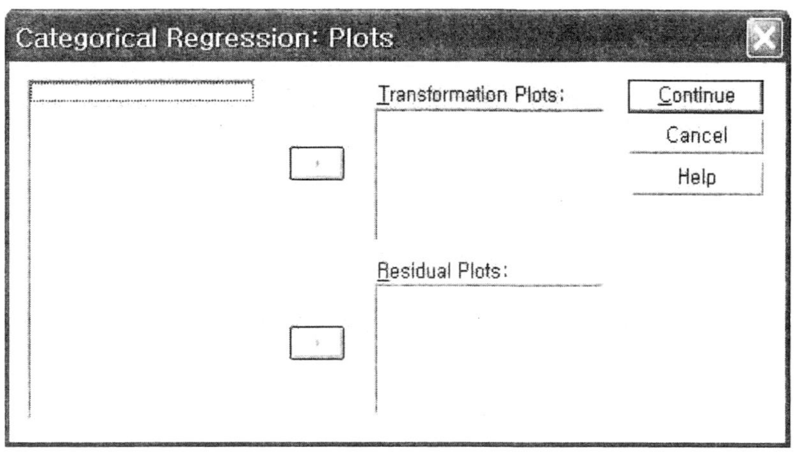

A2. 비선형 주성분분석

1) 변수 지정

분석할 변수들과 변수들의 척도정의, 변수에 대한 가중치를 지정할 수 있다. 변수들의 가중치는 양의 정수로 지정되어야 하며 특별한 지정이 없는 한 모든 변수들에 대한 가중치는 1이 된다. 추가변수(supplementary variable)가 있는 경우 지정하여 분석이 가능하다.

<그림 A2.1>
변수 입력

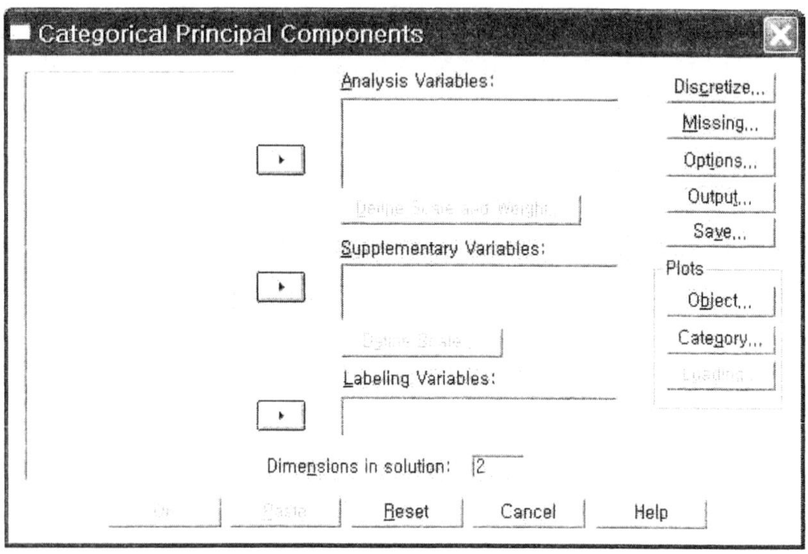

2) 이산화 대화상자

CatPCA에서의 이산화와 마찬가지로 적용된다. 양의 정수만을 대상으로 분석되기 때문에 데이터가 완전 연속형이든지 음수가 있는 경우 적절하게 변환시켜야 한다.

<그림 A2.2> 이산화 대화상자

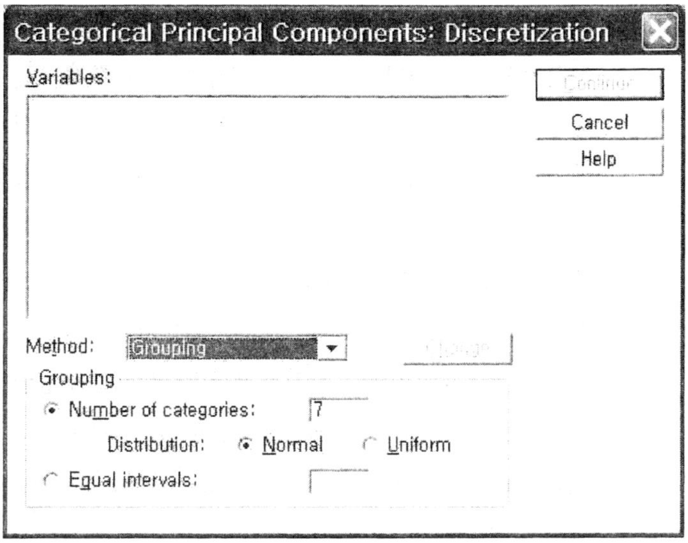

3) 결측값(Missing Values) 대화상자

<그림 A2.3> 결측치 대화상자

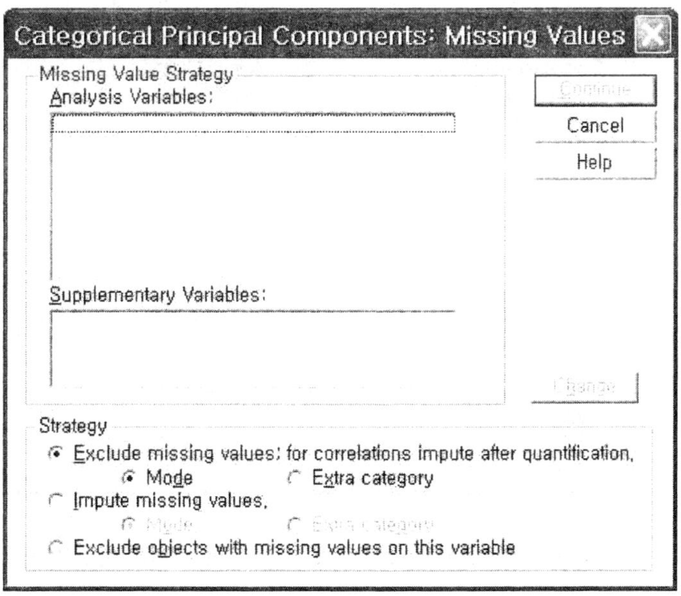

분석에 사용되는 변수들과 추가변수들에 대한 결측값 처리 방법을 지정한다.

- Exclude missing values : 지정한 변수가운데 결측값이 있는 개체들은 분석에서 제외된다. 만약 상관계수를 출력하게 될 경우, 원래 변수에 대한 상관계수 계산에는 최빈값으로 대체시켜 계산된다. 변환된 변수에 대한 상관계수를 구하고자 할 경우에는 어떤 것으로 결측값을 대체시킬지를 결정해야한다. 'Mode'는 최적변환된 변수들의 최빈값으로 결측이 대체되며 'Extra category'는 결측이 발생한 경우를 특정 범주로 잡아 이에 대한 수량화값으로 결측이 대체된다.
- Impute missing values : 결측처리할 변수로 지정한 변수들 중 결측이 있는 경우 'mode' 나 'extra category'로 대체된다.
- Exclude objects with missing values on this variable : 결측이 있는 케이스는 분석에서 제외된다.

4) 옵션(Options) 대화상자

<그림 A2.4> 옵션 대화상자

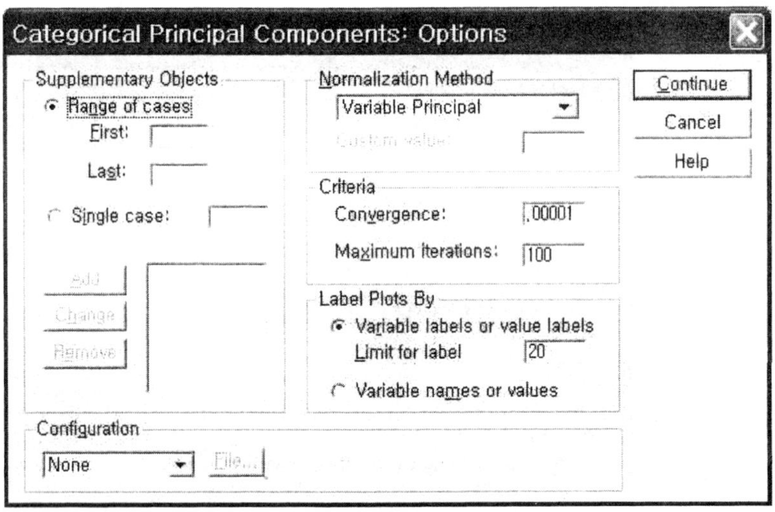

□ Supplementary Objects : 범주형 회귀분석과 마찬가지로 추가개체를 지정할 수 있다.

□ Normalization Method : 개체점수와 변수에 대한 정규화 방법을 지정한다.

- Variable Principal : 변수들간의 상관을 최적화시키는 것으로 개체공간에서의 변수좌표는 주성분 부하량이 된다. 1차적으로 변수들간의 상관에 관심이 있을 경우 유용하다.
- Object Principal : 개체들간의 거리를 최적화시킨다. 이 옵션은 개체들간의 유사성이나 거리에 관심이 있을 경우 유용하다.
- Symmetrical : 개체와 변수들간의 관계에 관심이 있을 경우 이 정규화 방법이 유용하다.
- Independent : 변수들간의 상관과 개체들간의 거리를 각각 살펴보고자 할 경우 이 정규화 방법을 사용하도록 한다.
- Custom : 폐구간 [-1, 1]의 실수를 사용하여 정규화시키는 것이다. 이 값이 1이면 'Object Principal'과 같고 0이면 'Symmetrical'과 같다. 또한 -1이면 'Variable Principal'과 같다. 이 방법은 tailor-made biplot이나 triplot을 만들 때 유용하다.

□ Criteria : 알고리즘의 수렴기준, 반복회수를 지정할 수 있다.

□ Label Plots By : 플롯에 표시시킬 방법과 변수레벨의 크기를 조절할 수 있다.

5) 출력결과(Output) 대화상자

- Object scores : 개체점수가 출력되면서 대화상자 우측 하단의 개체점수 옵션을 이용한다.
  - Include Categories Of : 지정한 변수들의 범주지표를 나타낸다.
  - Label Objects Scores By : 변수라벨을 표시할 지정한 변수를 이용하여 개체에 대한 라벨을 표시한다.
- Component loadings : 다중명목척도가 아닌 모든 변수들에 대한 주성분 부하량을 출력한다.
- Iteration history : 알고리즘의 매 반복마다 계산되는 분산, 손실(loss), 설명되는 분산의 증가분 등을 출력한다.
- Correlations of original variables : 변환전 변수들의 상관계수와 고유값

을 출력한다.

- Correlations of transformed variables : 최적변환된 변수들의 상관계수 행렬과 고유값을 출력한다.
- Variance accounted for : 중심좌표, 벡터좌표에 의해 설명된 분산을 표시하며 각 변수별, 각 차원별 설명된 분산량도 나타낸다.

□ Category Quantifications : 선택된 변수들의 각 차원별 범주 좌표값과 수량화값을 출력한다.

□ Descriptive Statistics : 지정한 변수의 빈도, 결측값, 최빈값을 출력한다.

<그림 A2.5>
출력결과
대화상자

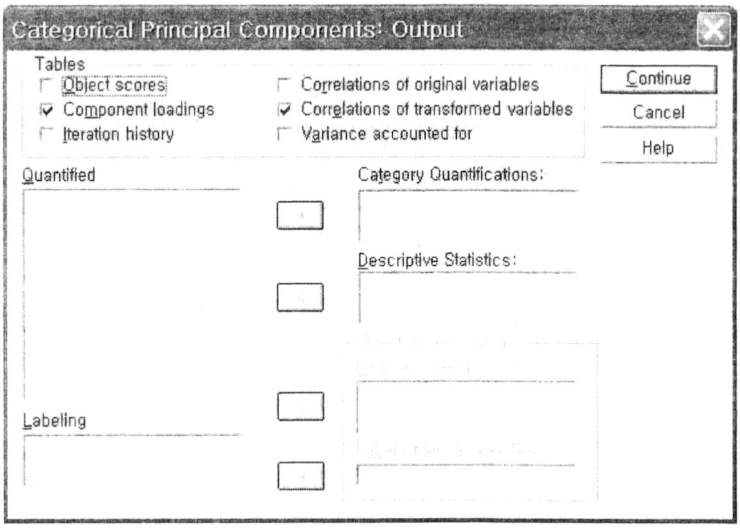

6) 저장(Save) 대화상자

□ Save : 현재 작업파일에 변환된 변수, 개체 점수 등을 저장할 수 있으며 다중명목척도로 지정한 변수의 경우 차원의 수를 지정할 수 있다.

□ Save to External File : 선택하는 항목들은 외부 파일로 저장된다. 이산화된 데이터, 변환된 변수, 개체 점수 등을 지정할 수 있다. 각각의 파일들은 서로 다른 이름으로 저장되어야 한다.

<그림 A2.6>
저장 대화상자

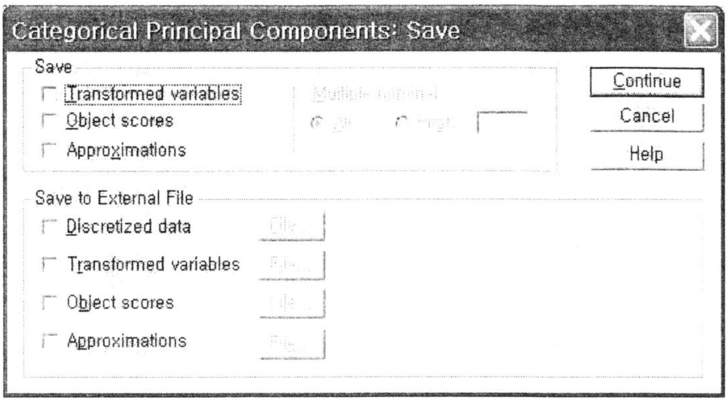

7) 개체와 변수 플롯(Object and Variable Plots) 대화상자

<그림 A2.7>
개체와 변수
플롯 대화상자

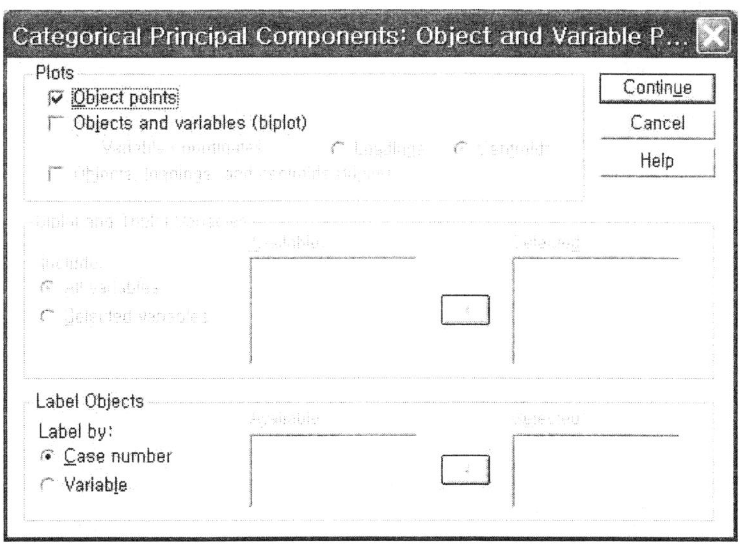

□ Plots

- Objects points : 개체 플롯을 제공한다.
- Objects and variables (biplot) : 개체플롯과 함께 선택한 옵션에 의한 변수플롯을 제공한다. 여기서 변수플롯은 주성분 부하량에 의한 플롯(Loadings 지정)과 변수 중심좌표(Centroids 지정)에 의한 플롯을 지정할 수 있다.

- Objects, loadings, and centroids (triplot) : 개체플롯은 다중명목척도 변수의 중심과 기타 다른 척도로 설정된 변수들의 주성분 부하량으로 작성된다.

□ Biplot and Triplot Variables : biplot, triplot이 모든 변수들에 대해서, 또는 선택한 일부 변수군에 대해서 작성된다.

□ Label Objects : 선택한 변수의 범주들로 개체들의 라벨이 표시된다. 세부옵션인 'Variable'을 지정하면 각 변수별로 플롯이 제공된다.

8) 범주 플롯(Category Plots) 대화상자

<그림 A2.8>
범주플롯
대화상자

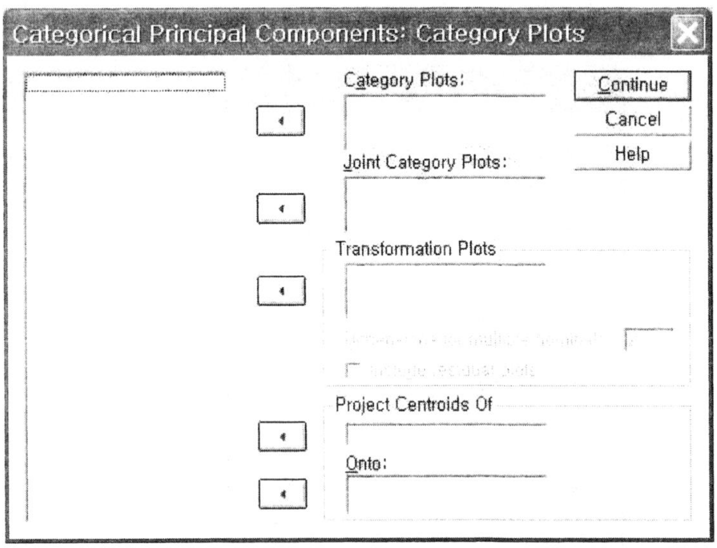

□ Category Plots : 선택된 각 변수에 대해서 중심좌표 플롯 벡터 좌표 플롯이 제공된다. 다중명목척도 변수의 경우, 범주별로 해당 개체들의 중심이 표시되며 기타 척도의 경우 변수들은 원점을 통과하는 직선 위에 위치하게 된다.

□ Joint Category Plots : 선택된 변수들의 중심좌표와 벡터좌표를 하나의 공간에 동시에 표시한 플롯이 제공된다.

□ Transformation Plots : 각 변수의 범주를 수평축에, 최적 변화된 수량화

값을 수직축에 나타낸 변환플롯이 제공된다. 다중명목변수의 경우 변수들에 대한 차원수를 지정할 수 있다. 또한 각 변수별 잔차플롯을 선택할 수 있다.

□ Project Centroids Of : 지정한 변수가 가지는 범주들의 중심을 선택한 변수(Onto에서 지정)에 대해 직교투영시킨다. 다중명목척도 변수는 직교투영시킬 수 없다. 이 옵션을 사용하면 사영된 중심좌표 테이블이 또한 제공된다.

9) 부하량 플롯(Loading Plots) 대화상자

<그림 A2.9> 부하량 플롯 대화상자

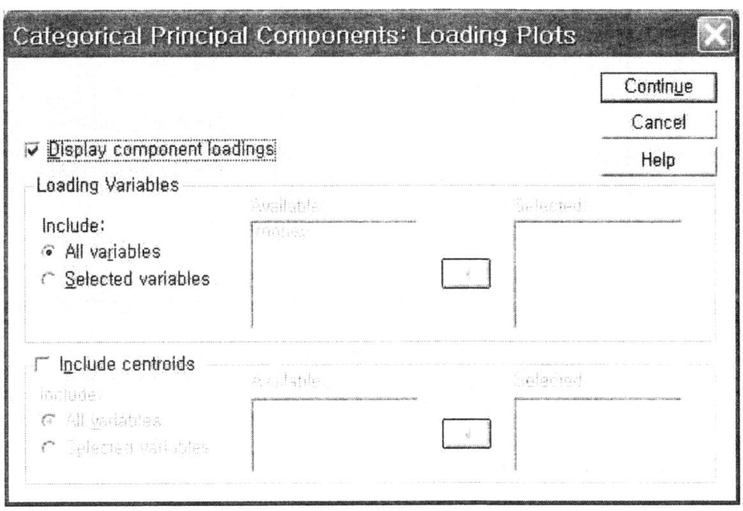

□ Display component loadings : 주성분 부하량 플롯이 제공된다.

□ Loading Variables : 모든 변수에 대해서 주성분 부하량 플롯을 작성할 수도 있고 일부 지정한 변수에 대해서 작성할 수도 있다.

- Include centroids : 다중명목척도 변수의 경우 주성분 부하량은 제공되지 않는다. 그러나 플롯에 이들 변수들의 중심을 포함시킬 수 있는데 이때 사용할 수 있다. 물론 모든 다중명목척도 변수를 지정할 수도 있고 일부만 지정할 수도 있다.

A3. 비선형 정준상관분석

1) 변수지정

분석대상이 되는 변수, 축소시킬 차원을 지정한다.

<그림 A3.1>
변수지정

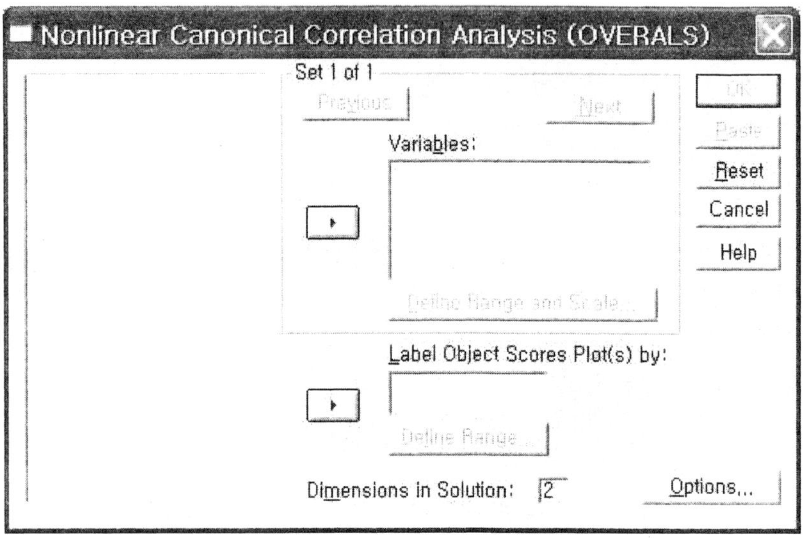

□ Variables : 비선형 정준상관분석을 위한 변수그룹을 차례 차례 지정하고 각 변수의 범주값 범위 및 척도를 정의한다. 여기서 지정할 수 있는 척도는 다음과 같다.

- Ordinal : 관측된 변수들의 범주 순서가 수량화된 변수에서도 유지된다.
- Single nominal : 동일 범주에 속한 개체들은 동일한 개체점수를 지닌다.
- Multiple nominal : 수량화값이 각 차원별로 달라질 수 있다. 만약 모든 변수들이 각 변수 군별로 오직 하나의 변수만 존재한다면 결과는 중대응분석과 같게된다.
- Discrete numeric : 범주들이 등간격이며 순서성을 지닌 것으로 다루어진다. 만약 모든 변수들이 수치형으로 지정되고 변수군이 2개일 경우에는 고전적인 정준상관분석과 유사한 결과를 낳는다.

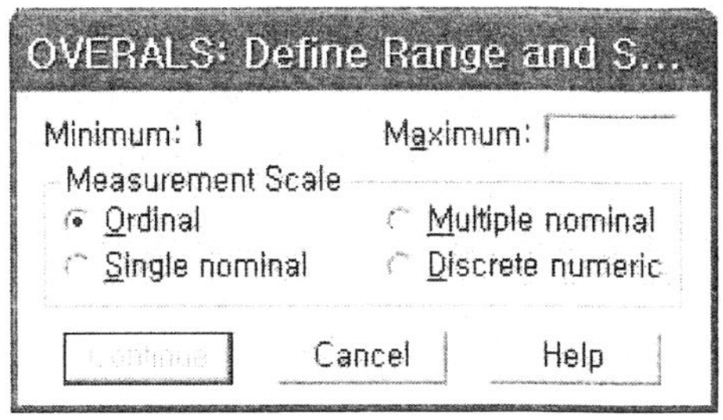

□ Label Objects Scores Plot(s) by : 지정한 변수에 의해 개체점수 플롯에서 라벨이 사용된다.

□ Dimensions in Solution : 축소시킬 차원을 지정한다.

2) 옵션(Options) 대화상자

<그림 A3.2>
옵션
대화상자

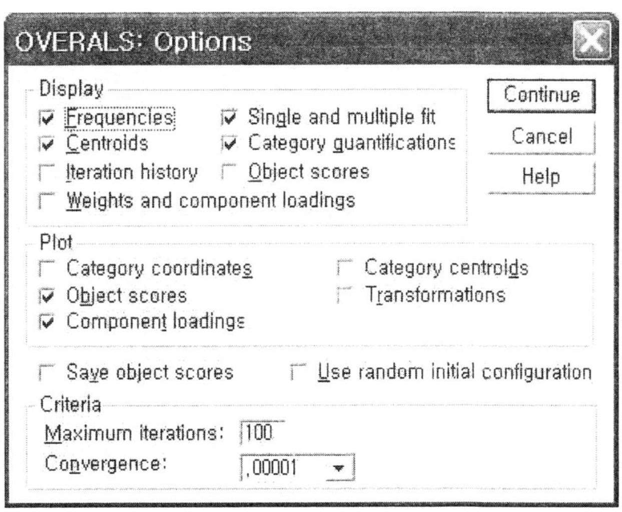

□ Display : 주변빈도, 중심좌표, 알고리즘 반복과정, 가중치와 성분 부하량, 범주 수량화값, 개체점수, 다중적합과 단일 적합 결과를 제공한다.

□ Plot : 범주좌표, 개체점수, 성분 부하량, 범주 중심과 변환 플롯을 제공한다.

□ Save object scores : 작업파일에 개체점수를 새로운 변수로 저장할 수 있다.

□ Use random initial configuration : 변수들 중 일부가 또는 모두가 단일 명목일 경우 랜덤하게 초기좌표를 선택하도록 이 옵션을 이용해야 한다. 만약 이 옵션이 선택되지 않는다면 지분된 초기좌표가 사용된다.

□ Criteria : 비선형 정준상관분석 알고리즘 적용시 최대 반복수, 수렴기준을 지정할 수 있다.

A4. **대응분석**

1) 변수 지정

<그림 A4.1>
변수 지정

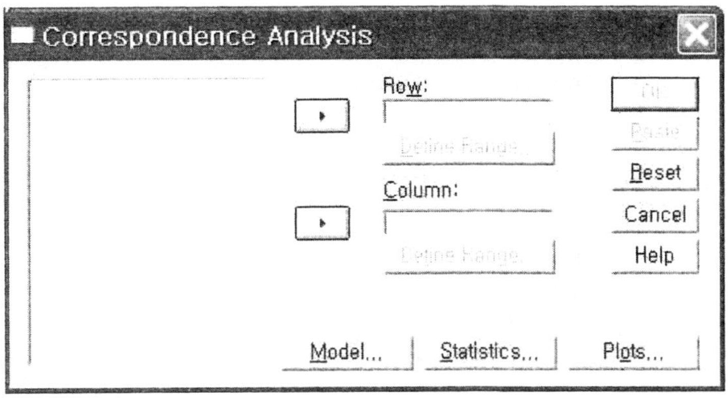

행과 열 변수를 지정하고 해당 변수의 범위를 지정한다. 각 변수의 범주에 대한 세부옵션은 다음과 같다.

- Categories must be equal : 만약 관측된 범주의 순서가 탐탁지 않거나 직관에 반할 경우 이 옵션을 이용할 수 있다. 결과적으로 범주들은 동일한 수량화값을 갖게된다. 만약 범주 1,2가 같고 범주 4,5가 같은 경우로 지정하고자 할 경우에는 명령문을 이용하여야 한다.
- Category is supplemental : 추가범주는 분석에 영향을 주지 않지만 실제 분석되는 범주들에 의해 정의된 공간에 표현된다. 추가범주는 차원을 정의하는 데는 아무런 역할을 하지 않는다. 열범주에 추가시킬 수 있는 최대범주수는 '총열범주수 - 2'이다.

2) 모형(Model) 대화상자

<그림 A4.2>
모형 대화상자

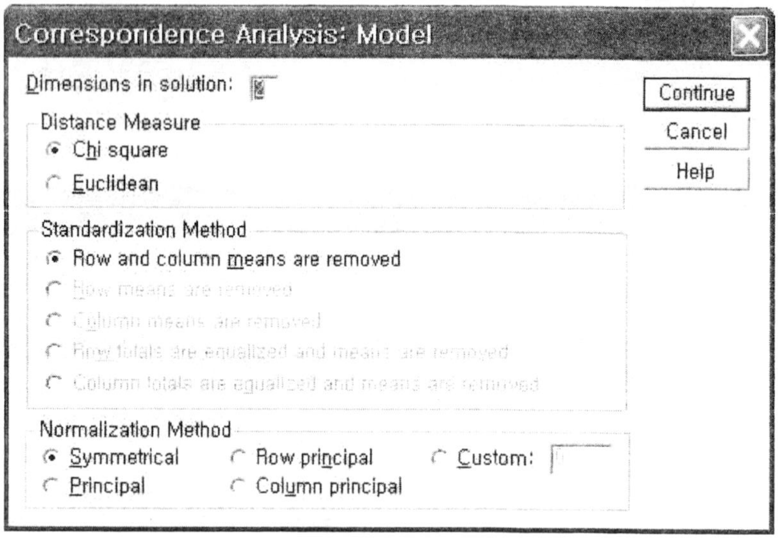

□ Dimensions in solutions : 축소시킬 차원을 지정한다.

□ Distance Measure : 행과 열 범주간의 거리를 정의한다. 'Chi square'는 행이나 열의 주변빈도를 가중치로 한 가중프로파일 거리를 이용한다. 카이제곱 거리로 정의하는 것이 대응분석의 표준적인 방법이다. 그리고 'Euclidean'은 유클리드 거리로 정의한다.

□ Standardization Method : 표준화 방법을 정의한다.

- Row and column means are removed : 행과 열 모두를 중심화 시킨다. 이것이 대응분석의 표준적인 방법이다.
- Row means are removed : 오직 행에 대해서만 중심화 시킨다.
- Column means are removed : 오직 열에 대해서만 중심화 시킨다.
- Row totals are equalized and means are removed : 행을 중심화 시키기 전에 행의 주변빈도를 동일하게 조정한다.
- Column totals are equalized and means are removed : 열을 중심화 시키기 전에 열의 주변빈도를 동일하게 조정한다.

□ Normalization Method : 정규화방법을 선택한다.

- Symmetrical : 각 차원별로 행 수량화값은 열 수량화값의 가중된 평균

을 고유값으로 나누어 계산하고 열 수량화값은 행 수량화값의 가중된 평균을 해당되는 차원의 고유값으로 나누어 계산한다. 행과 열 범주간의 유사성을 살펴보고자 할 경우 사용된다.

- Principal : 행 범주와 열 범주간의 거리가 선택한 거리(카이제곱거리, 유클리드 거리)에 따른 대응분석표에 있는 거리로 근사된다. 각 변수의 범주별 거리나 두 변수의 범주간 거리차이를 살펴보고자 할 때 지정된다.
- Row principal : 행 수량화값은 열 수량화값의 가중된 평균으로 계산된다. 행 범주간의 유사성을 살펴볼 수 있다.
- Column principal : 열 수량화값은 행 수량화값의 가중된 평균으로 계산된다. 열 범주간의 유사성 여부를 살펴볼 수 있다.
- Custom : [-1,1] 사이의 값을 지정할 수 있다. 그런데 1을 지정하면 'Row principal'과 마찬가지이고, 0을 지정하면 'Symmetrical'과 같은 결과를 얻는다. 이 옵션은 특정요구에 맞는 행렬도(tailor-made biplot) 작성시 사용된다.

3) 통계량(Statistics) 대화상자

<그림 A4.3> 통계량 대화상자

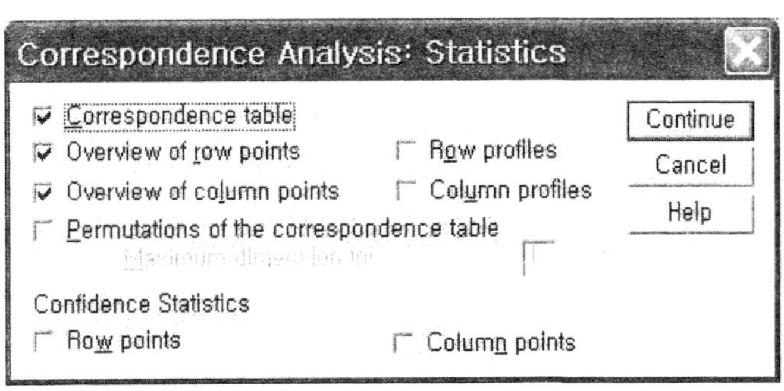

- Correspondence table : 주변빈도를 표시한 이원분할표가 제공된다.
- Overview of row points : 각 행 범주별 수량화값, 관성, 차원에 대한 관성 기여도 등이 제공된다.
- Overview of column points :각 열 범주별 수량화값, 관성, 차원에 대한

관성 기여도 등이 제공된다.

- Row profile : 각 행 프로파일이 제공된다.
- Column profile : 각 열 프로파일이 제공된다.
- Permutations of the correspondence table : 첫 번째 차원에 대한 점수에 따라 빈도를 재배치시킨 분할표가 제공된다.

□ Confidence Statistics : 추가범주를 포함시키지 않은 행과 열 수량화값 간의 상관계수와 표준편차를 제공한다.

4) 플롯(Plots) 대화상자

<그림 A4.4>
플롯 대화상자

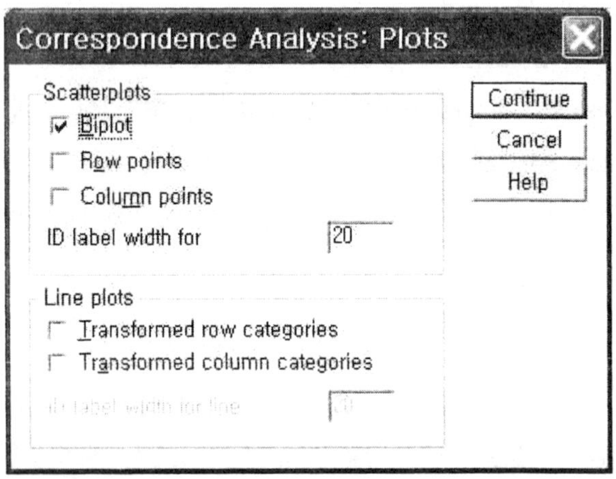

□ Scatterplots : 행렬도(Biplot), 행플롯(Row points), 열플롯(Column points)를 선택하여 플롯을 작성할 수 있다.

□ Line plots : 원래 범주와 변환된 수량화값간의 플롯을 제공한다.

A5. 중대응분석

1) 변수 지정

분석에 사용할 변수들을 지정하고 각 변수들의 범주값 범위를 입력한다. 개체플롯에 사용할 라벨을 별도 변수값으로 표시하고자 할 경우 지정할 수 있다. 축소시킬 차원을 결정한다.

<그림 A5.1>
변수지정

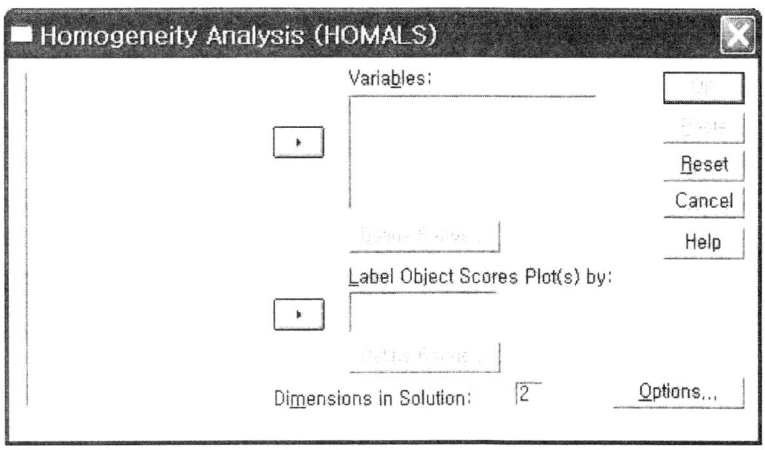

2) 옵션 대화상자

<그림 A5.2>
옵션 대화상자

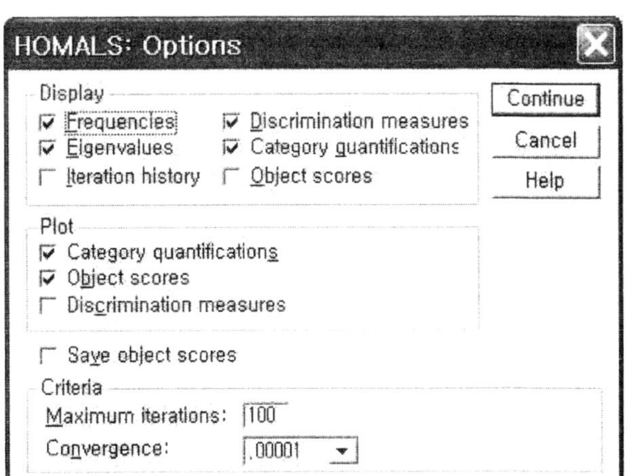

- □ Display : 주변빈도, 고유값, 판별측도, 범주 수량화값, 개체점수, 알고리즘 히스토리를 출력시킬 수 있다.
- □ Plot : 범주 수량화플롯, 개체(점수) 플롯, 판별측도 플롯을 선택할 수 있다.
- □ Save object scores : 개체점수를 현재 파일에 저장시킨다.
- □ Criteria : 알고리즘의 반복회수, 수렴기준을 지정할 수 있다.

A6. 다차원척도법

B1. MDS 모듈(ALSCAL)

1) 변수지정

다차원분석에 사용할 변수를 지정한다.

<그림 A61.>
변수지정

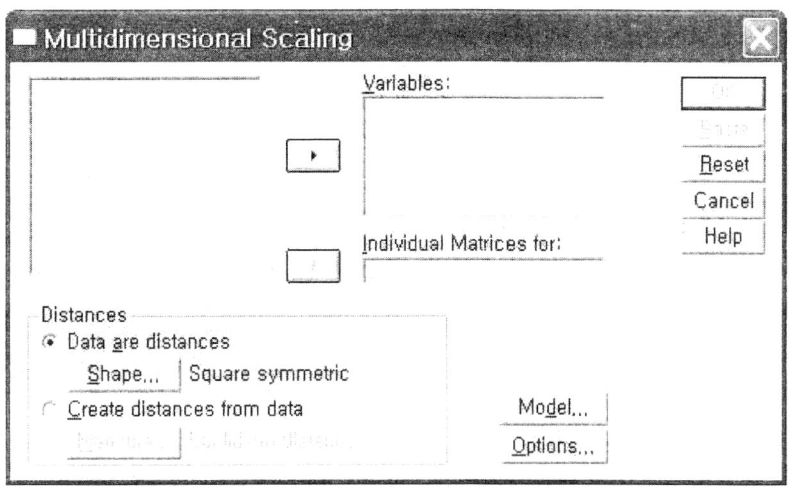

□ Distances

- Data are distances : 작업파일이 유사성 거리 행렬일 경우 행렬이 정방행렬인지 여부, 대칭성 여부 등을 지정한다.
- Create distances from data : 작업파일이 유사성 거리 행렬이 아닐 경우 데이터 파일로부터 개체간의 거리를 선택한 세부 옵션(유클리드거리, 제곱유클리드 거리 등)에 의해 작성하여 다차원분석을 하게 된다. 이때 유사성 행렬을 별로 변수별로 작성해야 될 경우 Individual Matrices for에 해당 변수를 지정한다.

2) 모형(Model) 대화상자

<그림 A6.2>
모형 대화상자

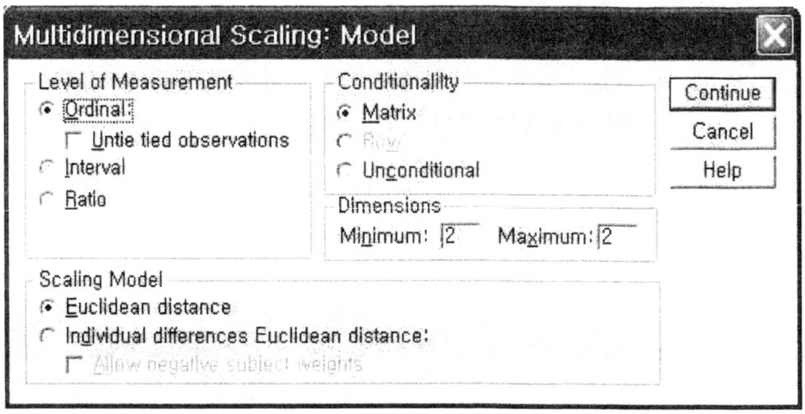

□ Level of Measurement : 측정수준을 지정한다.

□ Conditionality : 모형적합에 필요한 조건 제한을 선택한다.

Matrix : 각각의 행렬이 개체(subject)를 표현하고 있는 경우 적용.

Row: 비대칭형, 직사각형 데이터에 적용/ 각 행별 개체들만이 비교됨.

Unconditional : 입력된 데이터에 대해서 모든 개체 비교가 가능.

□ Dimensions : 축소시킬 차원의 최소차원과 최대차원을 지정한다.

□ Scaling Model : 척도화시킬 모형을 지정한다.

- Euclidean distance
- Individual differences Euclidean distance

3) 옵션(Options) 대화상자

<그림 A6.3>
옵션 대화상자

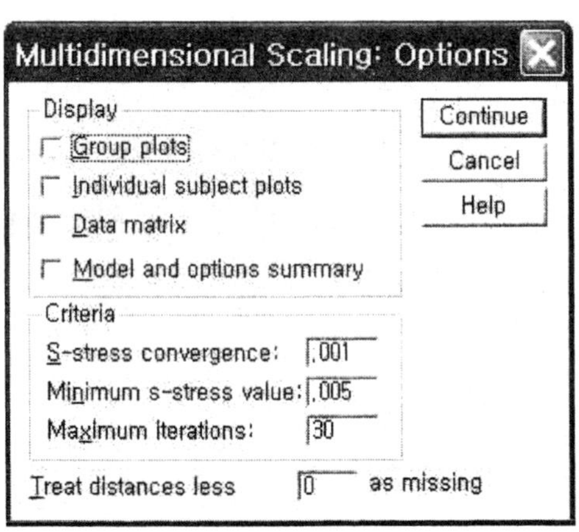

□ Display : 개체플롯, 데이터 행렬, 모형에 대한 요약 통계량, 변수플롯 (Group plots)이 제공된다.

□ Criteria : 알고리즘 수렴기준, 부적합도 수렴기준, 최대반복수 등을 지정한다.

□ Treat distance less : 지정한 값 미만은 결측으로 처리한다.

B2. MDS 모듈 (PROXSCAL)

1) 데이터 행렬의 특성 선택

□ Data Format : 작업파일이 유사성 행렬 데이터인지 아니면 데이터파일로부터 개체간의 거리를 계산해야하는지를 선택한다.

□ Number of Sources : 거리행렬이 단일 그룹의 행렬인지, 아니면 그룹별로 나누어 살펴본 행렬인지를 지정한다.

□ One Source : 단일 그룹의 행렬일 경우 어떤 형태로 구성되어 있는지 지정한다.

□ Multiple Source : 여러 그룹별로 유사성거리가 계산된 경우 이들 데이터가 어떤 형태로 구성되어 있는지 지정한다.

<그림 A6.4> PROXSCAL 데이터 포맷 설정

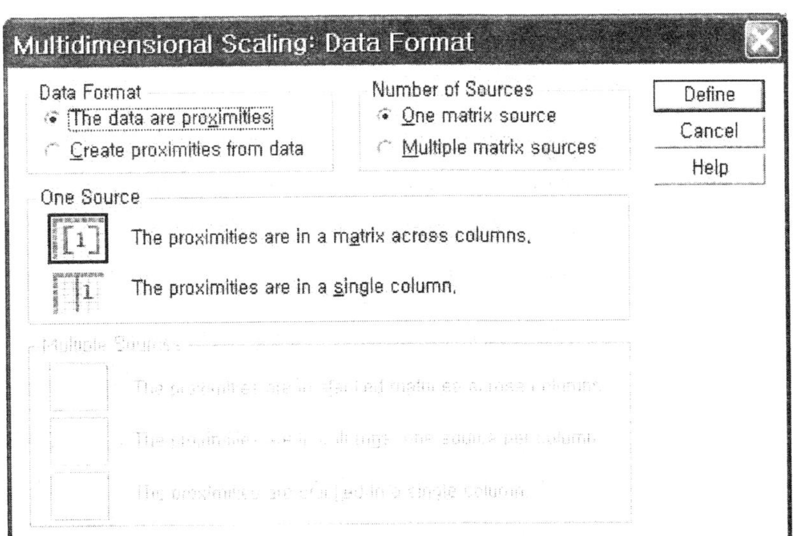

2) 변수 입력

다차원분석에 사용할 변수들을 Proximities에 지정한다. 변수는 3개 이상을 입력해야 한다. 입력한 변수들에 대한 가중치를 동일하게 두지 않을 경우에는 Weights에 이들 가중치를 지정한 변수를 선택한다. 여러 그룹별로 유사성 거리가 계사된 경우 각 그룹을 나타내는 변수를 Sources에 지정한다.

<그림 A6.5> PROXSCAL 변수지정

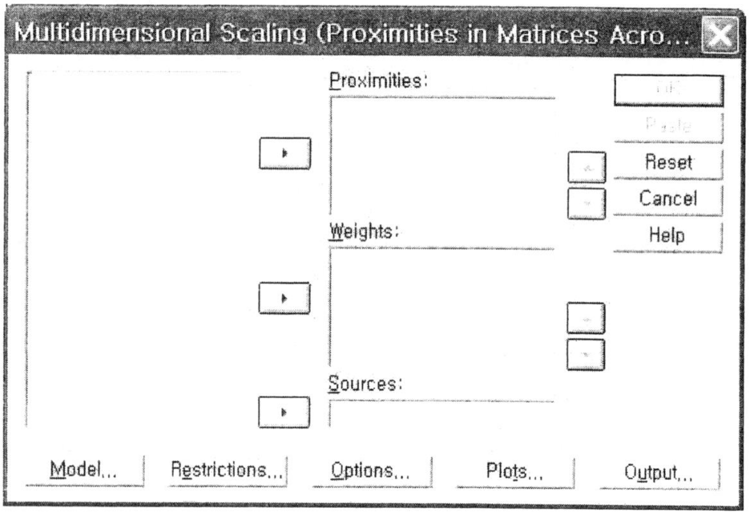

3) 모형(Model) 대화상자

□ Scaling Model

- Identity : 모든 그룹이 동일하게 다차원분석된다.
- Weighted Euclidean : 개인차모형을 적용한다. 각 그룹은 개별공간을 가지게 되며 공통된 공간의 모든 차원은 서로 다르게 가중된다.
- Generalized Euclidean : 개인차모형을 적용한다. 각 그룹은 공통공간의 회전으로 개별차원이 같아지며 이후 차원별로 다르게 가중된다.
- Reduced rank : 개별 공간의 차원을 특정하게 지정한 개인차모형을 적용한다. 여기서 지정할 수 있는 차원은 1이상이며 최대 차원수보다 작아야한다.

□ Shape : 분석되는 행렬의 형태를 지정한다.

□ Proximities : 근접성 거리가 유사성인지, 비유사성거리인지를 지정한다.

□ Proximity Transformations : 변환시킬 척도를 지정한다.

□ Apply Transformations : 각 그루부별로 분리시켜 변환시킬 것인지, 동시에 모든 그룹을 변환시킬지 여부를 지정한다.

□ Dimensions : 축소시킬 차원의 최소값과 최대값을 지정한다.

<그림 A6.6> PROXSCAL 모형 대화상자

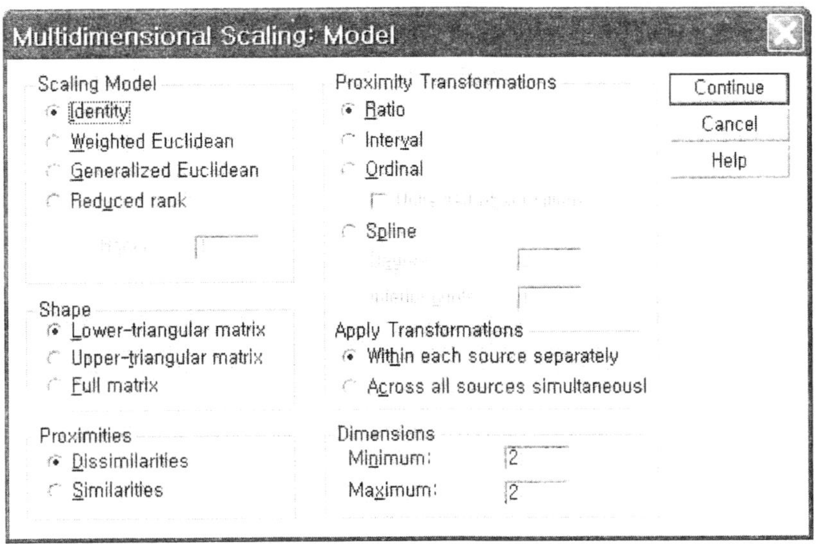

4) 제약(Restrictions) 대화상자

공통공간에 대한 제약사항을 지정한다.

□ Restrictions on Common Space

- No restrictions : 공통 공간(common space)에 어떤 제약도 두지 않는다.
- Some coordinates fixed : 선택된 첫 번째 변수는 첫 번째 차원상의 개체좌표를 포함하고 둘째 변수는 두 번째 차원상의 개체좌표를 포함하게 된다. 선택되는 변수의 개수는 축소시킬 최대차원수와 같다.
- Linear combination of independent variables : 공통공간이 선택된 변수들의 선형결합이라는 제약을 둔다.

□ Restriction Variables : 공통공간에 제약을 둔 변수들을 지정하고 선형결합을 선택한 경우 척도화수준을 지정한다.

<그림 A6.7>
PROXSCAL 공통공간에 대한 제약옵션

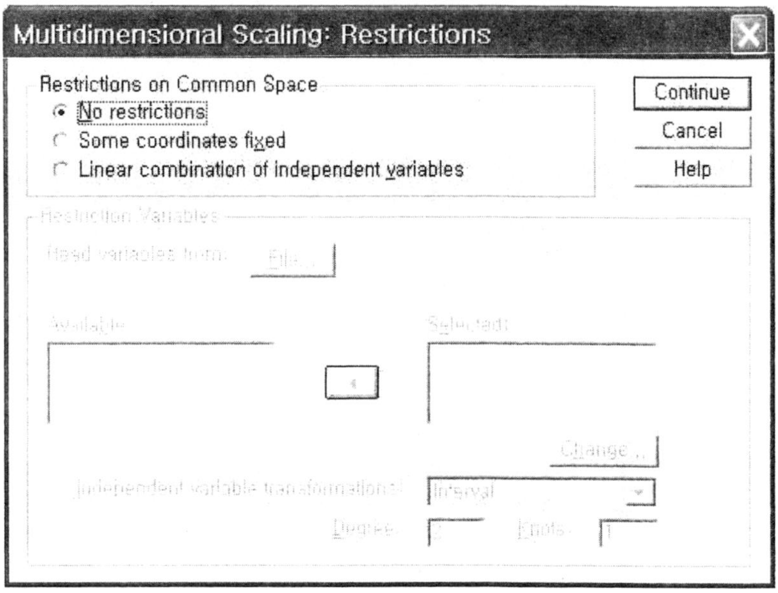

5) 옵션(Options) 대화상자

□ Initial Configuration

- Simplex : 초기에 각 개체들은 최대차원에서 서로 등거리에 위치하게 된다.
- Torgerson : 전통적인 초기화과정을 따른다.
- Single random start : 초기 위치를 랜덤하게 결정한다.
- Multiple random starts : 일부 구성이 랜덤하게 결정된다. 가장 작은 정규화된 원 스트레스(raw Stress)를 가진 해를 보여준다.

□ Iteration Criteria : 알고리즘의 반복과정의 종료에 기준이 되는 부적합도의 수렴기준, 반복회수 등을 지정한다.

□ Custom Configuration : 사용자가 지정한 좌표를 가지고 초기 위치를 결

정한다.

<그림 A6.8>
PROXSCAL
옵션 대화상자

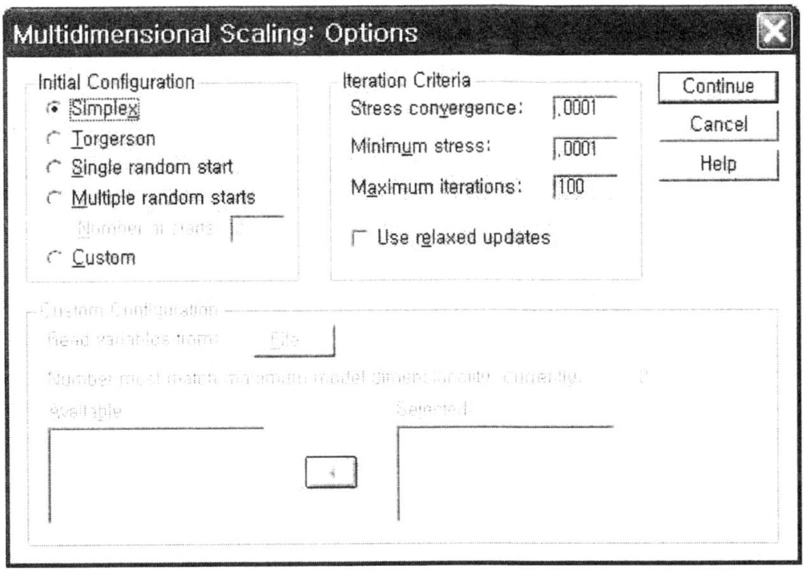

6) 플롯(Plots) 대화상자

<그림 A6.9>
PROXSCAL
플롯 대화상자

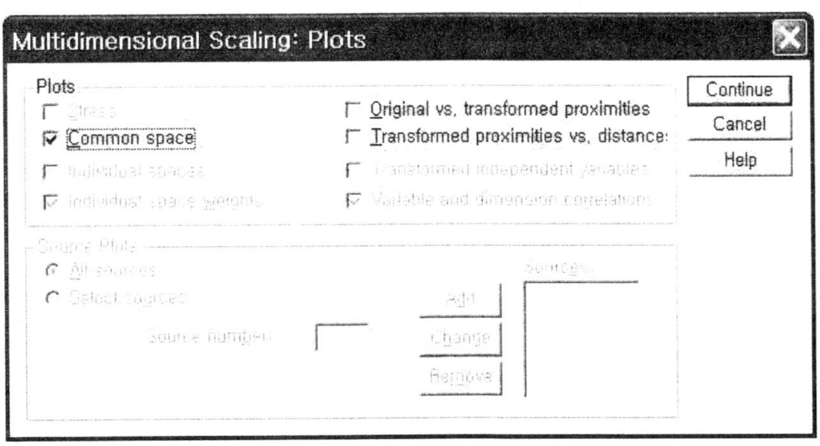

□ Plots : 부적합도(Stress), 최종적으로 계산된 공통된 공간(common space)에서의 플롯, 그룹별 공간에서의 플롯, 그룹별 공간 가중치 플롯 등을 제공한다.

□ Source Plots : 모든 그룹별 플롯이 필요하지 않은 경우 필요한 그룹을 지정할 수 있다.

7) 출력결과(Output) 대화상자

<그림 A6.10>
PROXSCAL
출력결과
대화상자

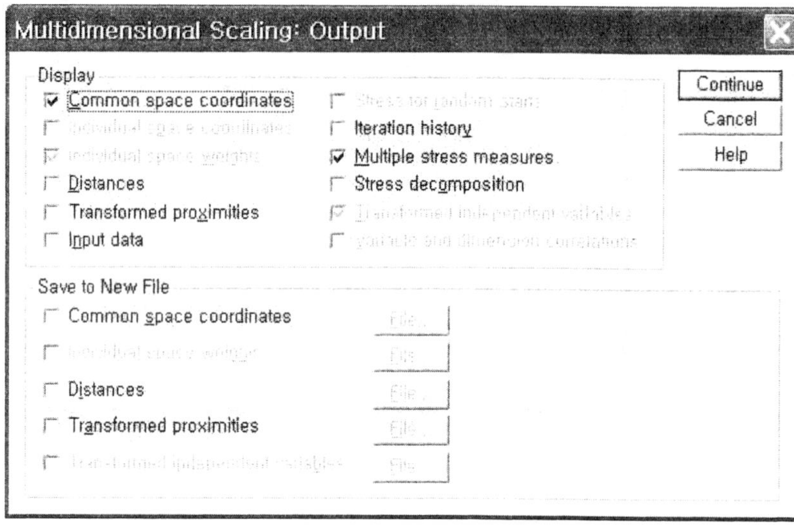

□ Display : 공통공간에서의 좌표값, 개별 공간에서의 좌표값, 개별 공간 가중치, 변환된 근접성, 입력 데이터, 스트레스 분해결과 등을 출력한다.

□ Save to New File : 공통공간에서의 좌표값, 거리, 개별 공간 가중치 등을 별도 파일로 저장할 수 있다.

참고문헌

최용석. 1995. 「SAS 다차원척도법」, 서울:자유아카데미

허명회. 1992. 「수량화 방법론의 이해」, 서울:자유아카데미

허명회. 1994. 「SAS 최적척도법」, 서울:자유아카데미

허명회. 1999. 「다변량수량화」, 서울:자유아카데미

Albert, Gifi. 1990. *Nonlinear multivariate analysis*, John Wiley & Sons.

Borg, I., & Groenen, P. 1997. *Modern multidimensional scaling. Theory and applications*. New York: Springer

Greenacre, M.J. 1984. *Theory and applications of correspondence analysis*. London: Academic Press.

Hartigan, J.A. 1975. *Clustering algorithms*. New York : John Wiley and Sons.

Hastie, T.J: and Tibshirani, R. J. 1990. *Generalized additive models*. Chapman and Hall.

https://ep.eur.nl/retrieve/2901/ei200415.pdf

http://forrest.psych.unc.edu/teaching/p208a/mds/mds.html

http://www.mathpsyc.uni-bonn.de/doc/delbeke/delbeke.htm

http://www.pavis.org/essay/multidimensional_scaling.html

http://www.mathpsyc.uni-bonn.de/doc/delbeke/delbeke.htm

http://www.spss.co.kr/cus/algorithms/catreg.pdf

http://www.spss.co.kr/cus/algorithms/catpca.pdf

http://www.spss.co.kr/cus/algorithms/alscal.pdf

http://www.spss.co.kr/cus/algorithms/correspondence.pdf

http://www.spss.co.kr/cus/algorithms/princals.pdf

http://www.spss.co.kr/cus/algorithms/homals.pdf

http://www.spss.co.kr/cus/algorithms/proxscal.pdf

http://www.spss.co.kr/cus/algorithms/overals.pdf

Lubenberger, D.G. 1969. *Optimization by vector space methods,* John Wiley & Sons. Inc.

Meulman, J.J. & Heiser, W.J. 2002. *SPSS Categories 11.0* , SPSS Inc.

Michailidis, G. and De Leeuw, J. 1998. The Gifi System of Discriptive Multivariate Analysis. *UCLA Statistical Series Preprints*, #204.

Rosenberg, S., and M.P. Kim. 1975. The method of sorting as a data-gathering procedure in multivariate research. *Multivariate Behavioral Research*, 10:489-502

Sertkaya, D. and Kadilar, C. 2002. Quantitative Methods to Analyse the Factors on thoughts of Employees in Tourism sector about their Salary. Uludağ Üniversitesi İktisadi ve İdari Bilimler Fakültesi Dergisi Cilt XXI, Sayi 2, s, 279-294.

Takane, Y., Young, F. W., & De Leeuw, J. 1977. Nonmetric individual differences multidimensional scaling: an alternating least squares method with optimal scaling features. Psychometrika, 42, 593-600.

Van der Han, Meulman, van Strien, van Engeland. 1997. Empirically based subgrouping of eating disorders in adolescents: A longitudinal perspective. *British Journal of Psychiatry*, 170:363-368.

찾아보기

(U)

(V)

(W)